دور از خانه

از همین نویسنده:

روزهای خوش، ۱۳۴۵

قبل از پاییز، ۱۳۵۹

جشن تولد، ۱۳۷۰

کسی می‌آید، ۱۳۷۳

پرستو، (به زبان انگلیسی) ۱۳۷۴

سایه‌ها، ۱۳۷۶

دور از خانه

مهری یلفانی

کتابفروشی ایران

دور از خانه نوشته٬ مهری یلفانی

Dur az Khaneh [Far From Home] by Mehri Yalfani

Copyright © 1998 Mehri Yalfani

All rights reserved. No part of this book may be reproduced or retransmitted in any manner whatsoever, except in the form of a review, without permission from the publisher.

ISBN 0-936347-87-2

Manufactured in the United States of America
The paper used in this book meets the minimum requirements of the American National Standard for Information Services – Permanence of Paper for Printed Library Materials, ANSI Z39,48-1984

Cover art by Shirin Mohtashami

Ibex Publishers, Inc.
8014 Old Georgetown Road
Bethesda, Maryland 20814
Telephone: 301-718-8188
Facsimile: 301-907-8707
www.ibexpub.com

Library of Congress Cataloging-in-Publication Information
    Yalfānī, Mihrī
  Dūr az khānah / Mihrī Yalfānī.
      p. cm.
  Added title page title: Far from home.   -- Dūr az khānah.
  ISBN 0-936347-87-2
  I. Title. II. Title: Far from home III. Title: Dūr az Khānah
    PK6561.Y27 1998
    891'.5533--dc21   97-46023
          CIP
          NE

1 3 5 7 9 8 6 4 2

برای فرزندانم:
شیرین، آرش و نوشین

با سپاس فراوان از مرضیه اسدی که زحمت بازخوانی این کتاب را با دقّت و حوصله چند بار به عهده گرفتند و برادرم محسن که دیدگاه‌هایش همیشه برایم با ارزش بوده است. و نیز با تشکّر از نسرین محصص، فرنگیس صادق‌بیگی، بهروز سیمایی، ایرج رحمانی و م. رها و نیز فرزندانم، شیرین، آرش و نوشین که در این راه مشوّق اصلی من بوده‌اند.

با تشکّر از ریوان سندلر، استاد بخش ادبیّات فارسی در دانشگاه تورنتو، گابریل موناهان که زحمت تصحیح متن انگلیسی کتاب را به عهده گرفت و هلیا پوره استاد ادبیّات فرانسه در دانشگاه یورک، تشویق‌ها و نقطه‌نظرهای ایشان مرا در ادامه کار یاری رسانده است.

لازم به یادآوری است که انجمن هنر انتاریو برای نوشتن متن انگلیسی این کتاب به نویسنده کمک مالی پرداخت کرده است. که جای سپاس‌گذاری دارد. ضمناً بخش اوّل متن انگلیسی کتاب در نشریه Fireweed شماره ۵۱/۵۲ بهار ۱۹۹۶ به چاپ رسیده است.

مهری یلفانی،
تورنتو، ۱۳۷۵

در اندرون من خسته دل ندانم کیست
که من خموشم و او در خروش و در غوغاست

حافظ

۱

روز پرکاری را پشت سر گذاشته بود. مشتری خوبی به تورش خورده بود که برای ازدست ندادنش باید زبان‌بازی می‌کرد و از خود مایه می‌گذاشت. مشتری بهانه‌گیر بودو جان اورا به لب رسانده بود. معامله مراحل نهایی را طی می‌کرد. باید مشتری را راضی نگاه می‌داشت. دیرتر از هرشب از دفتر کارش بیرون آمد. برف سنگینی می‌بارید ورانندگی را کند می‌کرد. یکی دوبار نزدیک بود تصادف کند، امّا به خیر گذشت. اتومبیل‌ها در خیابان‌های کم ترافیک پوشیده از برف سر می‌خوردند. به یاد آورد که لاستیک‌های اتومبیلش را همین پاییز عوض کرده است. وارد پارکینگ زیر ساختمان شد. نفس راحتی کشید. درآسانسور، دوباره به تصادف دو اتومبیل جلوتر فکر کرد. چه به موقع از سرعت خود کم کرد وتوانست بر خود مسلط شود، ترمز تند نکند و مانع سرخوردن ماشین شود. از خود و از مهارتش در رانندگی و رام کردن مشتری راضی بود. رئیس مربوطه دستی بر شانه‌اش زده بودو گفته بود، از کارت خوشم می‌آید. به روانشناسی جلب مشتری واردی. شاید همه این وقایع را که کنار هم می‌گذاشت، به خود حق می‌داد که خانه را فراموش کرده باشد ودعوای دیشب و امروز صبح در ذهنش رنگ باخته باشد. این دعواها قسمتی از زندگی او بودند.

«نمک زندگی» اگر جرأت داشت وآن را به زبان می‌آورد که مریم بشنود، او به سرزنش نگاهش می‌کرد. «پس عمدی در کار است.» مریم آنها را جدی می‌گرفت و زندگی را بر خود و خانواده سیاه می‌کرد. او ترجیح می‌داد بی‌اعتنا باشد. حرفش را می‌زد و در پی آن نبود که تاکجای مریم را می‌سوزاند. می‌دانست که پشت هر قهر و اخم و

پیله آشتی است. نه مریم و نه او طاقت فضای سنگین رابطه را نداشتند. این اواخر همیشه مریم بود که پیش‌قدم می‌شد. او خود را می‌گرفت. «بگذار خودش قدم جلو بگذارد. همیشه که من نباید نازش را بکشم. اصلا چرا من باید ناز بکشم. سنش از چهل گذشته و جایی برای نازکردن ندارد.» خود نیز درآستانه پنجاه ساله‌گی بود. این سن را برای خود نه فقط آستانه پیری نمی‌دانست بلکه هنوز جوان بود. با انرژی سرشاری که داشت، با موهایی که تک و توک سفید شده بود و مثل مریم مجبور نبود رنگشان کند، با سبیل پت و پهن و چشمان قهوه‌ای روشن خیال می‌کرد تا پیری راه درازی در پیش دارد. گرچه جرأت نکرده بود به دنبال زن دیگری برود، امّا به خود حق می‌داد که جلوی روی مریم چشم چرانی کند و به زنان ودختران جوان متلک بگوید. مریم سرش داد می‌زد وگاه همان حرف‌ها باعث می‌شد که چند روزی با او سرسنگین باشد. امّا آن نیز می‌گذشت.

در آپارتمان را که باز کرد، سعید مثل همیشه به تماشای تلویزیون مشغول بود. آرزو و مریم نبودند. دم در ماند و کفش‌هارا پاک کرد و باز به تصادف دو اتومبیل فکر کرد. اتومبیل تویوتای سفیدرنگ بدجوری آسیب دیده بود. و آن یکی، مدلش را به یاد نیاورد. راننده‌اش زن بود. داد و فریاد راه انداخته بود. درسمت راستش آسیب دیده بود.

کف کفش‌هارا به موکت دم در می‌کشید و چشمش به تصاویر تلویزیون بود. زن و مردی لب بر لب هم گذاشته بودند و گویی می‌خواستند یکدیگر را بخورند. سعید چشم از تلویزیون گرفت و پدر را نگاه کرد. صالح لبخندی زد ولی هیچ نگفت. در نگاه سعید چیزی بود که زبان اورا بست. خانه پر از صدای تلویزیون بود و دیگر هیچ. کفش‌ها را روی موکت می‌کشید.

«چرا این جوری نگاهم می‌کنی؟ شاخ در آوردم یا دم؟»

سعید دوباره چشم به تلویزیون دوخت که آگهی تجارتی پخش می‌کرد. گفت، خوب است که خودشان سانسور می‌کنند. کفش‌ها را دم در کند. با پالتو و کیف به اتاق خواب رفت. تخت خواب به هم ریخته بود. کیف را روی میز گذاشت. حلقه و کلید ماشین روی میز بود. نامه‌ای با خودکار آبی نوشته و به خط مریم زیر کلید و حلقه بود. نامه را برداشت و خواند. روی لبه تخت نشست و پرسید، چرا؟

پالتو به تن و نامه به دست روی لبه تخت نشسته بود. مریم هیچ اشاره‌ای به دعوای دیشب و امروز صبح نکرده بود. صالح هم آن را از یاد برده بود. اگر هم به یاد می‌آورد، بدان اهمیتی نمی‌داد. چیزی نگفته بود، حرفی نزده بود. دیشب دیرتر از شب‌های دیگر و سراپا خیس به خانه آمده بود. پیدا بود که ساعت‌ها زیر باران بوده. سرش داد زده بود که تا آن وقت شب کجا بوده است. امروز صبح دعوا را او راه انداخت. بهانه‌گیری کرد که چرا کیفش را روی میز می‌گذارد. مخصوصاً گذاشت. فقط برای آن که اورا به حرف بیاورد و جوابش را ندهد. شب را جدا از او خوابیده بود و تازه طلبکار هم بود. وقتی به رختخواب رفت، نیم‌ساعتی بیدار بود و انتظار مریم را کشید. صبح که اورا روی راحتی اتاق نشیمن خوابیده دید، شیر آب حمّام را باز کرد و در حمّام را باز گذاشت تا بیدارش کند. اوهم در حمّام را بشدت بست. چیزهایی گفت که نشنید. گوش نکرد که بشنود.

برای همین چیزهای کوچک رفته است. این‌ها که سال‌ها بود جزیی از زندگیشان شده بود. او که بدان‌ها عادت داشت. باید مریم هم عادت کرده باشد. نه، نمی‌توانست این چیزها باشد. باید نیم کاسه‌ای زیر کاسه باشد. پس حق داشت ازآن حرف بزند. دیر آمدن‌هایش نمی‌توانست فقط به دلیل از عقب دماندن از اتوبوس و یا دیدن فرزانه باشد. حتماً به دنبال عشق دیگری رفته است. آن مرتیکه که چند روز

پیش تلفن زد، اسمش چه بود؟ چارلز؟ آره چارلز. لابد کانادایی‌الاصل است. گفته بود، انگلیسی است. می‌کشمش.

سعید دم در اتاق آمد و اورا نامه به دست دید.

«تو خبر داشتی؟»

سعید سررا به علامت تأیید تکان داد.

«کجا رفته؟»

«شلتر.»

«شلتر؟ شلتر چه جور جهنمی‌است؟»

سعید کنارش نشست.

«جای خوبی نیست بابا. برو از مامان معذرت بخواه و اورا برگردان.»

«معذرت بخواهم؟ مگر چه کارکردم؟ خانم زیر سرش بلند شده. تازه من باید ازش معذرت بخواهم؟»

«زیرسرش بلند شده یعنی چه؟»

به خود آمد. نگاهی به پسرش کرد.

«تو می‌دانستی که مادرت خیال دارد به شلتر برود. پس همه شما می‌دانستید. تو چرا نرفتی؟»

«من هم رفتم. یعنی مامان آمد مدرسه دنبالم، مرا هم برد. امّا نماندم. اصلا جای خوبی نیست. برو مامان را بیار.»

«خودش رفته خودش هم برمی‌گردد.»

«مطمئنی؟»

جواب نداد. بلندشد. پالتو از تن کند و سعی کرد خفت این توهین را هم از دل بکند. زنش این بار به راستی پررو شده بود. همان که دیشب بی‌اعتنا به او روی راحتی خوابید و صبح سرش داد زد. به خود اجازه داد که به شلتر برود و آن نامه را برایش بنویسد. «تحملم تمام شده.» مگر تحمل او تمام نشده بود. خیال می‌کرد، عاشق چشم و ابرویش بود که

زندگی با او را ادامه می‌داد. فقط به خاطر این دو بچّه بود. به خاطر آرزو. این یکی که داشت از دست می‌رفت. نه حرف اورا می‌خواند و نه احترامی برایش قائل بود. می‌خواست هنرپیشه سینما بشود. چقدر نصحیتش کرد. مگر فایده داشت. مریم طرفداری‌اش را می کرد. «چه کار به کار بچّه داری. این همه سربه سرش نگذار. خودش می‌فهمد دارد اشتباه می کند، از تصمیم خود برمی‌گردد.» این جوری می‌خواست بچّه تربیت کند. لابد آرزو هم چیزی شبیه این یکی می‌شد.

سعید گفت: «بابا شام نداریم.»

فریادزد: «به جهنم که نداریم. نشستی که من بیایم شام درست کنم.»

سعید به اتاق خود رفت و در را به هم زد.

کت و ژاکت از تن کند. شلوار خانه پوشید و به آشپزخانه رفت. سر اجاق هیچ غذایی نبود. هرشب اگر ساعت دوازده هم به خانه می‌آمد، غذایش سراجاق گرم بود. مریم نشسته بود و کتاب می‌خواند. کتاب؟ در آن کتاب‌ها چه بود که اورا چنان شیفته کرده بود. آن سال‌های جوانی گول همان کتاب خواندنش را خورد. دختری که به مردان دور وبر خود بی‌اعتنا بود وهربار اورا دیده بود که به خانه می‌رفت یا به بیمارستان می‌آمد، کتابی زیر بغل داشت.

مادرش می گفت زن باید آشپزی و خیاطی و بچّه‌داری وراه و رسم شوهرداری بلد باشد. کتاب خواندن که هنر نیست. شاید آن کتاب‌ها سنگری بودند که او پشت آن‌ها خود را پنهان می‌کرد. بارها به او گفته بود که هیچ لذتی را در دنیا به خواندن یک کتاب خوب ترجیح نمی‌دهد. او هم می گذاشت که با کتاب‌هایش خوش باشد. از او خانه بزرگ و لباس‌های رنگارنگ و سفرهای جورواجور نمی‌خواست. دلش به کتاب‌هایش خوش بود. گاه نیز خیال می‌کرد، نویسنده است، شاعر است. می‌نوشت. یکی دوبارهم به او داد که بخواند واوهم به مسخره و

شوخی برگزار کرد. پندش داد که تا وقتی بچّه‌ها کوچکند، به کار بچّه‌داری و خانه‌داریش برسد. واین تفریحات را بگذارد برای روزگار پیری‌اش.

دیگر حرف از نوشتن نمی‌زد. شایدهم می‌نوشت ولی به او نمی‌داد که بخواند. او هم پرس و جو نمی‌کرد. مشکلات و گرفتاری‌های زندگی در غربت وقتی برای این کارها نمی‌گذاشت. به مریم هم می‌گفت بهتر است به فکر کاری باشد که بتواند از تجربه و درسی که خوانده استفاده کند و پولی دربیاورد. با کاغذ سیاه کردن که زندگی پیش نمی‌رود. امّا مریم بی‌اعتنا به او به دانشگاه می‌رفت و ادبیّات می‌خواند.

«ادبیّات اگر خوب بود که پدر خدا بیامرزت می‌گذاشت بخوانی. آخرپیری و معرکه گیری. هنوز هم مثل دختر هفده هیجده ساله فکر می‌کنی؟»

ظرف‌های صبحانه در ظرفشویی نشسته بود. ظرف شیر، نیمه خالی بیرون از یخچال بود. حتماً سعید گذاشته بود. بارها دیده بود که مریم به سعید اعتراض کرده بود که چرا شیر را بیرون از یخچال گذاشته است. پسرش درعالم دیگری بود. از وقتی گفته بود می‌خواهد سینما بخواند، بیشتر وقتش به تماشای تلویزیون و فیلم‌های ویدیویی می‌گذشت. گاه با مریم از فیلم‌ها و کتاب‌هایی که خوانده بود حرف می‌زد. ولی با او نه. و اگر هم حرف می‌زد، او علاقه‌ای نشان نمی‌داد. پندش می‌داد که پسرجان فکر آینده‌ات باش. سینما درس نیست.

«پس چی است؟»

«چه می‌دانم، مطربی است.»

سعید از حرف پدر می‌رنجید. لب فرو می‌بست. صالح گناه کج‌روی‌های بچّه‌ها را به گردن مریم می‌گذاشت. مریم گاه اعتراض می‌کرد. گاه خسته از اعتراض لب فرو می‌بست. صالح سکوتش را نشان

پذیرفتن گناه می‌دانست و به خود می‌گفت، حق با من است. او بچّه‌هارا گمراه می‌کند. امّا اگر مریم به سعید و آرزو اعتراض می‌کرد و خطاهایشان را به آنان گوشزد می‌کرد، صالح به طرفداری‌شان برمی‌خاست. هریک می‌خواست به دیگری ثابت کند که حق با اوست. و چون در بسیاری موارد مریم کوتاه می‌آمد و توان سروکله زدن و یکی به دو کردن نداشت، صالح خود را بر حق می‌دید. میدان را خالی می‌دید ومی‌تاخت. عرصه را برمریم و سعید تنگ می‌کرد. آرزو هنوز از درک و شناخت مستقلی برخوردار نبود. کفه را به هرسمت که سنگین‌تر می‌دید، به آن سوی روی می‌نمود. جانب پدر را می‌گرفت. چون از قدرت بیشتری برخوردار بود. گو آن که در غیاب پدر مطیع مادر بود. امّا سعید به هردو بی‌اعتنا بود. وقتی با مادر تنها بود، با او تفاهم داشت. ولی در حضور پدر نمی‌توانست مادر را تحمل کند. مریم در این مواقع کمتر از خود اراده و حضوری نشان می‌داد. مثل یک عضو خنثی بود. می‌گذاشت که صالح و بچّه‌ها تصمیم بگیرند. گاه حتی حرف نمی‌زد. با خیالات خود سرگرم بود. سعید و آرزو نیز اورا نادیده می‌گرفتند. در طول سال‌ها زندگی مشترک یاد گرفته بود اطاعت کمترین درگیری را بوجود می‌آورد.

ظرف‌های نشسته و شامی که باید درست می‌کرد تا شکم خود و سعید را سیر کند، عدم حضور مریم را سنگین‌تر می‌کرد. خشم وقهر سعید، نشان از گرسنگی‌اش بود و سرعت عمل می‌طلبید. جسم خسته و افکار نابسامانش توان کار را از او می‌گرفت. این که سعید گفت، برود و از مادر معذرت بخواهد واورا برگرداند، از ضرورت وجود مریم برای سعید بود. مریم بود که پسر را ترو خشک می‌کرد و پی دلش بالا می‌رفت.

در یخچال را باز کرد. می‌دانست سعید از ساعت چهار بعد از ظهر درخانه بوده. تمام وقتش را به تماشای تلویزیون گذرانده و به خود زحمت نداده بود که دوسه تیکه ظرف را بشوید، یا غذایی برای شام شب درست کند. فریاد زد:

«سعید، سعید.»

و چون جوابی نشنید، بسته‌ای سوسیس ازفریزر بیرون آورد و به در اتاق سعید رفت.

«بیا سوسیس درست کن. من که بلد نیستم از این گند و گه‌ها درست کنم.»

سعید به شکم روی تخت افتاده بود. لحافش مچاله بود و گوشه تخت بود. در اتاق آرزو هم باز بود. تخت اوهم مرتب نشده بود. شیرازه زندگی ناگهان از هم پاشیده بود. همان کارهای جزیی که اگر مریم زبان به شکایت می‌گشود، صالح به مسخره می‌گفت:

«چه کار می‌کنی مگر؟ فیل که هوا نمی‌کنی.»

«تو مگر فیل هوا می‌کنی؟»

«من که مثل تو غر نمی‌زنم.»

اسمش را گذاشته بود پیرزن غرغرو. تا می‌خواست اعتراضی بکند، با این اصطلاح زبانش را می‌بست.

کنار سعید روی تخت نشست و با لحنی مهربان گفت: «پاشو، پاشو مثل بچّه‌ها قهر نکن. داری برای مامان جانت گریه می‌کنی. ولش کن. رفته پی خوش‌گذرانی‌اش. آن بچّه را چرا با خودش برد. پاشو بیا سوسیس درست کن. بعد برایم تعریف کن ببینم شلتر چه جور جایی است.»

سرمای سوسیس دستش را آزرد، آن را روی گونه سعید گذاشت. سعید از جای پرید. صالح خندید و اورا بوسید و گفت: «پاشو دیگر،

ماما جانت رفته هتل شلتر، مارا بی شام گذاشته. بیا غذایی درست کن. حالا که او نیست ما نباید بی‌شام بمانیم.»

دست سعید را گرفت و اورا بلند کرد. سعید گرسنه بود. از عصر، بیسکویت و جیپس و دیگر چیزهایی که به دستش رسیده بود درشکم ریخته بود. امّا معده هنوز خالی بود و غذا طلب می‌کرد.

شام در سکوت صرف شد. سعید در حال و هوای خود بود. تلویزیون خاموش بود. در طول تهیه شام، چند بار بگو مگو کردند. صالح سر سعید داد زد. سعید قهر کرد و به اتاقش رفت. صالح مجبورشد نازش را بکشد و اورا برگرداند. حرف بینشان جاری نمی‌شد. سعید سرسنگین بود. پدر پرسش‌های اورا اگر در باره مادر بود به تندی جواب می داد. او نیز اخم می‌کرد و لب فروبست. صالح خشم خورده سکوت می‌کرد. بیشتر با خود در بگو مگو بود.

سعید زودتر از پدر شامش را خورد. به سالاد هم دست نزد. به اتاق خود رفت. ساعت به یازده شب نزدیک می‌شد صالح پشت میز نشسته مانده بود. باید ظرف‌های شام را می‌شست. توان بلند شدن نداشت.. انگار منتظر بود کسی بیاید و اورا به اتاق خواب بفرستد و کارها را انجام دهد. مریم نبود. عدم حضورش را حس می‌کرد. ونگاه پر از سرزنشش با او بود.

«نشستی که چی؟ منتظری من بیایم و ظرف‌ها را برایت بشویم. آها، همین کارهاست که همیشه می‌گفتی وظیفه‌ات است. حالا هم وظیفه توست. تا فردا صبح هم که بنشینی کسی کمکت نمی‌کند. همانطور که مرا کسی کمک نمی‌کرد.»

از پشت میز بلند شد. ظرف‌ها را به آشپزخانه برد و در ظرفشویی ریخت. در یخچال را باز می‌کرد و به شدت می‌بست. سعید حتی

بشقاب خود را هم گذاشته بود و رفته بود. به در اتاقش رفت. با تلاش رنگی از مهربانی به کلام داد و گفت:

«خوردی و رفتی. ظرف‌های شام را هم نمی‌خواهی بشوری. من که ظرف‌های صبح را شستم. مادرت...»

سعید سر از کتابش برداشت و گفت:

«بابا من درس دارم.»

«درس داری؟ پس تا حالا چه کار می‌کردی؟»

سعید سر در کتاب خود داشت و هیچ نگفت.

«لابد ماچ و بوسه‌های فیلم‌های تلویزیون نگذاشت درست را بخوانی.»

سعید روترش کرد. صالح در اتاق را بست و رفت. خشم را با جملاتی نامفهوم بر مریم و سعید خالی کرد.

«پسر گنده خورد و رفت. از آن مادر، بچّه بهتر از این بار نمی‌آید.»

«مگر خودت این کار را نمی‌کردی؟ شد یک بار بشقابت را از سر میز برداری و به آشپزخانه ببری. نه که بشویی. هیچ وقت ازت نخواستم وتو هم انگار نمی‌دیدی.»

«پس برای همین ظرف شستن گذاشتی و رفتی.»

راه گریزی نبود. باید ظرف‌ها را می‌شست. کف آشپزخانه خیس شده بود. خشک کرد. روی اجاق چربی نشسته بود، با دستمال تمیز کرد. از آشپزخانه که بیرون آمد، ساعت از دوازده گذشته بود. از در اتاق سعید که می‌گذشت. لختی ماند. رفتار سرد و عکس‌العمل‌های تند او در برابر بدوبیراهی که به مریم گفته بود، به دلش ننشست. انتظار داشت، پسر جانب اورا بگیرد ومادر را در غیاب محکوم کند. نتوانست بفهمد، پسر جانب که را گرفته. سعید را هم همدست مریم و آرزو می‌دید. در

اتاق سعید را باز کرد. فکر کرد اگر سعید را هم از دست بدهد، دراین دعوا تنها خواهد ماند. سعید سر در درس خود داشت.

«نمی‌خواهی بخوابی؟»

نگاهش کرد. صالح به رویش لبخند زد.

«چیزی می‌خواستی؟»

به طرفش رفت و اورا بوسید وشب بخیر گفت. سعید هیچ نگفت.

«برای فردا نهارت ...»

یادش آمد که باید برایش ساندویج درست کند. فکر فردا را از خود راند ... و ادامه داد:

«پول می‌دهم، مدرسه غذا بخور.»

به اتاق خواب رفت و با یک ده دلاری برگشت.

«پنج دلارش را خرج می‌کنی و بقیه‌اش را می‌آوری.»

پول را روی میز سعید گذاشت. سعید لبخندی زد و تشکّر کرد.

به اتاق خواب رفت و روی تخت نشست و به فکر فرو رفت. سعید از دستشویی بیرون آمد. به اتاق خود رفت. چراغ را خاموش کرد و در را بست. به نظر صالح آمد که خانه ناگهان در سکوتی تحمل ناپذیر فرورفت. ساعت از دوازده گذشته بود، روی تخت نشسته بود. حال دندان مسواک کردن و به رختخواب رفتن نداشت. مریم انگار به آن سوی زمان گریخته بود. در مه تحلیل رفته بود. در دود غلیطی گم شده بود. نبود. به آرزو فکر نمی‌کرد. آرزو چون شاخه‌ای بر درخت وجود مریم بود. سعید چون نهالی بود. مادر سعید را با خود به شلتر برده بود واو نمانده بود. گاه اندیشه‌ای کم‌رنگ از ذهنش می‌گذشت که کاش سعید هم رفته بود واو ....

این اندیشه شکل نمی‌گرفت.

اینک باری بردوشش سنگینی می‌کرد که هیچ وقت حس نکرده بود. باراوّلی که مریم اورا ترک کرد، با مادر زندگی می‌کرد: سعید در آن زمان شیرخواره بود و صالح جز آن که شب، وقتی به خانه می‌آمد، بغلش کند و ناز و نوازشش کند، کار دیگری با او نداشت. مادرش اورا ترو خشک می‌کرد. حال سعید پسر بزرگی بود. بسیار بیش از آن زمان زحمت وکار طلب می‌کرد. در همین چند ساعت فهمید که نمی‌تواند با او هرطور که دلش می‌خواهد رفتار کند و حرف درشت بزند. پسر شخصیتی مستقل یافته بود. ای بسا اگر تندی می‌دید، از خانه می‌رفت و دیگر برنمی‌گشت. مریم همیشه به او هشدار می‌داد:

«زیاد سربه سرش نگذار. بچّه‌های این دور و زمانه تحمل تندی را ندارند. اگر از خانه برود، کارش تمام است. جامعه اینجا را مگر نمی‌شناسی. نمی‌دانی چه خطراتی بچّه‌ها را تهدید می‌کند؟»

کوتاه می‌آمد و خشمش را بر سر مریم خالی می‌کرد. گناه کج‌روی‌های بچّه را به گردن مریم می‌انداخت. مریم نیز برای کوتاه کردن بگو مگو، برای خواباندن سروصدا، هیچ نمی‌گفت. سکوت می‌کرد.

همان گونه که روی تخت نشسته بود و غرق در افکار بی‌شکل و بی‌نظم خود بود، گهگاه چهره مریم را می‌دید که به سرزنش نگاهش می‌کرد. گاه گم و پیدا می‌شد. گاه اورا با خود به گذشته می‌برد. به گذشته‌های دور، به زمانی که هنوز ازدواج نکرده بودند. از خود می‌پرسید، اشتباه نکردم؟ نباید به طرفش می‌رفتم. درطول سال‌های زندگی مشترک، هرزمان که کدورت بینشان عمیق می‌شد مریم مثل حیوانی چموش لگدپرانی می‌کرد، پشیمان از این وصلت، به جای آن که خود را سرزنش کند، مریم را محکوم می‌کرد، او بود که اصرار به ازدواج داشت.

دختر را سال‌ها بود که می‌دید و از دور زیر نظر داشت. از آن دسته دخترانی بود که به نظر خیلی‌ها جذابیت چندانی نداشت و برای جذاب شدن و زیباشدن هم کاری نمی‌کرد. اورا وقتی دانشجوی پرستاری بود، در بیمارستان هزار تختخوابی دیده بود. در میان گروه دختران می‌آمد و جزء اندک دخترانی بود که ابروهایش را برنداشته بودو آرایش نمی‌کرد. لباس پرستاری‌اش هم بلندتر از لباس سایر دخترها بود. هیچ وقت ندیده بود با پزشکان جوان و کارکنان بیمارستان و بگوید و بخندد. صالح در آن زمان دانشجوی سال آخر بود و کاری نیمه وقت در بیمارستان داشت. بعد که درسش تمام شد از آنجا رفت. دوسال بعد دوباره در همان بیمارستان کار گرفت. مریم در آن موقع پرستار بود. شنیده بود پس از پایان دوره سه ساله می‌خواهد مامایی بخواند. هنوز باب آشنایی با اورا باز نکرده بود. دختر به هیچ مردی رو نمی‌داد. اورا می‌دید که با کتابی زیر بغل وارد می‌شود و یا بیرون می‌رود. در باره غش کردنش در اتاق عمل شنید. بعد مرخصی استعلاجی به او دادند. باز شنید که دیگر به بیمارستان بر نمی‌گردد.

وقتی برگشت، درقسمت داروخانه مشغول به کار شد. چند ماه بعد که اورا مسئول بخش داروخانه کردند، فرصت بیشتری یافت که در کناراو کار کند واو را بیشتر بشناسد. دختر همچنان کم گوی بود وجز درباره کار با اوحرف نمی‌زد. هنوز همان مریم دوران دانشجویی بود. بی‌آرایش، و بی توجّه به سرو لباس خود. همیشه انگار در دنیای دیگری سیر می‌کرد.

از بیمارستان بیرون می‌رفت. در ایستگاه اتوبوس منتظر می‌ماند. اتوبوس می‌رسیدو سوار می‌شد و یک‌راست به خانه می‌رفت. در یکی از محله‌های قدیمی شهر در خانه‌ای کوچک که بازسازی شده بود زندگی

می‌کرد. چند بار اورا تا خانه‌اش دنبال کرد ودختر متوجّه او نشد. در طول راه کتابش را باز می‌کرد و می‌خواند. به اطراف خود بی‌اعتنا بود.

عصر پاییزی غم‌انگیز است. باد، گرد وخاک و آشغال را جمع می‌کند و به هوا می‌برد. مریم دست بردامن خود گرفته است که باد آن را به هوا بلندنکند. پشت سر او راه می‌رود. خود را به او نزدیک می‌کند و می‌پرسد:

«می‌توانم چند دقیقه با شما باشم.»

مریم یکه خورده می‌ایستد و می‌پرسد: «برای چی؟»

«می‌خواستم چند کلمه با شما حرف بزنم.»

«در باره چی؟»

به بستنی فروش محل رسیده‌اند که همیشه شلوغ است و آن روز آدم چندانی در آن نیست.

«می‌خواهید یک بستنی باهم بخوریم؟»

«بستنی؟ در این هوا؟»

«فقط می‌خواستم چند کلمه با شما حرف بزنم.»

نگاهش می‌کند و سرخ می‌شود.

«می‌ترسید؟»

«چرا باید بترسم؟»

دست برپشتش می‌گذارد و اورا به داخل بستی فروشی راهنمایی می‌کند. پشت میزی رو به خیابان می‌نشینند. مریم خاموش است و چشم ازنگاه او می‌دزدد. خیابان را تماشا می‌کند. پسرک کارگر به میز آنها نزدیک می‌شود. میزرا با دستمالی که روی شانه دارد پاک می‌کند و می‌پرسد:

«چی میل دارید؟»

«شما چی می‌خورید مریم خانم؟»

«من؟ هیچی.»

«هیچی که نمی‌شود. آمدیم اینجا باید چیزی بخوریم. با دوتا مخلوط چطورید؟»

سر را به علامت تأیید تکان می‌دهد و لبخند می‌زند. پسرک می‌رود. نمی‌داند از کجا شروع کند. چشم از او برنمی‌دارد. منتظر است مریم چیزی بگوید. او هیچ نمی‌گوید. به کتابی که روی میز گذاشته نگاه می‌کند و می‌پرسد چه می‌خواند. مریم جلد کتاب را نشان می‌دهد. «آنا کارنینا» و ادامه می‌دهد داستان قشنگی است.

مریم می‌پرسد، شما خوانده‌اید؟ و او جواب نمی‌دهد. نخوانده است. دستان مریم روی کتاب است. گویی می‌ترسد صالح آن را از او بگیرد. دست روی دست او می‌گذارد و می‌گوید:

«من از شما خوشم می‌آید. شما چی؟»

هیچ نمی‌گوید. لحظه‌ای چشمانش با نگاه صالح برخورد می‌کند. سرخی محسوسی روی گونه‌اش می‌نشیند. لبخند بر لبان صالح حک شده است. چشم از او برنمی‌دارد. لرزش انگشتانش را حس می‌کند و عرقی که بر آنها نشسته است. می‌گوید:

«شما با همه دختران فرق دارید.»

انتظار دارد مریم بپرسد، چطور؟ که نمی‌پرسد. همچنان سر به پایین دارد. سرخی چهره‌اش رنگ باخته است. بعد به خیابان نگاه می‌کند. دستانش همچنان اسیر دستان صالح است که به نرمی آنها را نوازش می‌کند. می‌خواهد از طریق آن دستان کنه وجود او را بخواند. دختر مثل دیواری غیر قابل نفوذ است. همان زنی است که او همیشه به دنبالش می‌گشته است. شاگرد مغازه دو ظرف مخلوط روی میز می‌گذارد. مریم دستپاچه دستان خود را می‌کشد. صالح می‌خندد. او نیز لبخند می‌زند. درتمام مدّتی که به خوردن مشغول است، از نگاه کردن به

صالح پرهیز می‌کند. او نیز حرف چندانی برای گفتن ندارد. گویی در جذبه سکوت و وقار دختر قرار گرفته است. وقتی از بستنی فروشی بیرون می‌روند، دست اورا می‌گیرد و او آن را پس نمی‌کشد. تاخانه اورا همراهی می‌کند. در اتوبوس در کنارش می‌نشیند. گرمای تن اورا حس می‌کند. دختر بی‌حرف به عشق او پاسخ گفته است. سرکوچه‌شان از او خداحافظی می‌کند. دستش را دراز می‌کند و صالح آن را می‌گیرد. در دستان خود نگاه می‌دارد. نمی‌داند در درون دختر چه می‌گذرد. امّا نوعی تسلیم رازگونه در اوهست. به دری بسته می‌ماند که انتظار بازشدن دارد. می‌خواهد بداند پشت آن چه رازها پنهان است. برای فردا عصر قرار می‌گذارند. اتوبوس برگشت را می‌گیرد و شب از دختر برای مادر می‌گوید. تصمیم خودرا گرفته است. دوهفته بعد به او پیشنهاد ازدواج می‌کند و او می‌پذیرد.

یک سال و چند ماه بعد ازدواج می‌کنند. مریم گه‌گاه پشت همان در بسته می‌ماند و او تلاشی برای باز کردنش نمی‌کند. در آن یک سال و چند ماه گاه به اختلافات خود و مریم پی می‌برد. اورا از خود دور می‌بیند. امّا همیشه مریم است که پیش‌قدم حل اختلاف می‌شود و کدورت ایجاد شده را از بین می‌برد. در ازدواج نیز او اصرار بیشتری دارد. درطول نوزده سال زندگی پی برده است که مریم حاضر به جدایی نیست.

به خود آمد و به صدای بلند گفت: «برمی‌گردد. حتماً برمی‌گردد.» و با این خیال به خواب رفت.

۲

در دفتر شلتر بود که پی برد. «ازخانه بیرون آمده است.» باید در برابر آنچه پیش می‌آمد می‌ایستاد. مددکار اجتماعی اورا روی راحتی کنار میز خود نشاند. وقتی در را برویش باز کرد، باور نکرد که مددکار باشد. زنی حدود پنجاه ساله یا بیشتر می‌نمود که قدی کوتاه و چهره‌ای نیم سوخته داشت. رنگش به زردی می‌زد و مریض احوال می‌نمود. آرایشی کم‌رنگ و چشمانی گودافتاده داشت که با سرمه یا مداد سیاه شده بود. لباس هندی‌ها و یا شاید پاکستانی‌ها را به تن داشت. لهجه‌اش هم به آنطرف‌ها شبیه بود. مریم چشم به او دوخته بود. وقتی ازش پرسید، چرا به شلتر آمدی؟ دراین فکر بود که نامش چه بود. یادش بود که زن خود را معرفی کرده بود. وقتی که در را به رویش باز کرد، اوّل نام اورا پرسیده بود. شاید می‌خواست مطمئن شود همان کسی است که یکی دوساعت پیش تلفن کرده بود و نشانی خواسته بود. بعد نام خود را گفته بود. مریم در آن لحظه در فکر چمدان‌هایش بود که سنگین بودند. نمی دانست تاکجا باید باخود حملشان کند. زن گفت، بگذار همانجا بمانند. حساب راننده را داد و دنبال زن به دفتر رفت. دفتر هیچ شباهتی به دفاتر اداراتی که دیده بود، نداشت. اتاق کوچکی بود که بیش از ظرفیت خود اسباب و اثاثیه داشت. راحتی بزرگی که کنار میز زن بود، قسمتی از فضای اتاق را پر کرده بود و آن را کوچکتر نشان می‌داد. پرسش زن در ذهن مریم نقش بسته بود. در این فکر بود که چه بگوید. مددکار چون تردید را در نگاه او خواند، گفت:

«خجالت ندارد. حرف بزن.»

حرف بزند؟ خیلی وقت‌ها خواسته بود حرف بزند، نتوانسته بود. راستی از چه باید می‌گفت. همانطور که به چشمان زن نگاه می‌کرد که در آنها نه همدردی بود و نه تفاهم، گفت: «نمی‌توانم.»

«چرا؟»

«آسان نیست.»

مددکار خنده‌ای کرد. خنده‌اش مریم را آزرد. گفت:

«از خانه بیرون آمدن هم آسان نبود. ولی تو...»

اندیشید، راست می‌گوید. آسان نبود. ولی من آمدم. و حالا... می‌توانم بمانم. اگر قرار باشد سئوال پیچم کنند...

زن خیال اورا پاره کرد.

«هیچ کاری آسان نیست. تو باید حرف بزنی. باید بگویی چرا خانه‌ات را ترک کردی؟»

«از کجا شروع کنم؟ از دیشب....»

در راهرو فرزانه را می‌بیند. از کتابخانه بیرون می‌آید. موهایش را کوتاه کرده است وجوان‌تر می‌نماید. مثل همیشه چهره‌ای آرایش کرده دارد. بلوز سبز رنگ و دامن خاکستری پوشیده است. چکمه‌هایش قهوه‌ای است. پالتو را روی دست انداخته است.

«کجا با این عجله؟»

می‌ایستد. به اتوبوس فکر می‌کند که نکند از دست بدهد. هنوز استاد از کلاس بیرون نرفته، دفتر و کتابش را توی کیف می‌گذارد و از کلاس می‌زند بیرون. از راهروهای طویل دانشکده می‌گذرد و بیرون می رود، سوز سرمای زیر صفر اورا می‌لرزاند. از زمین‌های بایر که جابجا یخ و برف در آن است می‌گذرد. میان‌بر می‌زند که زودتر به اتوبوس ساعت ده برسد و بتواند قبل از یازده و یا حتی ده ونیم به خانه برسد.

به حرف زدن می‌ایستد. پیش از آن که مریم فرصت پیدا کند چیزی بگوید، فرزانه شروع می‌کند. از استادش می‌گوید که به نظر او نژادپرست است. نمره‌اش را کم داده و ایراد گرفته که زبانش رسا نبوده است. فرزانه در خشم است که کامپیوتر چه ربطی به زبان دارد. او می‌خواهد برنامه نویس کامپیوتر شود نه زبان‌شناس. صغری و کبری می‌چیند که در این کشورها هم فقط های و هوی است و زرق و برق. از نزدیک که نگاه کنی، می‌بینی که هیچ و پوچ است. مریم مثل همیشه دوگوش است. اگر گاهی از درمخالفت با او درمی‌آید، امشب سکوت می‌کند، شاید فرزانه بفهمد که او در حال حاضر علاقه‌ای به بحث اجتماعی ندارد. دلش شور خانه‌اش را می‌زند. شور بچّه‌ها و صالح که لابد مثل برج زهر مار است. به ساعتش نگاه می‌کند.

«دیرت شد؟ دلت شور شوهر جانت را می‌زند؟»

راه می‌افتند. از زمین‌های بایر می‌گذرند. مریم راه را به میان‌بر کج می‌کند. فرزانه به اعتراض می‌گوید:

«چرا راه آدم رو را می‌گذاری، می‌زنی به بیابان، نمی‌بینی چه آبی جمع شده.»

به ناچار از خیابان‌های پیچ در پیچ طولانی می‌روند. اتوبوس ساعت ده حتماً رفته است. خدا کند اتوبوس ساعت ده ونیم نرفته باشد. در نیمه راه می‌ایستد که از فرزانه خداحافظی کند.

«به ماهم سربزن. از وقتی دانشجو شدی باید ازت وقت گرفت.»

«خودت چی؟ تو که همیشه درس داری.»

«برای آدم‌های مهم همیشه وقت دارم.»

«ماهم به حساب می‌آییم؟»

فرزانه دست روی شانه‌اش می‌گذارد و می‌گوید: «خودت را به خری نزن. برو الان شوهر جانت جوش می‌آورد.»

«تو هم طعنه بار ما کن.»

«شوخی کردم. دلخور نشو. تو خوب خری گیر آوردی. چهار چشمی مواظبته.»

در دل می‌گوید، می‌خواهم صدسال سیاه نباشد. درجواب فقط لبخند می‌زند.

زن گفت: «خوب؟»

به خود آمد. در این فاصله زنی به درون آمده بود و داشت با مددکار صحبت می‌کرد. مریم دوباره اندیشید، نامش چه بود؟ به یادنیاورد. زن، بلند بالا و خوش هیکل بود. چهره‌ای به رنگ حلوای سوخته داشت، امّا اعضا صورتش به سیاهان شباهتی نداشت. چشمان درشت قهوه‌ای، بینی کوچک و سربالا، دندان‌های ریز و مرتب که با خنده‌ای شیرین نمایان می‌شد. موهایش را به صورت صدها گیس بافته بود و پشت سر ریخته بود. «چطور تحمل می‌کند.» وقتی رفت. ذهن مریم را از وقایع دیشب دور کرد.

زن گفت: «خوب؟»

مریم گفت: «ما با هم تفاهم نداشتیم.»

زن به مریم خیره بود. مریم دید که گفته‌اش اورا به فکر فرو برد. انگار که باور نکرده باشد.

و پس از لختی گفت: «تو باید دلایل کافی ارائه دهی. کتک هم می‌خوردی؟»

کتک؟ مگر باید کتک خورد؟

از اتوبوس پیاده می‌شود. باران شلاقی می‌بارد. صبح که از خانه بیرون رفته آفتاب بوده و ابرها گله گله در آسمان جولان می‌داده‌اند. فراموش

کرده که چتر بردارد. حال، باران مثل دوش حمّام برسرش جاری است. تا به خانه برسد همه لباس‌هایش خیس شده است. در را باز می‌کند و خود را در خانه خاموش و گرم خود می‌یابد. نفس راحتی می‌کشد. بچّه‌ها خوابیده‌اند. بارانی از تن بیرون می‌آورد. صالح از اتاق خواب بیرون می‌آید. نگاهش تلخ است. «وای خدا به داد برس.»

به یاد گفته فرزانه می‌افتد.

«شوهر جانت منتظرت است.»

«تا حالا کجا بودی؟»

بارانی را روی صندلی می‌اندازد. با لبخندی به خشم آلوده می‌گوید:

«کجا بودم؟ عجب سئوالی می‌کنی؟»

صالح صدارا بلند می‌کند، می‌پرسد:

«کدام جهنمی بودی؟»

جواب نمی‌دهد. می‌خواهد فریاد بزند:

«سرقبر بابای تو بودم.»

به طرف دستشویی می‌رود. صالح بازویش را می‌گیرد و می‌فشرد. درد در استخوانش می‌پیچد.

زن مددکار اورا به خود آورد.

«پرسیدم کتکت هم می‌زد؟»

مریم یکه خورده به زن می‌نگرد.

«نه.»

«پس چی؟»

ماند. با خود تکرار کرد، پس چی؟ چه مرگت بود آمدی اینجا، که مثل یک گناهکار مورد بازخواست قرار بگیری. باید جواب پس بدهی. خیال کردی شلتر خانه عمه جانت است که تا با شوهر جانت دعوایت

شد، راه بیافتی و بیایی اینجا. باید جای زخم‌ها و کبودی‌ها را نشان بدهی. باید بگویی که مثل سگ ازش می‌ترسیدی. همیشه شلاقی به دست داشت که بر سر و رویت می‌کوبید.

گفت: «مگر باید کتک خورد؟»

زن گفت: «خوب می‌دانی، بیشتر زنانی که به اینجا می‌آیند، از شوهرانشان آزار می‌بینند، کتک می‌خورند، تحقیر می‌شوند.»

«وعدم تفاهم کافی نیست؟»

زن مثل پزشکی وارد به کار خود که درد بیمار خود را تشخیص داده است، زبان به حرف گشود.

«عدم تفاهم را باید توضیح داد. خوب ممکن است من و شما هم با هم تفاهم نداشته باشیم. امّا دلیل نمی‌شود که همدیگر را اذیّت کنیم. کتک بزنیم ویا دعوا راه بیاندازیم.»

«ولی رابطه زن و شوهر فرق می‌کند.»

«گفتم که باید توضیح بدهی. این عدم تفاهم چه گونه بروز می‌کرد.»

«چه گونه؟»

صالح در دستشویی را باز می‌کند. مریم خود را در آینه می‌بیند. موهایش خیس است و به سرش چسبیده است. بغض در گلویش چنبر زده است. اشک در چشمانش لپر می‌زند.

«بیا بیرون کارت دارم.»

«چه کار داری؟»

بازوی اورا می‌گیرد و بیرون می‌آورد. به اتاق نشیمن می‌برد. هلش می‌دهد و روی راحتی می‌نشاند.

«تا نگویی که امشب تا این وقت شب کجا بودی، راحتت نمی‌گذارم.»

«یعنی تو نمی‌دانی که من این شب‌ها کجا می‌روم.»

«نه.»

«نمی‌دانی که به دانشگاه می‌روم.»

«ولی تو شب‌های دیگر زودتر به خانه می‌آمدی.»

«خوب، امشب یکی از بچّه‌ها را دیدم، ایستادم به حرف زدن. اتوبوس را از دست دادم. اتوبوس بعدی هم دیر رسید.»

«یکی از بچّه‌ها؟ کی؟»

«فرزانه.»

«پس آن نره خر که ساعت هشت تلفن زد و ترا می‌خواست کی بود؟»

«نره خر؟ من چه می‌دانم آن نره خر که بود. من که خانه نبودم.»

فریاد صالح اورا از جای می‌جهاند.

«من از این زندگی خسته شدم. توسرت در جای دیگری گرم است.»

فریاد او نیز مهار پاره می‌کند.

«من‌هم خسته شدم. تو از جان من چه ...»

نمی‌تواند ادامه دهد. بغض در گلویش می‌شکند وهق‌هق گریه می‌کند.

صالح مجله‌ای را که در دست دارد به کناری پرت می‌کند. به اتاق خواب می‌رود و در را به شدت می‌بندد. مریم بغض را در خود می‌کشد. «نکند بچّه‌ها بیدار شوند.»

خواست از دیشب بگوید. از اوّل تا به آخر. از دانشکده رفتنش که صالح مخالف بود. از عدم اطمینانش به او. نتوانست. هیچ وقت نتوانسته بود از احساس خود حرف بزند. انگار که خود به خود می‌گفت: «بدبخت تو لایق همانی.» و نمی‌خواست قبول کند که لایق آن زندگی است. که لایق آن است که به او اعتماد نداشته باشند، که باید همیشه توضیح دهد.

زن گفت: «من می‌فهمم. حرف زدن مشکل است. اوّلش سخت است. امّا باید یاد بگیری که درونت را باز کنی. باید از دردهایت حرف بزنی.»

«درد!» کلمه اشک به چشمش آورد. بغض در گلویش چنگ انداخت. امّا نمی‌خواست گریه کند. نمی‌خواست زبونی‌اش را نشان دهد. سال‌های سال به خود قبولانده بود که قوی است، که می‌تواند بایستد، که به خود اطمینان دارد. ولی هروقت به دردهایش، به عقده‌هایی که در درونش گره خورده بود، اندیشیده بود، اشک در چشمانش نشسته بود. گاه در پنهان برای خود گریسته بود. هیچ وقت نتوانسته بود از آن چه در درونش می‌گذرد، بگوید. این زن همان چیزی را از او می‌خواست که او همه عمر آن را انکار کرده بود. گاه که درد مثل تاولی سر ترکیدن داشت، به خود گفته بود، می‌نویسم. همه این چیزها را روزی خواهم نوشت. نتوانسته بود. نتوانسته بود حتی کلمه‌ای بنویسد. اگر هم نوشته بود، آن چیزی نبود که بر او گذشته بود. زن اورا در منگنه نگاه خود گذاشته بود. دید چاره‌ای ندارد. باید دلایل خود را برای ترک خانه‌اش بگوید. گفت:

«همین که زنی یک زندگی هیجده نوزده ساله را پشت سر می‌گذارد و دوبچّه‌اش را ....»

یاد سعید و آرزو افتاد. دلش فشرده شد. لب فروبست.

زن گفت: «چندساله هستند؟»

بغض را فرو داد و گفت: «پسرم هیجده ساله است و دخترم دوازده ساله.»

«زیاد کوچک نیستند. می‌توانند از خودشان مواظبت کنند. و تو اگر بخواهی،. می‌توانی بیاوریشان اینجا. پسرت را...»

«پسرم فکر نمی‌کنم بیاید. ولی دخترم را می‌توانم بیاورم؟»

«چرا که نه. اینجا همه زن‌ها با بچّه‌هایشان هستند.»

شاد شد. فکر کرد امروز عصر می‌روم و می‌آورمش. نگاه زن به کاغذهای روی میز بود. وقتی به او نگاه کرد، گفت:

«در اینجا ورقه‌ای است که باید پرشود.» وسن و تاریخ ازدواج و تاریخ تولد بچّه‌ها وتاریخ مهاجرت به کانادا و تاریخ‌های دیگری پرسید که مریم جواب داد. در دل گفت، کاش فقط این‌ها بود. در همه این مدّت به همان پرسش اوّل زن فکر می‌کرد که باید کتک خورد. دلایلش برای آمدن به اینجا کافی بوده است یانه. اگر مجبور شود برگردد. به صالح فکر کرد. به چهره بی‌اعتنایش، به نیش‌هایی که در کلام داشت، به رفتار توهین‌آمیزش. اگر برمی‌گشت، لابد نیش‌ها و توهین‌هایش بیشتر می‌شد.

به صدای بلند گفت: «نه. من برنمی‌گردم.»

زن به او نگاه کرد و گفت: «به کجا بر نمی‌گردی؟»

«به خانه‌ام. نمی‌توانم برگردم.»

«کسی مجبورت نمی‌کند برگردی.»

«ولی شما گفتید...»

زن خنده‌ای کرد: «من فقط پرسیدم. تو می‌توانی اینجا بمانی. من می‌فهمم. ولی خوب باید دلایلت را بگویی. می‌دانی، اینجا را برای زنان آزاردیده ساخته‌اند. نه آن که...»

و درباره زنان آزاردیده سخن راند. حرف‌هایی که بارها شنیده بود و همه را از بر بود. حوصله شنیدن این چیزها را نداشت. دیگر یقین کرده بود که این حرف‌ها هم مثل بسیاری حرف‌های دیگر که در رابطه با عدالت اجتماعی و صلح و برابری و برادری و دوستی و خیلی چیزهای قشنگ دیگر می‌زدند، فقط حرف بود، باد هوا بود. والا مگر در روزنامه‌ها و روابط جمعی آمار آزار زنان تکان دهنده نبود. شاید همین

آمارها بود که این شلتر هارا برپا کرده بود. که برای پذیرش در آن ها باید کتک خورد و باید جای زخم‌ها را نشان داد.

زن گفت: «همین دیشب زنی را به اینجا آوردند که یک جای سالم در بدن نداشت. امروز مجبور شدیم بفرستمش بیمارستان. استخوان گونه و بینی‌اش شکسته بود.»

مریم اندیشید: «پس جای من نیست. نگهم نمی‌دارند. من نه جاییم شکسته، نه یک کبودی در بدن دارم. من باید برگردم.»

روی راحتی نشسته است. خانه در سکوت است. امّا کسی در درون او فریادمی‌زند، برو، برو، برو. وهمان صدا می‌پرسد، کجا؟ کجا؟ کجا؟

تیک تاک ساعت چنان است که با او همدردی دارد و می گوید، برو، برو، برو. نمان، نمان، نمان. و دوباره می‌پرسد، کجا؟ کجا؟ کجا؟ وقتی به خود می‌آید که با صدای بلندحرف می‌زند. ساعت به دو صبح نزدیک می‌شود. گرسنگی در معده‌اش می‌پیچد. به یاد می‌آورد از ظهر چیزی نخورده است. به آشپزخانه می‌رود. در قابلمه خورشت و پلو باز است. از خورشت به اندازه یک قاشق، ته قابلمه خشکیده است. برنج سوخته است. می‌خواهد غذا را گرم کند، منصرف می‌شود. کمی پلو در بشقابی می‌ریزد وخورشت به آن اضافه می کند. شیشه آب را ازیخچال بیرون می‌آورد. خالی است. لیوانی آب از شیر پر می کند. پشت میز آشپزخانه می‌نشیند که کثیف است. خرده‌های غذا روی میز است. بی‌اعتنا به آن، چند لقمه می‌خورد. غذا به دهانش مزه می کند. انرژی از دست رفته‌اش باز می گردد. «فراموش کن، می گذرد.» شعله اجاق را زیاد می کند. میز را تمیز می کند. از توی یخچال کاهو و گوجه فرنگی بیرون می‌آورد که سالاد درست کند. «فردا همه چیز فراموش می‌شود. شامم را که خوردم، ظرف‌ها را که شستم، باباش آشتی می کنم. باید...»

کاهو در دست مانده است. ظرف‌های نشسته در ظرفشویی تل انبار است. «آخر گناهم چیه؟ می‌خواهم درسی را بخوانم که دوست دارم. چه گناهی کردم مگر؟» بغض راه نفس براو می‌بندد. «باید بسازم. به خاطر بچّه‌ها. باش آشتی می‌کنم. کافی است بغلش کنم و بگویم، بیا آشتی کنیم.»

«نه. نمی‌توانم. نمی‌توانم. نمی‌توانم.» به صدای بلند می‌گوید: «نمی‌توانم.»

کاهو را درسطل خاکروبه می‌اندازد. زیر اجاق را خاموش می‌کند. تکرار می‌کند: «نمی‌توانم، نمی‌توانم.» همچنان که اشک می‌ریزد و آب بینی رابالا می‌کشد، ظرف‌ها را می‌شوید. آشپزخانه را مرتب می‌کند. کف آن را دستمال خیس می‌کشد. اتاق نشیمن را جمع و جور می‌کند. روی راحتی می‌نشیند. اشک فرونشسته است. بغض امّا در او هست. ساعت به سه نزدیک می‌شود. صبح از راه رسیده است. «چه کار کنم؟»

گفت: «من باید چند روزی اینجا بمانم. من باید فکر کنم.»

دوباره بغض گلویش را فشرد. آن را فرو داد. نمی‌خواست جلوی این زن گریه کند. زن اعتماد اورا جلب نکرده بود. با او خشک و رسمی رفتار کرده بود. مثل یک کارمند اداری. طوری نگاهش می‌کرد که انگار قابل ترحم بود. نگاهش به او گستاخ بود. فضول بود. از چه باید می‌گفت. از دیشب؟ اگر از اوّل تا آخرش را تعریف می‌کرد، لابد زن می‌گفت:

«این که چیزی نیست. بین همه زن و شوهرها اتفاق می‌افتد.»

مگر وقتی گفت، تفاهم نداریم، طوری نگاهش نکرد که یعنی چه لوس. دلیل بهتری نداشتی؟ لابد جا خورده بود. خودش هم شاید با شوهرش تفاهم نداشت. مگر دیگران داشتند. زن و شوهرهایی دیده بود

و می‌شناخت که فقط باهم کنار می‌آمدند. یاد گرفته بودند چطـور بـاهم کنار بیایند. اوهم همان طور. این همه سـال بـا صـالح کنـار آمـده بـود. تحملش کرده بود. لابد صـالح هـم اورا تحمـل کـرده بـود. مگـر بارهـا نگفت، تحمل تو آسان نیست. باید هم آسان نبوده باشد. دو تـا آدم کـه سر همه چیز باهم اختلاف نظر داشـتند. ولـی بـاز در کنـار هـم زندگـی می‌کردند. هروقـت بـه آن فکـر می‌کـرد، بـه خـود می‌گفـت، بـه خـاطر بچّه‌ها.

بچّه‌ها دلیل موجهی بودند. بچّه‌ها مسئولیتی بودند که نمـی خواسـت و یـا نمی‌توانسـت زمیـن بگـذارد. بـار اوّل هـم کـه از خانـه رفـت، سـعید شیرخواره بود، بازهم به خاطر بچّه بود که برگشـت و یـا حـرف مـردم. امّا اینجا که حرف مردم اهمیتی نداشت. آنقدر جدایی و طلاق زیاد بـود که دیگر کسی درباره آن حرفی نمـی‌زد. شـده بـود مثـل همـه چیزهـای عادی زندگـی. اوّلـش کمـی تعّجـب می‌کردنـد. بعـد هـم کـه طـرف را می‌دیدنـد، سرنصحیتشـان بـاز می‌شـد. همیشـه هـم زن را سـرزنش می‌کردند. برای مرد دلسوزی می‌کردند. بعد هم به آن عادت می‌کردند. می‌پذیرفتند. خیلی چیزها را پذیرفته بودند. مثلا دخترشـان بتوانـد آزادانـه دوست پسر بگیرد. همـان طـور کـه پسرشـان همیشـه می‌توانسته اسـت دوست دختر داشته باشد. طلاق و جدایـی را هـم پذیرفتـه بودنـد. اینجـا روی حرف مردم زیاد حساب نمی‌کرد. امّا آنجا، در اوایـل زندگـی، بـا داشتن یک بچّه، نه نمی‌شد به آسانی جدا شـد. فکـر کـرد اگـر زن ازش بپرسد، توکه با شـوهرت تفـاهم نداشـتی، چـرا زودتـر ترکـش نکـردی؟ دلایل خودم را دارم. همیـن چیزهـا را تحویلش می‌دهم. امّـا آن پرسـش اوّلش، همان که تا نشست، مثل یک کاسه زهر گذاشت جلـوی رویـش و گفت سربکش. به آن نمی‌توانست جواب بدهد. شاید هیچ وقـت هـم جواب نمی‌داد. به هیچ کس جواب نمی‌داد.

از قوانین شلتربرای مریم گفت که کمتر چیزی در ذهن او ماند. مریم یقین کرده بود که زن دلایل اورا نپذیرفته. زن اورا به طبقه دوم برد و اتاقش را نشان و گفت: «می‌توانی بچّه‌هایت را هم بیاوری.»

«چمدان‌هایم؟»

«می‌گویم برایت بیاورند بالا.»

• • • • •

اتاقی بود با دو تخت بدون ملافه وتشک‌هایی که بر آن لکه‌های خون و ادرار بود. دو اشکاف لباس و یک کمد کشویی و دوپهلو تختی. لامپی بدون حباب برسقف که باید چهل واتی و یا شصت واتی می‌بود که نورش در نور دلمرده روز ابری، دلتنگی می‌بارید. پرده گل‌داری پنجره کوچکی را می‌پوشاند.. مریم پایین اتاق ماند. نگاهش به در و دیوار اتاق بود. دیوارها رنگ آبی چرکینی داشتند. اثاثیه ارزان قیمت و حقیرانه اتاق توی چشم می‌زد.

«لایق زنان آزار دیده!»

مانده بود که چه کند. جایی برای نشستن نداشت. «کتکت هم می‌زد؟» باید کتک خورد تا در چنین جایی از تو نگه‌داری کنند. و البته اوّل سئوال پیچت کنند. ترا در منگنه نگاه و پرسش‌های جورواجور چنان بفشارند که چند بار به سرت بزند برگردی.

«برگردم؟ بهتر نیست برگردم. سعیدو آرزو اینجا نمی‌مانند. چطورنگه‌شان دارم. باید روی این تخت‌ها بخوابند. روی این تخت‌ها...»

دوضربه به در زدند و در بازشد. دختر جوانی که موهای دوطرف سر را تراشیده بود وباقیمانده را که بلند بود و فرفری پشت سر جمع کرده بود وصدای خسته‌ای شبیه صدای سیاهان داشت، به درون آمد. هیچ یک از اعضای چهره‌اش به سیاهان شباهتی نداشت. اگر موهایش وزوزی

نبود و صدایش خسته و بم، از ذهن مریم نمی‌گذشت که نسلی از او باید از سیاهان بوده باشد. دختر به روی او لبخند زد. دوچمدان را به درون آورد و گفت که دوباره برمی‌گردد. وقتی برگشت، دودست ملافه و لحاف و بالش یک بسته دستمال توالت روی تخت گذاشت و گفت، اگر چیزی دیگری لازم دارید... همانطور که با چهره گشاده و جوانش به مریم چشم دوخته بود، ادامه داد، آشپزخانه در طبقه پایین است. نهار را خودتان باید درست کنید و شام را هرشب یکی از ساکنین شلتر می‌پزد و ساعت شش حاضر می‌شود.

به ذهن مریم آمد که بپرسد، برای ماندن در شلتر چه شرایطی لازم است، امّا نمی‌دانست که جمله را چطور بیان کند که شک دختر را برنیانگیزد. پرسید:

«زنان زیادی اینجا زندگی می‌کنند؟»

«فرق می‌کند. گاهی وقت‌ها زیاد هستند. گاهی هم کم. شما شانس آوردید که اتاق خالی بود. سه چهار هفته بودکه کسی را قبول نمی‌کردند. جای خالی نداشتند.» و ادامه داد:

«من فقط هفته‌ای دو روز در اینجا کار می‌کنم. دانشجو هستم.»

«چه کار می‌کنید؟»

«خانه را تمیز می‌کنم.»

پرسش همچنان با مریم بود. به او نیش می‌زد و به زبان نمی‌آمد. اگر دختر می‌گفت، آره برای پذیرفته شدن در شلتر باید جای زخم‌هایت را نشان دهی.

دختر گفت: «شما بچّه هم دارید؟»

مریم گفت که یک پسر هیجده ساله و یک دختر دوازده ساله دارد. دختر دیگر چیزی نپرسید. انگار کسی صدایش زده باشد، ببخشید گفت و رفت.

مریم ملافه‌ها را روی تشک‌ها کشید و از فشار آن لکه‌ها راحت شد. گویی که روی زخمی بد شکل را پوشانده باشد، از دردش هم کاسته شد. اتاق رنگ ورو گرفت. چمدان‌ها پایین اتاق بودند. باید بازشان می‌کرد. مردد بود و خود نمی‌دانست چرا تردید رهایش نمی‌کند. خیالات مثل آسمانی طوفانی در سرش در تلاطم بود. لحظاتی عزم جزم می‌کرد که بماند. به خود می‌گفت بهشان خواهم گفت که کتکم می‌زد، اذیّتم می‌کرد، آزار روانی‌ام می‌داد. گاه ناامید و دلسرد در خود خیره می‌ماند. انگار که به ته خط رسیده باشد. به بن‌بست می‌رسید.

«پس بچّه‌ها؟ چه کارشان کنم؟ باید برگردم. بی‌خود آمدم. باید باش کنار بیایم. باید از فرزانه یاد بگیرم.»

از بگو مگوی با خود که خسته شد، گفت، «نمی‌توانم، نمی‌توانم، نمی‌توانم.» به خود آمد. بلند بلند حرف می‌زد. بلند شد که چمدان‌ها را باز کند. پنجره اورا به خود کشید. کششی غریزی که ریشه در کودکی‌اش داشت. آن زمان که کودکی بیش نبود و عصرها مادر اجازه نمی‌داد، به کوچه برود و با بچّه‌ها بازی کند. پشت پنجره می‌نشست و بازی بچّه‌ها را تماشا می‌کرد و آواز می‌خواند. مادر اورا از آواز خواندن در پشت پنجره منع می‌کرد. گاه بچّه‌های کوچکتر بازی خودرا در کوچه رها می‌کردند و به آواز او گوش می‌دادند. وقتی که تازه با صالح ازدواج کرده بود. صالح گاه شب‌ها در داروخانه می‌ماند و اضافه کاری می‌کرد. اجازه نمی‌داد که او تنها از خانه بیرون رود. پشت پنجره می‌ماند و کوچه خالی را تماشا می‌کرد که پر از درخت بود. درخت سرکوچه تیر چراغ برق را بغل کرده بود. چراغ در لابلای برگ‌ها روشن بود. دوست داشت وزش نسیم را بر برگ‌ها ببیند و آواز بخواند. نور روی برگ‌ها می‌رقصید و می‌لرزید واو اشعار و آوازهایی که در ذهن داشت، زمزمه می‌کرد. جرأت نداشت بلند بخواند، مبادا که مادر

شوهر بشنود و به صالح خبردهد. در هرخانه‌ای زندگی کردند، حتی وقتی به سفر می‌رفتند، همیشه اوّلین چیزی که در اتاقی اورا به خود می‌خواند، پنجره بوده. پنجره و آسمان پشت پنجره همیشه ساعاتی از زندگی اورا پر کرده بودند و اورا با چیزی نامعلوم پیوند می‌دادند.

وقتی پرده را کنار زد، یکه خورد. پشت پنجره به فاصله چند متر خانه خرابه‌ای بود. دیوارهای سیمانی‌اش طبله کرده بود. پنجره‌هایش را باتخته پوشانده بودند. کوچه باریکی ساختمان شلتر را از خانه خرابه جدا می‌کرد. پرده را رها کرد. ازپنجره دور شد. روی تخت نشست. اتاق مثل گوری اورا در خود گرفته بود. دلش فشرده شد. انگار کسی چنگ در آن انداخته باشد وبفشاردش. بغض گره شده در گلویش ترکید. هق‌هق گریه تنش را تکان داد. به صدای بلند گفت: «چرا؟ آخر چرا؟»

از راهروصدای گفتگو می‌آمد. زنی به زبانی دیگر حرف می‌زد. صدا نزدیک شد. گریه را در خود کشت. گوش کرد. صدا دور شد. صدای دویدن می‌آمد. گویا بچّه‌ها بودند. به انگلیسی چیزی می‌گفتند که نفهمید. درد در او فروکش کرد. و باز به رفتن اندیشید. بلند گفت، «بر نمی‌گردم. حالا برنمی‌گردم. نمی‌توانم.»

باید می‌ماند. مانده بود. سرگردان و بلاتکلیف مانده بود. تکانی به خودداد. به سراغ چمدان‌ها رفت. خواست بازشان کند. لباس‌هارا در اشکاف بگذارد. یاد کتاب حافظ افتاد. به دنبال آن گشت، نیافت. در چمدان دیگر گشت، در آن هم نبود. آن روز صبح آن را همراه غزلّیات شمس وسایر کتاب‌هایش در چمدان گذاشته بود. بلند شد. ایستاده ماند. در دلش شور و اضطراب بود. دوباره به سمت پنجره رفت. پشت پنجره شاید که زندگی بود. یاد خانه خرابه اورا از نیمه راه برگرداند. دوباره به سراغ چمدان‌ها رفت. همه چیز را زیر ورو کرد. حافظ را یافت. انگار که یاری قدیمی یافته باشد، خوشحال شد. روی تخت نشست. چشمان

خود را بست. حافظ را به شاخ نباتش و به نام نامی‌اش قسم داد. نیت کرد و کتاب را باز کرد. خواند. شعر اورا با خود برد. وقتی شعر تمام شد، به خود گفت: «می‌مانم.»

کتاب به دست نشسته روی تخت ماند وخیالات اورا با خود برد. به خود که آمد، دوباره ناامیدی مثل ابری اورا در خود پوشاند. به صدای بلند گفت: «چه کار کنم؟» کتاب را روی تخت رها کرد. شعر حافظ را از خود دور و بیگانه دید. دور، دور...

روی تخت مچاله شد. دست‌ها را زیر سر گذاشت. پاها را زیر شکم جمع کرد. انگار که بخواهد به زهدان مادر خود رود. در جستجوی پناهی بود. پناهی که اورا از خود هم دور کند. می‌خواست که نباشد. خواب اورا باخود برد. چنان خوابی که به مرگ مانند بود. از خود بی‌خود شده بود. وقتی چشم باز کرد، بیدارش کردند یا بیدار شد؟ مادرش را در خواب دیده بود. مادرش بود؟ یا خودش؟

دم در ایستاده بود. چهره‌ای نگران و ناراضی داشت. دست اورا گرفت و به پشت پنجره برد. پرده را کنار زد و گفت: «نگاه کن.»

نگاه کرد. زمین وسیعی بود پوشیده از چمن که جابه جا در آن درخت‌های تنومند مناطق سردسیری به چشم می‌خورد. نگاهی به مادر کرد و مادر تعّجب را در آن دید.

«ولی چند دقیقه پیش یک خانه خرابه...»

«تو فقط خرابه‌ها را می‌بینی.»

در کلام مادر خشکی آشکاری نشسته بود. مریم چشم از زمین سرسبز که در آن دورها با آسمان آبی رنگ یکی می‌شد، بر نمی‌داشت.

«طاهره خوب نگاه کن.»

«طاهره؟»

«تو طاهره هستی. یادت رفته؟ این نام را پدرت رویت گذاشت. چرا اسمت را عوض کردی؟»

«من مریم هستم.»

«مریم هم نیستی.»

مادر دیگر کنارش نبود. آن سوی پنجره بود. مثل آن زمان که کودک بود و کار خلافی می‌کرد، در نگاه مادر سرزنش بود. به خشکی گفت، «این هم پنجره. چرا دیگر آواز نمی‌خوانی؟ چرا فقط آه و ناله سر می‌دهی؟ «تو که دختر کله شقی بودی. یادت رفته چطور لج کردی و پزشکی نخواندی و پدر خدابیامرزت را رنجاندی. حالا چرا آنقدر...»

گفت: «آخر من مادرم... خودت می‌دانی... مادرم. بچّه‌هارا چه کار کنم؟»

مادر گفت: «طاهره آنقدر زاری نکن. زبون نباش. به من نگاه کن.» نگاه کرد. انگار خودش را در آینه دید. مادر در را باز کرد و رفت. نه او مادر نبود. در چهره‌اش هیچ نشانی از مهربانی نبود. بی‌تفاوت و خونسرد، فقط اورا سرزنش کرد که چرا این همه زبون شده است. مادر مگر نمی‌گفت، سنگ بشو، مادر نشو.

چشم باز کرد. بیدارش کردند. کسی به در زد. کاش بیدارش نکرده بودند. به دنبال مادر می‌رفت. ازش می‌پرسید چرا به طعنه و مسخره با او حرف زد. بازهم از آن که نخواسته بود پزشکی بخواند، اورا سرزنش کرده بود. اگر پزشک شده بود، چه فرقی می‌کرد؟ چه گلی به سر خود و مریض‌هایش می‌زد. یکی باید درد اورا درمان می‌کرد. مادر بی‌اعتنا به او، حرف خود را زد. در را باز کرد و رفت. مریم چشم باز کرد. همان دختر صبح سرش را از لای در به درون آورد و گفت:

«می‌بخشید بیدارتان کردم. در دفتر با شما کار دارند.»

دخترصدای آهنگینی داشت. مریم نشست و با خود گفت: «خدایا به داد برس. بازپرسی دوباره شروع می‌شود. این بار باید تکلیف خودم را روشن کنم. اگرباید بمانم و گرنه... لابد باید راه آمده را باز گردم.»

به خوابی که دیده بود، فکر کرد. مادرش بود؟ صدا، صدای او بود. وآن حرف‌ها دلش را گرم کرد. پس مادر کار اورا قبول داشت. همان دفعه اوّل هم که به قهر به خانه مادر رفت وشب صالح آمد که اورا برگرداند. مادر جلویش ایستاد. وقتی صالح سر مریم داد زد، مادر گفت، چته؟ مگر اسیر گرفتی؟ صالح سعید را از بغل مریم بیرون کشید و سیلی را بیح گوش مریم خواباند. مادر جلویش ایستاد و گفت که چه کار داری می‌کنی؟ ناسلامتی اسم خودت را دکتر گذاشتی. سگ برینه به آن درسی که تو خواندی. صالح که پی برده بود چه کرده، به جای آن که معذرت بخواهد، دست مریم را گرفت و کشید که پاشو برویم سرخانه و زندگیت. فریادهای سعید اورا دستپاچه کرده بود. مادر دست مریم را از دست صالح رها کرد و گفت که هری، آقای دکتر، من نمی‌گذارم دخترم به خانه‌ای برود که در آن خوشبخت نیست. بچّه‌ات را هم بردار وبرو.

مریم مثل جادوشده‌ها فقط نگاه می‌کرد و می‌گریست. مانده بود که جانب که را بگیرد. اگر صالح جلوی روی مادر به او سیلی نمی‌زد، به دنبال سعید می‌رفت. کودک گریه‌کنان خود را به سمت او می‌کشید. توان آن نداشت که بچّه را ازدست صالح بیرون کشد. شاید از همان روزها وشاید دورتر از آن جرأت عمل را از دست داده بود. بعدها که با صالح آشتی کرد، بازهم بیشتر در خود فرو رفت. هیچ وقت از زندگی خود، از رفتار صالح به مادر نگفت. امّا همان برخورد برای مادر کافی بود که چهره واقعی اورابشناسد. به زبان‌بازی‌ها و تعارف‌های او که گاه از حدّ می‌گذشت، بی‌اعتنا باشد. پدر آن شب شاهد ماجرا نبود. مریم

ندانست مادر چه مقدار از آن را برایش بازگو کرده است. به صالح از همان ابتدای آشنایی روی خوش نشان نداد. مریم شنید که گفته است: «زبان‌باز است و زیادی بلوف می‌زند. چیزی بارش نیست. اصالت ندارد.»

باید به طبقه پایین می‌رفت. «اگر دلایلم کافی نباشد.» از اتاق بیرون آمد. مددکار صبح دری را در راهرو نشان داده بود و گفته بود، دستشویی است. در را باز کرد. با دست به دنبال کلید گشت و آن را زد. ده‌ها سوسک روی دیوار و پرده وان و لبه دستشویی به گردش مشغول بودند. ترس زده در را بست. خیال می‌کرد سوسک‌ها دنبالش کرده‌اند. به اتاق برگشت. آینه دستی‌اش را از کیف بیرون آورد. خود را در آن نگریست. چشمان سرخ ورم کرده، موهای به هم ریخته، و رنگ پریده‌اش نشان از فلاکتی بود که با خود به شلتر آورده بود. شانه‌اش را از کیف بیرون آورد و موها را شانه زد. خواست ماتیک هم بزند که منصرف شد. «زن آزاردیده که آرایش نمی‌کند. بگذار این امتحان را از سر بگذرانم. آن وقت...»

از پله‌های نزدیک دفتر که صبح بالا آمده بود، پایین رفت. در دفتر را باز کرد، از مددکار صبح خبری نبود. پشت میز همان دختر سیاه پوستی نشسته بود که خرمن گیس‌هایش باید ده پانزده کیلو وزن می‌داشت. با احتیاط وارد شد. زن با خنده‌ای شیرین سلام کرد و پرسید:

«چطوری ماریام؟»

خواست بگوید مریم. که نگفت. ماریام شنیدن برایش تازگی نداشت. چه زود نامش را یاد گرفته بودند. او را به نشستن دعوت کرد. نشست و کیف را روی زانو گذاشت. دل توی دلش نبود. زن بلند شد و در اتاق را بست. مریم با خود گفت: «نگفتم. این یکی لابد روش دیگری دارد. لابد می‌خواهد بزند به نقطه حساس. خدایا به دادم برس.»

زن خیره شد به مریم، چنان که گویی می‌گفت، هرقدر هم زرنگ باشی، نمی‌توانی از دست من فرار کنی. باید سیر تا پیاز زندگیت را برای من تعریف کنی. خیال نکن هرکس از شوهرش شنید، بالای چشمت ابروست، می‌تواند بساطش را جمع کند و بیاید اینجا. هتل مجانی که نیست.

خنده شیرین زن اورا به خود آورد.

«نام من اورسولا است. من هم مثل شریفا مددکار هستم. خواستم چند دقیقه بنشینیم و باهم دوکلمه حرف بزنیم. و یکدیگر را بیشتر بشناسیم.»

حرف بزنیم؟ راجع به چی؟ مگر او همه چیز را نگفته بود؟ حرفی برای گفتن نداشت.

زن گفت: «می‌دانم سخت است. ولی خوب...»

خوب که چی؟ از جانش چه می‌خواستند. خواست بلند شود واز اتاق بیرون برود. گریه‌اش گرفت. اشک درچشمانش نشست. اورسولا خیره شده بود به او و او دستپاچه بود. اشک صورتش را شست.

اورسولا گفت: «گریه کن. آره گریه برایت خوب است. لازم است که گریه کنی.»

خواست بگوید، توهم بهتر است خفه شوی. همین گریه کافی نیست که بفهمی چه می‌کشم.

اشک را پس فرستاد وگفت: «ازچی باید حرف بزنم؟ لازم است که حرف بزنم؟ راستش من اصلا بلد نیستم حرف بزنم. آن مددکار صبح...» و یادش آمد که اورسولا گفت، نامش شریفا است. ادامه داد: «آره شریفا همه‌اش می‌خواست بداند که شوهرم مرا کتک می‌زد. نه کتک نمی‌زد. نمی توانم دروغ بگویم که کتک می‌زد. امّا رفتاری داشت که از صدتا کتک بدتر بود. من نمی توانم از آن رفتارها بگویم.

هیچ وقت نتوانسته‌ام. شاید به نظر خیلی‌ها اصلا مهم نباشد. آدم با آدم فرق دارد. شایدهم....» خواست بگوید، شاید من زیادی نازک نارنجی‌ام. نگفت.

اورسولا همچنان به او خیره بود و او در چنبره نگاه اورسولا گرفتار بود. اورسولا هنوز منتظر بود.

گفت: «من از همان رفتارها فرار کردم. ولی نمی‌توانم توصیفشان کنم. گفتم که شاید برای شما مهم نباشد. امّا برای من....»

نتوانست ادامه دهد. گریه راه حرف را براو بست. این بار هق‌هق گریست. دست روی صورت گذاشت. بلندشد که برود. اورسولا دست روی شانه‌اش گذاشت. اورا نشاند. بسته دستمال کاغذی را به طرفش دراز کرد. چند دستمال باهم بیرون کشید. اورسولا گفت:

«گریه کن. گریه برایت خوب است.»

حرف مریم را بیشتر جری کرد. نمی خواست گریه کند. شاید خیال می‌کرد، دارد نقش بازی می‌کند. گریه را پس فرستاد. اشک چشم را پاک کرد.

«هیچ دلم نمی‌خواهد گریه کنم. امّا دست خودم نیست.» سیل اشک را از دیده سترد.

«چرا دلت نمی‌خواهد گریه کنی. حرف که نمی‌زنی، گریه هم نمی‌خواهی بکنی. پس چی؟ می‌خواهی بترکی؟»

«نمی‌ترکم. سال‌های سال است که همین جوری زندگی کردم.»

«و اسمش را گذاشتی زندگی؟»

به دستشویی می‌رود. دندان‌ها را مسواک می‌کند. پشت در بسته اتاق خواب می‌ماند. «بروم؟ نروم؟ بروم؟»

پایش به رفتن پیش نمی‌رود. بی‌اختیار می‌گوید، ازش بیزارم. نمی‌توانم... از کشوی توی راهرو پتو و ملافه برمی‌دارد و روی راحتی

می‌خوابد. «بگذار فرداهم با من حرف نزند. بگذار تا ابد خفقان بگیرد.»

• • • • •

فدیا گفت: «نگران نباش، درست می‌شود.»

خواست بپرسد، چطور؟ نپرسید. فدیا به او خیره می‌شد واو دستپاچه چشم ازاو برمی‌گرفت. وقت شام سرصحبت را با او باز کرد. داشت دنبال بشقاب و قاشق و چنگال می‌گشت، که برای آرزو غذا بکشد. فدیا ایستاده بود کنار اجاق و غذا می‌پخت. در قابلمه بزرگی را باز کرد، چیزی شبیه تاس کباب که گوشت‌هایش سیاه شده یود، درآن بود. چشید، تند بود. زن بلندبالایی که موهای سیاه و بلندش را دوگیس کرده بود و روی شانه‌ها انداخته بود، گفت:

«من پخته‌ام. حلال گوشت است.»

کمی برنج، که سرد وخمیربود، دربشقابی ریخت و از آن تاس کباب به آن اضافه کرد و برای آرزو برد. آرزو پشت میز نشسته بود. با دختری هم سن و سال خود به انگلیسی حرف می‌زد. خوشحال شد که لااقل این یکی دوستی پیدا کرده. غذا را جلویش گذاشت. آرزو لقمه‌ای به دهان برد وچهره درهم کشید. مریم به آشپزخانه آمد. دنبال چیزی می‌گشت که شکم آرزو را سیرکند. کالباس و ژامبون پیدا نکرد. فدیا بشقابی ماکارونی کشید. به دست او داد و گفت: «اگر دخترت آن غذا را دوست ندارد..» .نگاه فدیا به او بود. لبخندی به لب داشت که اورا دستپاچه می‌کرد.

ساعت به دوازده شب نزدیک می‌شد. کنار فدیا روی راحتی نشسته بود. فدیا گفت:

«فکر می کنی بدبختی با بدبختی فرق می کند؟ امّا می‌دانی، من می گویم آدم هیچ وقت خوشبخت نیست.»

«بستگی دارد که خوشبختی را در چه بدانی.»

«درهرچی بدانی، فکرش را که می کنم، می‌بینم همه ماها... همه ما آدم‌ها، فقط برای خودمان بدبختی درست می کنیم.»

فدیا بافتنی می کرد. کاموای سرخ‌رنگ زیر دستش می‌لغزید. دستانش در حرکتی یکنواخت بود. گاه چشم از بافتنی بر می‌داشت و به او خیره می‌شد. چیزی می‌پرسید و مریم را دستپاچه می کرد.

«پسرت چرا نماند؟»

«پسرم؟»

سعید ازهمان دم در مدرسه بد عنقی را شروع می کند. از مادر می‌پرسد، مرا کجا می‌بری؟ در شاهراه می‌رانند. زمان برگشت مردم ازسر کار است. ترافیک سنگین است. سیل اتومبیل‌ها بی وقفه می گذرند.

«داریم به شلتر می‌رویم.»

«چرا به شلتر؟»

اورسولا معنی پرسش اورا در می‌یابد. می گوید، خواهی فهمید. مادرت مجبور شده است از خانه بیرون باشد. توهم می‌توانی چند شبی در آن سر کنی. اگر نخواستی به خانه‌ات برمی گردی. تو پسر بزرگی هستی.

برمی گردد. مریم می‌رود طبقه پایین چیزی بیاورد، بخورند. وقتی برمی گردد، سعید کوله پشتی‌اش را روی شانه انداخته و وسط اتاق ایستاده است. می گوید که نمی تواند بماند. فردا امتحان دارد و کتابش در خانه است. باید برود. اورسولا اورا با خود می‌برد. به مریم می گوید

که خیالش از جانب سعید راحت باشد. او را تا دم آپارتمانش همراهی خواهد کرد.

مریم گفت: «درس داشت.»

فدیا گفت: «سخت نگیر.»

دوباره چشم به مریم دوخت و ادامه داد: «همان که گفتم، می‌دانی به خوشبختی هم فکر نکن. یک وقتی چشم باز می‌کنی و می‌بینی که گذشته. تمام شده و رفته. مادر من سی و پنج سال با مردی زندگی کرد که دوست نداشت و همیشه هم می‌گفت که می‌روم و نرفت. یک روز مثل برگی که از درخت بیافتد، افتاد و مرد. پدرم پی برد که ... می‌دانی.»

حرف را نیمه تمام گذاشت. بافتنی روی دستش ماند. مریم نتوانست حدس بزند چه می‌بافد. کاموا رنگ خون داشت و روی دامنش رها شده بود.

گفت: «شما...»

و ماند. خواست بپرسد، شما چند وقت است اینجا هستید. در تردید بود. فدیا نگاهش کرد. گفت: «من چی؟ می‌دانی؟ من...»

«خواستم بدانم زندگی در اینجا سخت نیست؟ شما چندوقت است تحمل کرده‌اید؟»

فدیا خنده بلندی سر داد و گفت: «تحمل! آره درست می‌گویی. همیشه باید تحمل کرد. امّا این طورها هم نیست. اگر سخت بگیری خوب باید تحمل کرد. امّا اگر سخت نگیری چطور بگویم، مجبور نیستی تحمل کنی.»

فریاد می‌زند، «تحملم تمام شده است. من می‌روم.»

«برو به جهنم.»

«چند بار بگویم کیفت را روی میز نگذار. مگر آن را توی خیابان و اتوبوس نمی‌گذاری. مگر روی آن میز بچّه‌ها شام ونهار نمی‌خورند؟»

«چندبار بگویم دم دهنت را ببند.»

پشت به او ایستاده است. دفتری را ورق می‌زند. بی اعتنا به او، بی نگاهی به او کیف را برمی‌دارد.

فریاد می‌زند: «من دیگر نمی‌مانم. تحملم تمام شده است.»

فدیا دوباره به بافتنی مشغول شد. خواست بپرسد، چه می‌بافی. نپرسید. در فکر فردا بود. در فکر آن که بداند چطور می‌شود در این خانه سرکرد. با این همه آدم، و آن نگاهها... همه‌اش از خود می‌پرسید: «می‌توانم؟»

و اگر اورسولا چنان صمیمانه با او رفتار نکرده بود، شاید برگشته بود.

«هیچ وقت فکر برگشت به سرتان زده است؟»

«من؟ من نه. یعنی نمی‌توانستم برگردم. من... می‌دانی... آخرمی‌دانی بیرونم کرد. شب زمستان مرا ازخانه بیرون کرد. درrابه رویم قفل کرد. ومن خوب، می‌دانی...»

دوباره سکوت کرد.

«من دیگر نمی‌مانم. می‌روم.»

باید می‌رفت. آنچه گفته بود، در ذهنش بزرگ شد. همه وجود اورا پر کرد. «باید رفت. می‌روم. آسمان که به زمین نمی‌آید. تاکی؟ تاکی باید تحمل کنم و دم برنیاورم.»

بچّه‌ها را به مدرسه می‌فرستد. ظرف‌ها را در ظرفشویی می‌ریزد. «چشمش کور، خودش بشوید.» آنچه دم دستش است، در دوچمدان می‌ریزد. دم در آپارتمان می‌گذارد. به چند شلتر زنگ می‌زند. شماره‌ها را در سمیناری که چند ماه پیش شرکت کرده است، به دست آورده است. آن روز حتی از خاطرش نمی‌گذرد که بدان‌ها نیاز داشته باشد.

اندیشه رفتن امّا مدّتی است که با اوست. «می‌روم.» و نرفته است. وقتی که این شلتر اورا می‌پذیرد، انگار راه بهشت را یافته است. چنان شاد می‌شود که بچّه‌ها را از یاد می‌برد. درآن لحظه به هیچ کس فکر نمی‌کند، جز آن که بگریزد. خانه اورا در تنگنا گذاشته است. تخت صالح به هم ریخته است. «به من چه؟ خودش مرتب کند. چشمش کور.»

فدیا دوباره چشم به مریم دوخت

«تو چی؟ تو می‌خواهی برگردی؟»

«من؟» و بی اختیار گفت: «می‌دانی...»

«اینجا زندگی باید خیلی سخت باشد. با این همه آدم و سوسک‌ها..»

قهقهه فدیا اورا از جای جهاند.

«از سوسک می‌ترسی؟ خوب اینجا هتل هیلتون نیست. اما...»

«امّا چی؟»

«می‌دانی، از زندگی با کسی که روح ترا سوهان می‌زند بهتر است.»

«چندهزار بار بگویم، کیفت را روی میز نگذار»

«چندهزار بگویم، زیادی زر نزن.»

«چرا حرف دهنت را نمی‌فهمی؟»

«چرا زیادی زر می‌زنی؟»

فدیا گفت: «راست نمی‌گویم؟ تو مگر از همین چیزها فرارنکردی؟ کتکت هم می‌زد؟»

یکه خورد. نمی‌دانست به این یکی هم باید جواب بدهد. نگاهش کرد.

«می‌دانی، منظورم کتک زدن نیست. منظورم...»

«می‌فهمم. بعضی چیزها هست که از صدتا کتک بدتر است.

«باید هم بفهمی. والا اینجا نبودی. می‌دانی.»

به ساعت نگاه کرد. و پرسید: «تو نمی‌خواهی بخوابی؟»

خواب؟ خواب از او دور بود.

گفت: «نمی‌دانم با دخترم چه کار کنم؟ امشب با گریه خوابید. می‌خواست برگردد خانه.»

فدیا دست از بافتنی برداشت. چشمان درشتش در صورت سوختهاش می‌درخشید. نگاهش آرام و مهربان بود. نگاهش نجیب و پر سخاوت بود. پوست صورتش صاف بود. لبانش به خنده گشوده شد. دندان‌های مرتب و درشتش نمایان شد. بینی‌اش در صورت پخش بود امّا از زیبایی‌اش نمی‌کاست. همه اعضا چهره‌اش درشت و مناسب بود و باهیکل تنومند و سینه‌های برجسته‌اش که از یقه باز بلوز نارنجی رنگش بیرون زده بود، تناسب داشت. رفتار آرام و مهربانش به دل مریم می‌نشست. گویی اورا از سال‌ها پیش می‌شناخت. چنان با او به گفتگو نشسته بود که خواهری با خواهر خود.

«دخترت کلاس چند است؟»

«کلاس ششم.»

«خوب، این که غصه ندارد. همین دوقدمی یک مدرسه ابتدایی است. همه بچّه‌های شلتر به این مدرسه می‌روند. توهم فردا اسمش را در همین مدرسه بنویس.»

«آخر او کمی حساس است.»

«حساس است یا نازنازی است؟ می‌دانی، حتماً لوس بارش آوردی. وقتی مادر توسری‌خور باشد، بچّه‌ها لوس بار می‌آیند.»

خواست بپرسد، بچّه‌های توهم ... نپرسید.

«می‌دانی، من هیچ وقت نگذاشتم بچّه‌ها سوارم بشوند. لااقل این یکی را نگذاشتم. شوهرم هم جرأت نمی‌کرد بالای حرف من حرف بزند. اگر با آن پتیاره روی هم نمی‌ریخت ... می‌دانی...»

اندیشید، «پس مشکل او چیز دیگری است. شاید هیچ کس وضع مرا نداشته باشد. این‌ها هرکدامشان یک دلیل قابل قبول دارند. امامن... شاید من هم زیادی نازک نارنجی‌ام.»

به خانه فکر کرد، به سعید. یادش آمد که امشب شام نپخته است. کاش می‌توانست یک جوری باخانه تماس بگیرد. کاش آرزو را واداشته بود که تلفنی با سعید حرف بزند. بپرسد شام چه خورده است. کاش به اورسولا گفته بود، سرراه بهش همبرگر یا پیتزا بدهد.

فدیا آرام و بی‌خیال سرگرم بافتنی خود بود.

«نمی‌خواهی بخوابی؟»

«خوابم نمی‌آید. نگران پسرم هستم.»

«هه، هه. نگران... می‌دانی. بعضی از آدم‌ها همیشه چیزی برای نگرانی دارند. که غصه بخورند. که...»

هیچ نگفت. چشمانش از اشک خیس شد. فدیا دوباره چشم به او دوخت و گفت:

«می‌دانی، تو از همان‌ها هستی. تا چشمم به تو افتاد، به خودم گفتم این باید از آن بی‌دست و پاها باشد. انگار گذاشته‌اندت وسط آتش. جلزو ولز می‌کنی. گفتم که سخت نگیر.»

«دست خودم نیست.»

«خوب دیگر. همین است. دست خودت نیست؟ پس دست کی‌است؟ حالا پاشو برو بخواب. می‌دانی، فردا صبح باید بیدار بشوی و دخترت را ببری مدرسه. پسرت چندسال دارد؟»

«هیجده سال.»

فدیا قهقهه بلندی سر داد. «هیجده سال! خوب بچّه که نیست. برای خودش مردی است. اینجا بچّه‌های هیجده ساله تنها زندگی می‌کنند.

خودشان کار می‌کنند و زندگیشان را راه می‌برند. می‌دانی، پسرت که دیگر نگرانی ندارد.»

«کاش این جور بود.»

«کاش، کاش. همه‌اش با کاش که نمی‌شود زندگی کرد. می‌دانی، تو باید خودت را عوض کنی. چند ماه که اینجا زندگی کردی، خود به خود عوض می‌شوی.»

«مگر زندگی اینجا خیلی سخت است؟»

«سخت؟ می‌دانی؟ خوب زندگی سخت است. زندگی مگر آسان است. فکرش را بکن، فردا باید صبح زود بلند شوی. با این برفی که می‌بارد، باید دخترت را ببری مدرسه. توی این سرما. آسان نیست.»

و دوباره قهقهه خنده را سر داد. بافتنی‌اش را جمع کرد و توی کیسه توری گذاشت و گفت:

«بهتر است تو هم بروی بخوابی و به هیچ چیز فکر نکنی. فکر کن اینجا خانه خودت است. من هم این روزها را پشت سر گذاشتم. حالا که فکر می‌کنم، می‌بینم آدمیزاد فقط برای هیچ و پوچ خودش را عذاب می‌دهد. می‌دانی به نظر من زندگی همه‌اش خواب و خیال است.»

· · · · ·

در اتاق را به آهستگی باز کرد و وارد شد. آرزو خوابیده بود. لباس خواب پوشید و به رختخواب رفت. چشمان خود را بست. امّا فکرهای پریشان خواب را از او می‌ربود. بلند شد. ژاکتی روی لباس خواب پوشید و از اتاق بیرون رفت. راهرو با نور تندی روشن بود. در همه اتاق‌ها بسته بود. از هیچ جا صدایی به گوش نمی‌رسید. خانه در سکوت بعد از نیمه شب غرق بود. پشت پنجره راهرو ایستاد. برف همچنان سنگین و پرزور می‌بارید. دانه‌های درشت برف، رقص‌کنان و با شتاب به زمین

می‌ریختند. خیابان با چراغ‌های جیوه‌ای روشن بود. برف نشسته بر بام‌ها و شاخه درختان و کف خیابان، نور را منعکس می‌کرد. چراغ همه خانه‌ها خاموش بود. ساکنانش حتماً در خواب خوش زمستانی بودند. به خانه‌ها که می‌اندیشید، دلش بیشتر می‌گرفت. فردا در راه بود و اورا سرگردان‌تر می‌کرد. اندیشه برگشت اورا رها نمی‌کرد. بدان که فکر می‌کرد، دچار تردید می‌شد.

برگردد؟ با صالح چگونه کنار بیاید؟ چگونه تحمل کند؟ لابد زخم زبانش بیشتر و رفتارش توهین‌آمیزتر خواهد شد. او باید بیشتر کوتاه بیاید و بیشتر در خود فرو رود. فکر رفتن را از سر به در کرد. فردا مثل کلافی سردرگم بود. نمی‌دانست با آرزو چه کند. کودک با گریه به خواب رفته بود. خواسته بود قول بگیرد که برگردند و او مانده بود که چه بگوید. نه قول داده بود و نه نداده بود. با حرف و قربان صدقه اورا خوابانده بود. دلش شور سعید را می‌زد. اگر پسرهم از او روی گردان شود. اگر اورا محکوم کند. لابد می‌کند. این اندیشه دلش را فشرد. حس کرد مورد ظلم واقع شده است. مثل محکومی بود که فقط خود بی‌گناهی خود را باور داشت. چشم به بارش برف داشت که گویی خیال ایستادن نداشت. به خود و زندگی خود اندیشید. از آن زمان که خود را شناخته بود همیشه محکوم بود. هیچ وقت آنقدر شهامت نداشت که از بی‌گناهی خود دفاع کند. کسی هم زحمت دفاع از اورا به خود نداده بود. از خود می‌پرسید، چرا؟ چرا این جور شد؟ چرا صالح بلد بود حرف بزند و او بلد نبود. در بسیاری مواقع هیچ منطقی در کلامش نبود. ولی می‌توانست حرف خود را به کرسی بنشاند و خواسته و ناخواسته آن را به او بقبولاند. او نه فقط چنان توانایی نداشت، بلکه شکست خورده و باخته میدان را خالی می‌کرد.

به زندگی خود فکر می‌کرد. به این روزهای آخر، به هفته‌های پیش، به رفتار صالح و بچّه‌ها، می‌دید هرچه بیشتر کوتاه می‌آمد وهرچه بیشتر مطابق دل آنان می‌رقصید، بیشترنادیده‌اش می‌گرفتند وبیشتر توی سرش می‌زدند. حالا که سر بلند کرده بود و جلوی ضربه‌های پی‌در پی‌شان را گرفته بود، از توان افتاده بود. از خود می‌پرسید، چه کار کنم؟ این هم قسمت من بود. چطور می‌توانم عوضش کنم. اگر بخواهم عوض کنم، همه چیز ویران خواهدشد. ازذهنش گذشت که آرزو را هم فردا به خانه بفرستد و خود به نقطه دوری برود. از چشم همه دور باشد. فکربرگشت و برخورد با صالح، اورا بیش از هرچیز می‌آزرد. انگار کسی در درونش فریاد می‌زد، دیگر کافی است. تاکی می‌خواهی مثل کرم زیر دست و پایش بلولی؟

به کتاب‌هایی که خوانده بود، اندیشید. به آدم‌هایی که خود را نجات داده بودند. به آنان که توانایی‌هایشان نجاتشان داده بود. ناباورانه پرسید، پس چرا من نتوانستم. چرا این همه ضعیف هستم. بعد، مثل گناه‌کاری به خدا پناه برد، خدایی که به بود ونبودش ایمان نداشت. آرزو کرد، کاش ایمان داشت. کاش مثل آن زمان که دختری کوچک بود، خدارا باور داشت. در آسمان بود و قدرت هرکاری را داشت. می‌توانست از صمیم قلب به او پناه ببرد. باهمه وجودش از او کمک بخواهد. خدا حتماً کمکش می‌کرد. حال مثل کسی که در بیابان گم شده باشد، نمی‌دانست به کدام سوی رود. آدم‌های شلتر، با همه حرف‌های دل‌گرم کننده‌شان، هیچ شمع امیدی در دل او روشن نکرده بودند. مددکار صبح اعتماد اورا جلب نکرده بود. اورا رمانده بود. پیش از آن که با اورسولا حرف بزند. احساسی از کینه و بیزاری داشت. به برگشت بیش از ماندن فکر می‌کرد. اورسولا توانست اورا به حرف بیاورد. گذاشت که بگرید و دل خود را خالی کند. امّا آن اشک‌ها نیز درد اورا درمان

نکردند. احساس حقارت کرده بود. چند بار به خود نهیب زده بود، چته زن. اشکت دم مشکته. آبغوره برای چی؟ شاید دلت برای خودت می‌سوزد.

به دل‌سوزی نیاز نداشت. به کمک نیاز داشت. کسی باید به او می‌گفت، چه کار کند. همه عمردنباله‌رو و فرمان‌بر تصمیم دیگری بود. اینک نیز به کسی نیاز داشت تا به او بگوید چه کار کند و صلاح کارش در چیست. هر ازگاه انگار کسی در درونش قد برمی‌افراشت وسرش داد می‌زد:

«چته زن؟ چهل سال‌ات هم گذشته. چرا نمی‌توانی تصمیم بگیری؟ برای یک بارهم شده خودت اقدام کن. از چه می‌ترسی؟؟»

بی‌آن که جواب درستی به این پرخاش بدهد، هزار اندیشه نا بسامان در کله‌اش بالا و پایین می‌رفت. از خود می‌پرسید، پس بچّه‌هاو صالح؟

از صالح هم بیزار بود وهم نسبت به او احساس مسئولیتی می‌کرد که خود نمی‌دانست ریشه در کجای ذهنش جای دارد. اورا وا می‌داشت که از کار خود احساس گناه کند. از خود می‌پرسید، چگونه زندگی را راه می‌برد؟ شام و نهار چه می‌کند؟ تختخوابش را چه کسی جمع و جور می‌کند؟ کاش می‌توانست مثل یک آدم نامریی در خانه خود ظاهر شود. کارها را روبه‌راه کند. غذا درست کند. خانه را تمیز کند. تخت‌خواب‌هارا مرتب کند. لباس‌هایشان را بشوید، زندگیشان را راه ببرد و خود در آنجا نباشد. با صالح بیگانه بود. بچّه‌ها نیز با او بیگانه بودند. زبان بچّه‌ها عوض شده بود. گاه با او نیز انگلیسی حرف می‌زدند. او جواب نمی‌داد. بچّه‌ها لج می‌کردند. فارسی حرف نمی‌زدند تا مجبور می‌شد جواب بدهد. علایق‌شان، بازی‌هایی که می‌کردند، تفریحاتی که دوست داشتند، فیلم‌های تلویزیونی که تماشا می‌کردند، حتی غذاهایی که دوست داشتند، به دل او نمی‌نشست. اگر گاه از این

چیزها با صالح حرف می‌زد. صالح سری به بی‌اعتنایی تکان می‌داد و می‌گفت، مادرشان هستی. راهنمایی‌شان کن.

خود را گناه‌کار می‌دانست. گرچه پی برده بود که کاری از دستش برنمی‌آید. جریان سیل پرزورتر از آن بود که بتواند در مقابل آن بایستد. دلش می‌خواست در این راه همراه و همیاری داشته باشد، که نداشت. همان جریان او را به راهی، بچّه‌ها را به راهی و صالح را به راه دیگری می‌برد. فقط همان آپارتمان بود که آنان را شب‌ها و روزهای تعطیل گرد هم می‌آورد. خود را در میان آنان تنها می‌دید. اگر کتاب‌ها نبودند، نمی‌دانست که این تنهایی را چگونه پر کند. هرچه بیشتر سر در کتاب‌ها فرو می‌برد، از اطرافیان خود بیشتر فاصله می‌گرفت. کتاب‌ها دنیای دیگری بودند در درون دنیایی که در آن زندگی می‌کرد. قصّه‌هایی که خوانده بود، آدم‌های درون کتاب‌ها، گاه زنده‌تر و ملموس‌تر از آدم‌های اطرافش بودند. راه و روش زندگیش را از آدم‌های کتاب‌ها می‌آموخت. برای هر تصمیمی به آنچه خوانده بود، می‌اندیشید، تردید از آنچه پیش خواهد آمد، آزارش می‌داد. قدرت تصمیم و عمل را از او می‌گرفت. وقتی کتابی می‌خواند، مثل آدمی که در سرزمین جدیدی قدم گذاشته باشد، در کشف و شهود بود. همیشه پس از خواندن کتابی میلی شدید در او بود که از آن با کسی حرف بزند. حوادث و شخصیت‌های کتاب را بازگو کند و کسی را نداشت. صالح این میل را در همان سال‌های اوّل زندگی در او کشته بود. علاقه‌ای به قصّه و داستان نداشت. صالح مردعمل و زندگی بود. اگر مریم از زندگی فلان کس که صالح می‌شناخت، می‌گفت، با علاقه گوش می‌کرد. در ایران که بود، زندگی روال دیگری داشت. در آنجا حضور اقوام و دوستان مانع از آن می‌شد که وقت زیادی را با کتاب بگذراند. زندگی روزمره جریان تندی بود که او را باخود می‌برد. او برای مطالعه وقت کم داشت.

در اینجا ازوقتی بیکار شد، ساعات بیشتری به مطالعه می‌گذراند. رمان پشت رمان خواند. هرچه بیشتر می‌خواند، تشنه‌تر می‌شد. و چون کسی را نداشت که از آنچه می‌خواند، بگوید، به رویا پناه می‌برد. کم‌کمک مثل کسی که در خواب زندگی کند، فقط با خیال و رویاهایش خوش بود.

صدای سوت قطاری افکار پریشان را از ذهن او راند. خیابان با دو میله چوبی بسته شد. لحظاتی بعدقطار مسافربری با کوپه‌های سبز و پنجره‌های روشن گذشت. سرهای تک و توک مسافران از پنجره پیدا بود. به ساعتش نگاه کرد، نزدیک دوصبح بود. برف همچنان می‌بارید. خیال ایستادن نداشت. پاهایش مورمور می‌کردند. به اتاق خواب برگشت. آرزو خوابیده بود و به آرامی نفس می‌کشید. اتاق در پرتو نور صورتی رنگی که از پشت پرده گل‌دار می‌تابید، حالتی صمیمانه‌تر و مهربان‌تر به خود گرفته بود. روی تخت نشست. خواب از او دور بود. دلهره راحتش نمی‌گذاشت. فکر فردا ازذهنش بیرون نمی‌رفت. افکارش تیره و تار بودند. فردا را می‌دید و نمی‌دید. کاش فردایی وجود نداشت. کاش زندگی در همین لحظه و همین اتاق به پایان می‌رسید. کاش...

گرسنگی برمعده‌اش چنگ انداخت. فکر کرد شاید اگر چیزی بخورد، خواب به سراغش بیاید. به طبقه پایین رفت. چراغ اتاق نشیمن خاموش بود. بر سر دری که به راهرو می‌رفت، لامپ کوچکی روشن بود. به آشپزخانه رفت. کلید چراغ را زد. چند سوسک گوشه و کنار در حال گردش شبانه خود بودند. همچنان که چشم به سوسک‌ها داشت که به او نزدیک نشوند، در یخچال را باز کرد. دنبال چیزی برای خوردن گشت. نیافت. یخچال پر بود از بشقاب‌های نیمه خورده غذا، بسته‌های نان چند روز مانده، کاهو و سبزیجات و میوه. دلش شیرینی می‌خواست. نیافت. لیوانی را از شیر پر کرد. درکمدهای آشپزخانه را

بازکرد. دنبال بیسکویت گشت. پیدا نکرد. با لیوان شیر به محوطه نشیمن رفت. دوباره پنجره او را به خود کشید. پرده را کنار زد. لیوان به دست پشت پنجره ایستاد. شیر را جرعه جرعه می‌نوشید. چشم به برف داشت. کف حیاط شلتر پوشیده از برف بود. روی تاب و سرسره سفید بود. تک درخت گوشه حیاط انگار که پیراهن سفید بر تن کرده بود. همچنان که چشم به بارش برف داشت. مثل همیشه زیبایی‌اش را می‌ستود. فکر فردا گاه در او رنگ می‌باخت. گویی برف آن شب فقط برای دل او می‌بارید. نمی دانست اگر در این لحظه به تماشای بارش برف خود را مشغول نمی‌کرد، چه می‌کرد. می‌دانست که این برف سال‌های سال در خاطرش خواهد ماند. رقص موزون ذرات رقص در روشنایی سیمگون چراغ مهتابی در ذهنش نقش خواهد بست. ناگهان برگشت. اتاق تاریک و بیگانه را پشت سر خود دید. بی‌اختیار از خود پرسید، با فردا چه‌کار کنم؟ با آرزو و باسعید...

در اتاق نشیمن به راهرو باز شد و مددکار شب، به درون آمد. بلوز صورتی رنگش را روی شلوار گرم‌کنش رها کرده بود. موهای بلند و بورش را گیس کرده بود و روی شانه‌اش انداخته بود. به او نزدیک شد با پرسشی در نگاه چشم به او دوخت. مریم مثل آدمی گناه‌کار، نگاه از او دزدید. مددکار بیرون را نگریست و گفت:

«زیباست؟ نه؟»

هیچ نگفت. لیوان خالی به دست مانده بود.

«چرا نخوابیدی؟»

«خوابم نمی‌آید.»

پرده را رها کرد و ماند. اتاق در روشنایی نوری که از پشت پرده‌ها به درون می‌تابید، با اسباب و اثاثیه کهنه و جور واجور، با تابلوهایی که به

دیوارها زده بودند، با باقیمانده کاغذرنگی که به دیوار بود و لابد یادگار جشن تولدی بود، برای مریم بیگانه بود.

هلن را سرشب در دفتر دیده بود. وقتی که اورسولا داشت به خانه می‌رفت و سعید را هم با خود می‌برد. زن پشت میز نشسته بود. مریم سلام کرد و او در جواب گفت: «سلام مریام.» پس همه کارکنان نامش را می‌دانستند و هرکدام هم آن را به طریقی تلفظ می‌کردند. زن چشم به او دوخت. اندیشید، لابد دارد پرونده‌اش را در ذهن مرورمی‌کند. باورش نمی‌شود که آن زن من باشم. راستی من هستم یانه؟ در آن لحظه می‌خواست که نباشد. نگاه زن همدردی درخود داشت، ولی با اوبیگانه بود. در این فاصله نتوانسته بود با آدم‌های شلتر، به ویژه با مددکارها احساس صمیمت کند و از خود بگوید. «از خود!» چه وقت و با چه کس از خود حرف زده بود. فرزانه به اومی‌گفت، تو آدم خودداری هستی. هیچ وقت ازخودت حرف نمی‌زنی. جرأت نکرد بگوید، نمی‌توانم. آنچه دردرونم است گفتن ندارد. واگر بگویم.

امروز که مددکارها از او خواستند، حرف بزنند، پی برد که آسان نیست. سال‌ها بود که زخمی در دلش مانده بودو کبره بسته بود. کبره‌ای به ضخامت سالیان زندگی‌اش. کندن این کبره آسان نبود. گاه به خود می‌گفت، می‌نویسم. بارها خواسته بود بنویسد و نتوانسته بود.

نگاه هلن اورا دستپاچه می‌کرد. می‌خواست از آن بگریزد. به این خانه آمده بود که در امان باشد. با خود باشد. در خلوت خود رها باشد. دراینجا راحتش نمی‌گذاشتند. درمیان آدم‌ها راحت نبود. از نگاهشان می‌گریخت. از پرسششان هراس داشت. همه می‌خواستند که از او حرف بیرون بکشند. می‌خواستند به روح او نفوذ کنند ودیواره ستبر آن را خراب کنند. تنهایی اورا درهم بریزند. او نمی‌خواست. خود را پس می‌کشید. دربرابر همه جبهه می‌گرفت. دور می‌ایستاد. واهمه رهایش

نمی‌کرد. مثل کسی بود که در حریم خانه خود نیز احساس امنیت نمی‌کرد. از خانه گریخته بود. تنهایی‌اش مورد هجوم قرار گرفته بود. زن مددکار اعتمادش را به او باز نمی‌گرداند، آن را تهدید می‌کرد.

«چه خیال دارد؟ بیدار بودنم در این وقت شب مگر گناه است؟ مگر باعث ناراحتی کسی شدم؟ خوابم نمی‌آید، چه کار کنم؟ بافکرهای پریشانم چه کنم؟ فردا، با فردا چه کنم؟»

هلن اورا به نشستن دعوت کرد و خود نیز درکنارش نشست. چشمان سبز وشفافش پر از خواب بود. لبان باریکش که لبخند محو گم گشته‌ای بر آن‌ها بود، در صورت جوان و پوست شفافش جلوه‌ای زیبا داشت. زیبا بود؟

نگاهش کرد. گهگاه چشم از در و دیوار اتاق که گویی رازی را درخود پنهان کرده بودند، برمی‌داشت. به صورت زن نگاه می‌کرد که پراز پرسش و جستجو بود. می‌خواست ازاو نیز بگریزد.

«نگرانی؟ نه؟»

جواب نداد. خواست بگوید، پس چه خیال کردی؟ نباید نگران باشم؟

به نظر نمی‌رسید زن ازدواج کرده و بچّه‌ای داشته باشد. نتوانست حدس بزند، چندسال دارد. بیست یا بیست و دو.

«نگران نباش. همه چیز درست می‌شود. چند روز اوّل سخت است و بعد...

«بعد چی؟»

خنده نرمی کرد. می‌توانست لرزش کلام مریم را حس کند.

«مرا هم یکی، مثل آن‌های دیگر می‌بیند، که به قول خودشان کتک می‌خورند، آزار می‌بینند، تحقیر می‌شوند و به اینجا پناه می‌آورند که در امان باشند.»

او در امان نبود. می‌خواست فریاد بزند:

«این‌طور نگاهم نکن. من از این نگاه‌ها و این دل‌سوزی‌های آبکی بیزارم. به من بگو فردا چه‌کار کنم؟»

خشم و درماندگی در درون او بود و به بیرون درز نمی‌کرد. سال‌های سال بود که یاد گرفته بودچگونه با آنچه اورا از درون می‌سایید، کنار بیاید و چنان نقشی بازی کند که طرف حتی بودنبرد که بر او چه می‌گذرد.

گفت: «فردا...»

و ماند. ماند، تا بغضی را که در گلویش چنبر زده بود و راه حرف بر او بسته بود، مهار کند، و کلام را که بریده بریده و شکسته در درونش جاری بود وبه زبان نمی‌آمد، جان بخشد.

هلن همچنان چشم در چشم او دوخته بود. مریم به نگاه او بی‌اعتنا بود. می‌دانست لازمه کارش است. فکر فردا و مدرسه آرزو را از سر به در کرد و با خود گفت، لابد این هم همان راهی را که فدیا جلوی پایش گذاشت، نشانش می‌دهد. پس پرسیدن نداشت. همچنان که در منگنه نگاه زن گرفتاربود، خواست بلند شود و به اتاق خواب خود برود. هلن گفت:

«این قدر نگران نباش. این طوری خودت را از بین می‌بری و کاری هم از پیش نمی‌بری. می‌دانم سخت است. من هم چند بارچنین تجربه‌ای را پشت سر گذاشتم. حال ترا خوب می‌فهمم. بخصوص که تو از یک فرهنگ... چطور بگویم، می‌دانم که در فرهنگ شما طلاق و جدایی پذیرفتنی نیست. برای من هم همین طور بود. پدر و مادر من خیلی سنتی هستند. اصلا حاضر نبودند صحبت از جدایی بشنوند. ولی خوب وقتی که دونفر نتوانند باهم زندگی کنند، راهی جز جدایی نیست. امّا اگر پای بچّه در میان باشد.»

مریم در سکوت چشم به دهان زن دوخته بود. «پای بچّه‌ای در میان باشد.» یعنی او هم بچّه دارد؟ و یا داشته است. جرأت پرسش امّا نداشت. همیشه همان‌طور بود. نمی‌پرسید تا به طرف میدان پرسش ندهد. دلش می‌خواست هرکس به میل خود دریچه قلب خود را بگشاید و از زندگی خود بگوید. ازاو چیزی نپرسد. او نیز اگر دلش خواست، آن قسمت از زندگیش را که از او دور بود و جدا بود، بازگو کند. چنان بگوید که گویی در باره کس دیگری حرف می‌زند. به ویژه وقتی دردش تازه بود، دوست نداشت از آن حرف بزند. می‌گذاشت که درد کهنه شود. از زق زق بیافتد وبعد چنان بگوید که گویی از دیگری حرف می‌زند.

هلن گفت: «درست می‌شود. چند روز بعد و یا حداکثر تا هفته بعد همه این دلواپسی‌ها به نظرت مسخره و کوچک می‌آید. پشیمان خواهی بود که چرا این همه خودت را عذاب دادی.»

گفت: «دست خودم نیست. من نگران هستم. نگران دخترم، که اینجا را دوست ندارد. نگران پسرم که درخانه تنهاست.»

«مگر پدرش نیست؟»

«هست اما...»

«خوب دیگر، پدرش هست. تازه پسرت که بچّه نیست. هیجده ساله‌اش است. من وقتی هیجده سالم بود، سر پسرم حامله بودم.»

«شما؟»

«آره من یک پسر ده ساله دارم.»

«ولی شما خیلی جوان به نظر می‌رسید.»

«فکر می‌کنی چند سال دارم؟»

«من؟ من فکر کردم شما بیست و یا نوزده سال دارید.»

هلن خنده نرمی کرد. این بار خنده‌اش از سر خوشی بود. انگـار کسی حرف شیرینی به او زده باشد. گفت:

«کاش این‌طـور بـود. مـن بیسـت ونـه سـال دارم و پسـرم هـم ده سـاله است.»

«ده ساله؟ و با شما زندگی می‌کند؟»

زن آهی کشید و گفت: «نه. با پدرش.»

لختـی بـه سـکوت گذشـت. غمـی در چهـره شـاد و بی‌خیـال زن کـه بی‌خوابی بعد از نیمه شب، آن را پریده رنگ کرده بود، سایه انداخت.

گفت: «شوهرم اورا از من گرفت. چطور بگویم، شاید هم توقعم زیـاد بود. شاید آدم هیچ وقت نباید انتظار داشته باشدکه همـه چیز را بـا هـم داشته باشد. انگار همیشه باید چیزی را فدای چـیز دیگـری کـرد. وقتـی عاشق شدم...»

«عاشق؟»

«آره من خیلی جوان ازدواج کردم. گفتـم کـه هیجـده سـالم بـود کـه ازدواج کردم و خیلی زود هم حامله شدم. یکـی دوسـال بعـد از ازدواج فهمیدم که شوهرم را دوست ندارم. می‌دانی این دیگر دست خودم نبود. از اوّل هم عاشقش نبودم. نمی‌دانم چطور شد که ازدواج کردیـم. شـاید از روی جوانی. پدر و مادرم هم بی‌تقصیر نبودند. او تازه از لهستان آمده بود. مهندس بود. کار خوبی گیر آورد. درآمد خوبی داشت. پدر ومـادر من هم، گفتم که، سـنتی بودنـد. دلشـان می‌خواسـت، دخترشـان زودتـر شوهر کند. با وودیک در یک میهمانی آشنا شدم. چند مـاه بعـد ازدواج کردیم.

داستانش مفصل است. بعد رفتـم دانشـگاه. می‌خواسـتم ادامـه تحصیـل بدهم. در دانشگاه با بن آشنا شدم. پسری از اهالی ترینیـداد. دوسـتی‌مان خیلی زود به عشق تبدیل شد. عجیب نیست؟ راست می‌گویند که عشـق

حدّ ومرز نمی‌شناسد. فکرش را بکن، وودیک هم‌وطن من بود، پدر بچّه‌ام بود. من دوستش نداشتم. راستش رفتارش هم آزارم می‌داد. نه این که فکر کنی کتکم می‌زد. نه. هیچ وقت دست روی من بلند نکرد. امّا طور دیگری اذیتم‌می کرد. شاید خودش هم نمی‌فهمید. می‌دانی شاید هم این رفتاربرای خیلی از زن‌ها آزار دهنده نباشد. ولی من، نمی‌توانستم تحمل کنم. انگار فقط توی رختخواب وجود داشتم. با بن که آشنا شدم، پی به رفتار ناهنجار شوهرم بردم. دردسرت ندهم وقتی فهمید دوستی‌ام با بن عمیق است، گفت که حق ندارم به دانشگاه بروم. من هم بچّه را برداشتم و از خانه بیرون آمدم. یکی دوبار با وساطت پدر ومادر من و دوستان او برگشتم. ولی زندگی‌مان ادامه پیدا نکرد. آخرین بار به همین شلتر آمدم. تقاضای طلاق کردم. وکیل گرفت و توانست حق سرپرستی بچّه را از من بگیرد. فقط بیست وچهار ساعت در هفته می‌توانستم با بچّه‌ام باشم. بعد هم با بچّه به لهستان برگشت. من می‌توانم به لهستان بروم. برای پس گرفتن پسرم اقدام کنم که پول و وقت می‌خواهد. این کار را گذاشته‌ام برای وقتی که درسم تمام شد. حالا فکر می کنم شاید این‌طور بهتر باشد. دارم دوره دکترا را می گذرانم. درسم که تمام شد. کاری پیدا می کنم. بعد یک وکیل خوب می گیرم. آن وقت امکان آن که بتوانم حقم را بگیرم خیلی بیشتر است. چطور بگویم، اوّل باید قدرت به دست آورد. بعد به دنبال حق خود رفت.»

لبخندی زد و ادامه داد: «توهم باید سعی کنی قوی باشی.»

۳

فرزانه درخانه صالح پی برد که مریم رفته است. جای خالی‌اش را ازهمان لحظه ورود حس کرد، امّا فکر نکرد که خانه را ترک کرده است. پیش از آن که بیایند، فرهاد تلفن کرد و گفت که برای خداحافظی می‌آیند.

صالح با چایی و میوه از آنان پذیرایی کرد. فرزانه فکر کرد مریم کلاس دارد. چندبار هم به زبانش آمد که از او بپرسد، حرف توی حرف آمد. از سعید و آرزو پرسید که نفهمید صالح چه گفت. نوعی دستپاچه‌گی و دل‌مرده‌گی در رفتارصالح بود. سعید از اتاقش بیرون آمد و چون آنان را دید، شگفت زده سلام کرد و دوباره به اتاق خود رفت.

فرهاد از مسافرتش گفت که قرار بود به ترکیه برود و بچّه‌هایش را ببیند. حرف مریم به میان نیامد تا تلفن زنگ زد. آرزو بود. صالح ناخواسته نام او بر زبانش رفت. سعید را صدا زد. چون جوابی نشنید، فرزانه بلند شد و به در اتاق سعید رفت. دوضربه به در زد و در را باز کرد. سعید تلویزیون را روی میز تحریرش گذاشته بود. پشت به او روی تخت یله داده بود. فرزانه به شانه‌اش زد تا حضور اورا حس کرد. گوشی از گوش برداشت. تلویزیون را خاموش کرد. به تعّجب به فرزانه نگاه کرد.

«تلفن.»

پیتزایی نیم خورده کف اتاق بود. تخت به هم ریخته بود. کوله پشتی مدرسه‌اش وسط اتاق افتاده بود. سعید به اتاق نشیمن آمد. صالح به او گفت که آرزو با اوکار دارد. فرزانه ازدر اتاق آرزو رد شد. کنجکاوی اورا واداشت که در را باز کند.

به اتاق نشیمن آمد. سعید رفت. پرسید، پس چی شد؟ صالح گفت که از اتاق خواب حرف می‌زند. فرزانه چیزی در نگاه صالح دید که تا به حال به آن پی نبرده بود. پرسید، «چی‌شده؟» صالح در چند جمله گفت که مریم چند شب پیش ازخانه رفته و آرزو را هم با خود برده. او هیچ اطلاعی از وضعشان ندارد. فقط یکی دوبار آرزو تلفن زده و باسعید حرف زده است. نمی‌داند کجا رفته‌اند و چه کار می‌کنند.

فرزانه انگار ازخواب بیدار شده باشد، گفت: «پس چرا هیچ نمی‌گویی؟ من خیال کردم مریم دانشگاه است. گرچه امشب که کلاس نداشت. آره به همین خاطر آمدیم که می‌دانستیم مریم خانه است. و توهم...»

پس از لختی ادامه داد: «شاید مارا داخل آدم نمی‌دانی. پس دوستی به چه دردی می‌خورد. ناسلامتی من و مریم مثل خواهریم یعنی من قابل نبودم که به‌ام خبر بدهی. حالا بگو چطور شد؟ چه اتفاقی افتاد؟»

صالح شرح مختصری ازوقایع آن شب داد. که مریم بعد ازنیمه شب به خانه آمد. سر تا پا خیس بود. پیدا بودکه مدّت‌ها زیر باران بوده. مثل همیشه اغراق و گزافه‌گویی را چاشنی کلام کرد تا اثر بیشتر روی شنونده بگذارد. فرزانه و فرهاد به سکوت به حرف‌هایش گوش کردند. گذاشتند که او داستان خود را که پیدا بود بسیاری از آن ساخته و پرداخته ذهن خودش است، چنانچه خود می‌خواهد شاخ و برگ دهد وبعد هم خود را از هرگناهی تبرئه کند. هزار و یک دلیل بیاورد که مریم ازوقتی پایش به دانشکده بازشده و یاحتی پیش‌تر از آن، از وقتی به این کشور آمده، به فوت وفن زندگی در اینجا آشنا شده، هرروز سازی مخالف می‌زند. بهانه‌های جورواجور می‌گیرد.

خبررفتن مریم، مثل سایه سردی برجمع نشست. فرزانه در فکر بود و نمی‌توانست باور کند که زن بی‌دلیل دست به چنین کاری زده باشد.

همه آنچه را صالح گفت، نتوانست باور کند. شاید قسمتی ازآن راست بود. وقتی تاریخ دقیق آن شب را پرسید، فهمید همان شبی بود که او مریم را دیده بود. باهم به حرف زدن ایستاده بودند. قیافه نگران و دلواپس مریم را به یاد داشت که به ساعتش نگاه کرد. او هم طعنه‌ای بارش کرد. مریم با لبخندی جوابش را داد. یادش آمد آن شب باران سختی می‌بارید واو به ایستگاه قطار که رسید، تلفن زد، فرهاد به دنبالش آمد. لابد مریم فاصله اتوبوس تا خانه را اجبارا پیاده طی کرده و خیس شده.

صالح مریم را محکوم کرد که سر به هوا شده بود. اغلب شب‌ها تا دیروقت یا درخانه نبود یا پای تلفن بود. حرف‌ها کم کمک بویی از سوءظن می‌داد که فرزانه را به خود آورد. مریم بارها از حسادت صالح گفته بود. حال همان حسادت و بدگمانی را در گفتارش می‌دید. نمی‌توانست بفهمد، چقدر از آن حرف‌ها واقعّیت دارد. به یاد نداشت که مریم از مرد دیگری حرف زده باشد. اگر آنچه صالح می‌گفت، راست باشد، پس مریم باید خیلی چیزها را از او پنهان کرده باشد. کم گوی بودنش را نشانه خوشبختی‌اش می‌دانست. همیشه بهش می‌گفت، تو خوشبختی.

مریم یا جواب نمی‌داد و یا می‌گفت، کاش بودم.

«نیستی؟»

«شاید ازنظر توباشم. ولی باید دید خوشبختی درچیست.»

فرزانه ازدوپهلو حرف زدن مریم دلخور می‌شد. می‌گفت، من همه چیز را همان‌طور که هست می‌بینم، تعریف می‌کنم. به نظر من تو کم و کسری نداری. اگر احساس خوشبختی نمی‌کنی، تقصیر خودت است.

مریم هیچ نمی‌گفت. فرزانه نمی‌توانست بفهمد پشت چهره خاموشش چه می‌گذرد. اورا دوست داشت. زن درک و شناختی جدا از بقیه

زنانی که دیده بود و می‌شناخت، داشت. رفتار آرام و صبورش بر دلش می‌نشست. برایش از سیر تا پیاز زندگیش گفته بود. از کودکی‌اش، از برادرانش، از پدرش، که عاشق او بود، از مادرش که زیادی خرافاتی بود و از زندگی زناشویی‌اش، از شوهرش، که با چه عشقی با او ازدواج کرده بود و بعد...

و بیش از همه از فریدون و بیژنش می‌گفت که چقدر دلش برایشان تنگ شده بود. بافرهاد که آشنا شد، از او با مریم حرف زد. آنقدر گفت که مریم ندیده اورا می‌شناخت. وقتی اورا به خانه مریم آورد. شبی را شام با آنان گذراند، مریم به او گفت:

«مرد خوبی به نظر می‌رسد.»

«تو از کجا می‌دانی؟»

«پیداست. فهمیده است. افتاده است. و اگر دوستش داری....»

«صحبت از دوست داشتن نکن. من یک باردر زندگیم عاشق شدم و نتیجه‌اش را دیدم. دیگر نمی‌خواهم اختیار دل خود را از دست بدهم. ولی خوب باش زندگی می‌کنم.»

«بی عشق؟»

«مگر تو عاشق صالح هستی؟»

جواب نداد. فرزانه گفت:

«عجب سئوالی می‌کنم. معلوم است که هستی. او هم عاشق توست. نمی‌بینی چقدر حسود است. فقط عشق مردان را حسود می‌کند.»

مریم هیچ نگفت.

فرزانه اندیشید، چرا رفت؟ پس صالح را دوست نداشت. شاید هم کس دیگری در زندگیش پیدا شده است. مریم کم و کسری در زندگی نداشت که به دنبال مرد دیگری برود.

«من اگر دنبال آن پسره افتادم و اورا گرفتار خودم کردم، می‌خواستم دق دلم را سر رضا خالی کنم. می‌خواستم بهش نشان بدهم که مـن هـم می‌توانم. ولی تو...»

جای خالی مریم، خانه را ناگهان به سکوت نشاند. حتی حرف‌هایی که رد و بدل می‌شد، نیز سکوت را به هم نمی‌زد. گویی علامت سئوالی در ذهن همه و از همه بیشتر در ذهن فرزانه بود که اورا گیج کرده بـود. صالح حرف می‌زد و می‌خواست که یخ سکوت را بشکند. عـدم حضور مریم، مثل سایه فضا را سرد کرده بود. صالح میوه تعارف کـرد. پرتقال پوست کند و جلوی فرزانه و فرهاد گرفت. به سراغ سعید رفت. هنـوز با تلفن حرف می‌زد. سرش داد زد که بـس کنـد. فرزانـه شنیـد. بهش اعتراض کرد. گفت لابد با مریم هم همان گونه تندی می‌کرده‌است. بـه اتاق خواب رفت. از همانجا با مریم حرف زد. وقتی برگشت بـه صالح گفت که فردا به دیدن مریم مـی‌رود. اگر بخواهد می‌تواند ازطرف او ازش خواهش کند که به خانه برگردد. صالح جواب تندی به فرزانه داد.

فرزانه هـم کلام را تند کرد و گفت، آسمان به زمین بیایـد او یقیـن دارد کاری کرده که زن مجبور شده به شلتر برود. باید برود و ازش معـذرت بخواهد و اورا به خانه برگرداند. صالح مثل بچّه‌هایی کـه روی دنـده لجبازی افتاده باشند گفت که هرگز این کـار را نخواهـد کـرد. مطمئـن است که مریم خودش برمی‌گردد. فرزانه یـاد یکـی دوبـار اختلاف آنهـا افتاد. مریم از خانه رفت. یک بار به خانه دوست دیگرش رفت. دوشب ماند و برگشت. یک بـار هـم نـزد او آمـد کـه بـاز نتوانسـت بمـاند. بـا میانجی‌گری او برگشت. نگران سعید و آرزو بـود. فرزانه هرچه سعـی کرد نتوانست ازعلت اختلافش با صالح سردربیاورد.

فکر کرد، اختلاف مریم و صالح باید ریشه‌دار تر از آن چیزی باشد کـه او حدس می‌زد. والا دلیل نداشت کـه زن خانـه و زندگـی خـود را رهـا

کند و به شلتر برود. بهش برخورده بود که چرا به او هیچ نگفته بود. درتلفن از مریم گله کرد که چرا به خانه او نرفته. مریم گفت که نمی‌خواستم مزاحم کسی بشوم. فرزانه هم جوابش را داد که اگر من هم روزی خواستم از خانه‌ام بیرون بیایم، لابد باید به شلتر بروم و اگر پیش تو بیایم، مزاحمت می‌شوم؟

مریم گفت: «امیدوارم که آن روز پیش نیاید.»

«واگر پیش آمد؟»

مریم جواب نداد. فرزانه بارها به مریم گفته بود، اگر روزی حس کنم بافرهاد نمی‌توانم زندگی کنم، او به خیر و من به سلامت. باید بساطش را جمع کند و برود. اینجا خانه من است. اوست که به زندگی من وارد شده است. نه من. با آن که همه اسباب و اثاثیه خانه را فرهاد خریده بود، امّا فرزانه همیشه طوری از «خانه من» حرف می‌زد که فرهاد پیشاپیش خود را میهمان آن خانه به حساب می‌آورد.

وقت خداحافظی، فرزانه دوباره به صالح گفت که فردا به دیدار مریم می‌رود و اگر او سفارشی، معذرتی دارد می‌تواند، بی‌آن که چیزی به حسابش بنویسد، مجانی پیغام را برساند. آن هم فقط به خاطر دوستی‌اش با مریم. والا در این میان از صالح طلبکار خواهد شد که می‌گذارد برای وقتی که مریم به خانه برگردد و او باید شام مفصلی بدهد و غذا را هم خودش درست کند.

صحبت از غذا که به میان آمد، صالح فرزانه را به آشپزخانه برد و گفت که می‌تواند همین امشب بماند و دست‌پخت اورا بخورد. فرزانه در قابلمه را برداشت. مرغ و شلغم و نخود و لوبیا وهویج شناور در قابلمه پر آب به آرامی می‌جوشید. بوی غذا تمام مدّت مشام فرزانه را آزرده بود. چند بار خواسته بپرسد که بو از کجاست؟ که نشده بود.

فرزانه در قابلمه را گذاشت و گفت: «نوش جان. خودت تنهایی بخور و مزه غذاهای مریم را در خواب بچش. تا بفهمی کجای کاری.»

هیچ دلش نمی‌خواست بی مریم در خانه او بماند. زن حتی حضورش را در غیاب خود بر خانه تحمیل کرده بود. انگار کناری ایستاده بود وآنان راتماشا می‌کرد. همان‌طور که همیشه بود. ساکت و کم حرف. تنها با لبخندی به رضایت.

صالح شروع کرده بود شرح مفصلی از دست پخت خود بدهد. طوری از غذای خود حرف می‌زد که انگار اختراع جدیدی به جهان عرضه کرده است. فرهاد که تمام مدّت ساکت ایستاده بود و گوش به حرف آن دو داشت، گفت: «برویم.»

• • • • •

پیش‌بند بسته بود و آب را با فشار باز کرده بود و ظرف می‌شست. صدای شیر آب آشپزخانه را پر کرده بود. سعید با جعبه پیتزا آمد. جعبه را روی میز آشپزخانه گذاشت ورفت. صالح حضورش را حس کرد. چیزی به زبانش آمدکه نگفت. عصر سر شام پختن بگومگو کردند. سعیداوقات تلخی کرد. تلویزیون را برداشت. به اتاقش برد. فرزانه و فرهاد که آمدند، سعید از اتاقش بیرون نیامد.

سعید تلویزیون را به اتاق نشیمن آورد و سرجایش گذاشت. دم در آشپزخانه ماند. صالح نگاهش کرد و لبخند زد.

«بابا تو نمی‌خواهی بروی مامان را برگردانی؟»

لحظه‌ای ماند. صحبت از مریم که می‌شد، خشم ناخودآگاه در درونش شعله می کشید. کلامش لحنی تند و تیز به خود می‌گرفت.

«خودش رفته، خودش هم برمی‌گردد.»

«ولی آرزو می‌گفت، تقصیر تو بوده.»

«آرزو غلط کرده. آرزو از کجا خبردارد، لابد مادرش پرش کرده.»

«پس نمی‌خواهی به دنبالش بروی؟»

همانطور که لیوان را زیر آب می‌شست وآب به شدت به اطراف می‌پاشید، بی‌آن که سر بلند کند، گفت:

«نه.»

«چرا؟»

«همان که گفتم. خانم زیر سرش بلند شده.»

«زیر سرش بلند شده، یعنی چه؟»

«یعنی که...»

و صدا را بلند کرد. چنان که گویی مریم همان نزدیکی‌ها ایستاده است. گفت:

«نمی‌روم. هرکجا رفته، همانجا بماند.»

سعید رفت.

مریم را می‌بیند. کنار در آشپزخانه ایستاده است. آنچه به سعید گفته مثل نیش سوزنی با اوست. به گفته خود اطمینان ندارد. امّا گویی کسی در درون اوست و به او می‌گوید که مریم به دنبال مرد دیگری رفته است. مریم را می‌بیند که از گفته او دل‌چرکین است. می‌گوید، هنوز همانی که هستی.

از خود، از مریم. از فرزانه، از فرهاد، از سعید، از آرزو در خشم است. گویی همه دست به دست هم داده‌اند تا گره‌ای کور در زندگیش بزنند. نمی‌داند چطور آن را باز کند. سال‌های سال است به همان گونه بی‌اعتنا به مریم و حال واحوال درون او زیسته است. حال اورا مثل سایه‌ای همیشه و همه جا در کنار خود می‌بیند. سایه‌ای غیر قابل دسترس. گاه حرف‌هایش را می‌شنود. آن چیزهایی که مریم گاه و بی‌گاه گفته و او نشنیده است.

«زیر سرم بلندشده؟ ها؟ خوب راحت به آدم تهمت می‌زنی. اهمیتی هم نمی‌دهی که این حرف چه تاثیری روی بچّه دارد. اگر من هم همین دروغ‌ها را درست کنم و همه جا پرکنم، خوشت می‌آید؟»

«دروغ نیست. زنی که هرشب بعداز ساعت دوازده به خانه بیاید وبعد هی بهش تلفن بزنند.»

«هرشب... کدام تلفن؟»

«از خودت بپرس.»

شیر آب را بست. کف آشپزخانه را خشک کرد. به اتاق آمد. چند زیردستی و یک فنجان نشسته روی میز باقی مانده بود. فحشی داد و آنها را جمع کرد. به آشپزخانه برد. در ظرفشویی ریخت. گرسنگی معده‌اش را مالش داد. جعبه پیتزا روی میز آشپزخانه بود. چند تکه پیتزا در آن بود. یکی را برداشت وگاز زد. سرد بود. فر را روشن کرد و جعبه پیتزا را در آن گذاشت وبه اتاق خواب رفت.

سعید ازاتاق خواب خود بیرون آمد. صالح پشت میز کارش نشسته بود.

«بابا بوی سوخته‌گی می‌آید.»

صالح به آشپزخانه دوید. از توی فر دود بیرون می‌آمد. سعید در فر را باز کرد. دود همه آشپزخانه را پر کرد.

«چه کار کردی بابا؟»

فر را خاموش کرد. در بالکن را باز کرد. کلید هواکش را زد. دود همه فضای آپارتمان را پر کرد. سعید جعبه پیتزا را از درون فر بیرون آورد. سیاه شده بود. درش را باز کرد. روی پیتزا تکه خرده‌های مقوای سوخته ریخته بود. خندید و گفت:

«پیتزای مقوا سوخته، بیا بخور، خوشمزه است.»

«کوفت بخورم بهتر است.»

در قابلمه باز کرد.

«پس آب گوشتت چی شد؟ چرا نگذاشتی بپزد.»

کمی چشید. قیافه‌اش به هم رفت.

«این چه جور آب گوشتی است؟»

«آب گوشت مرغ. اگر نخودهایش پخته بود، می‌دیدی که چه جور آب گوشتی است.»

«خودت اختراع کردی؟»

«خوب، آره. اشکالش چیه؟»

«اگر خوبه، چرا نخوردی؟»

«فرداشب می‌خوریم.»

«خودت بخور.»

«توهم لابد باز می‌خواهی پیتزا بخوری. ولی دیگر خبری نیست. هرشب که نمی‌توانم ده بیست دلار پول پیتزا بدهم. نهارها را هم که مجبورم بیرون بخورم.»

پیتزا را در سطل آشغال اندخت. در یخچال را باز کرد. پلاستیک نان پیتا را بیرون آورد. فقط یکی در آن بود. به یاد آورد که برای صبحانه نان ندارند. ساعت یازده و نیم بود. نان خالی را به دندان کشید. سیبی از ظرف میوه روی میز برداشت. به در اتاق سعید رفت.

«تو چرا همیشه نصف شب یادت می‌آید که درس‌هایت را بخوانی. سرشب را می‌گذاری برای فیلم تماشا کردن.»

سعید سر از کتابش برداشت.

«همه جا بوی دود گرفته.»

«چرا جواب مرا نمی‌دهی؟»

«می‌گذاری درسم را بخوانم یانه؟»

«نمی‌خواهی جواب مرا بدهی؟»

جواب نداد. در اتاق را بست و رفت. روی تخت نشست.

«چیه چرا دست ازسرم برنمی‌داری؟»

«من که کاری به تو ندارم. تو خودت دائم به من فکر می کنی.»

«من از تو بیزارم.»

«من هم همین‌طور.»

«پس چرا ولم نمی کنی؟ برو. هرجاهستی خوش باش.»

سعید به دستشوئی رفت. وقتی بیرون آمد، دم در اتاق خواب ماند.

«بابا»

صالح به خود آمد.

«چرا نمی‌خواهی بروی دنبال مامان؟»

«خودش برمی گردد. شرط می‌بندم خودش برگردد. این دفعه اوّلش نیست. حاضرم شرط ببندم که تا هفته دیگر برمی گردد.»

«مطمئنی؟»

«آره مطمئنم.»

به گفته خود اطمینان ندارد. انگار کس دیگری در درون او حرف زده است. به سعید گفته است که مطمئن است مریم برمی گردد. مریم گفته اورا شنیده است. دم در اتاق خواب ایستاده است و اورا نگاه می کند.

«از کجا مطمئنی؟»

«پس نباید مطمئن باشم.»

«از خودت بپرس.»

«آخر تو... باورم نمی‌شود رفته باشی. تو مگر همیشه نمی گفتی که باید پشت وپناه بچّه‌هامان باشیم. مگر نمی گفتی، حاضر نیستی یک شب از بچّه‌هایت دور باشی. مگر تو اصرار نکردی بیاییم خارج. مگر به

خاطر سعید زندگیمان را آتش نزدیم؟ آخر تو چطور حاضر شدی بچّه را تنها بگذاری. آن یکی را کجا بردی؟ چطور دلت آمد او را از خانه‌اش، از پدرش، از برادرش جدا کنی؟ و معلوم نیست کجا؟»

«خوب شد که بالاخره یک چرایی به ذهنت آمد. کاش از خودت هم می‌پرسیدی چرا؟ بپرس چرا رفتم. چه کار کردی که مجبور شدم بروم؟»

به صدای بلند گفت: «من هیچ کار نکردم، پتیاره.»

سعید از اتاقش بیرون آمد.

«بابا داری با خودت حرف می‌زنی؟»

«حرف زدم؟ چی گفتم؟»

«خودت را به آن راه نزن.»

«دست از سرم بردار. مادرت خوب دست مارا گذاشت توی حنا و خودش رفت.»

«تو که گفتی برمی‌گردد.»

«اگر هم برگردد، راهش نمی‌دهم. تو شاهد باش من دیگر او را به این خانه راه نمی‌دهم.»

۴

فرزانه گفت: «پس قصر ملکـه فـراری اینجـاست؟» نگـاهش بـه اطراف چرخید و پر از تحقیر شد. به آشپزخانه رفته بـود و می‌خواست چـایی درست کند. کتری سیاه و چربی گرفته را از آب پر کرد و روی چـراغ گذاشت. فرزانه اصرار می‌کرد کـه چیزی نمی‌خـورد. آمـده است اورا ببیند. مریم بی‌اعتنا به او در آشپزخانه ایستاده بود. نمی‌دانست از او با چه پذیرایی کند. در یخچال را باز کرد و پرسید: «آب میوه چی؟»

فرزانه با همان انزجاری که در چهره‌اش بود، گفت: «نه به خدا چیزی نمی‌خورم. اصلا میل به چیزی ندارم.»

مریم در یخچال را بست. اجاق را خاموش کرد و در دل گفت: «فقـر از مرض بدتر است بـاید از آن گریخـت.» از محوطه آشپزخانه بیـرون آمد. نگاه فرزانه به اثاثیه مستعمل و جورواجور، به پرده‌هایی کـه جابجـا از میخ کنده شده بود، به کف کثیف اتاق بود. لیوانی نیمـه‌پر از شیر و چنـد دانه بیسکویت روی میـز مانده بـود. پوسـت پرتقـال و خـرده بیسکویت روی زمین ریخته بود. اسباب‌بازی بچّه‌ها گوشه و کنار رهـا شده بود. زنی ویتنامی که همین امروز صبح نامش را یاد گرفته بـود، و هنوز مطمئن نبود که نامش سان‌جو یا جوسان به پسرکش غـذا می‌داد. سلیما به طبقه پایین آمد. دخترکش با صداهایی که از خود در می‌آورد، به دنبالش بود. آن سوتر میشل روی راحتی کنار پنجره دراز کشیده بـود وتن به آفتاب داده بود. گوشی تلفن به دست، بلنـد بلنـد حرف می‌زد. مریم فرزانه را به طرف راحتی بزرگی که دسته‌های نخ‌نما داشـت، بـرد. فرزانه به تردید پرسید:

«همین جا زندگی می‌کنی؟»

مریم دیگر نمی‌توانست با فرزانه همانی باشد که تا چند روز پیش بود. چیزی بین‌شان فاصله انداخته بود. فرزانه به آشکارا خود را چند پله بالاتر از او می‌دید واین بر مریم گران آمد.

«کجا می‌خوابی؟»

راحتی بزرگ را که تکه‌های لباس بچّه بر آن جا مانده بود، نشان داد و گفت: «اینجا. آرزو هم روی زمین کنار من.»

چشم در چشم فرزانه دوخت. انگار می‌گفت: «ها؟ فکر می‌کردی در قصر ملکه انگلستان زندگی می‌کنم؟»

فرزانه درنشستن تردید داشت. مریم پی برد که از آمدن پشیمان شده است. خیال می‌کرد، او تنها کسی است که باش همدردی خواهد کرد. دید که جایگاه خود را از دست داده و به هیئت زنی آزاردیده، که اینک کلمه انگلیسی «abuse» شده در ذهنش جا گرفته بود، در آمده است. چنین زنی پیش ازآن که سزاوار احترام باشد، مستحق ترحم و دل‌سوزی بود. از فرزانه انتظار تفاهم و همدردی داشت، نه ترحم. پس از سه چهار روز زندگی در شلتر، و پشت سر گذاشتن اضطراب‌ها و نگرانی‌های شب اوّل، توانسته بود بر خود مسلط شود. تردید هنوز با او بود. فردا تصویر روشنی نداشت. فقط چون توانسته بود سه روز را را پشت سر بگذارد، با بد و خوب شلتر کنار بیاید، خود را توانا می‌دید. مثل کسی بود که مراحل اوّلیه آزمونی را پشت سر گذاشته بود. اطمینان به نفس یافته بود.

«اگر اینجا ناراحتی، می‌توانیم برویم به اتاق من.»

«اتاق تو؟ تو که گفتی همین جا زندگی می‌کنی.»

«من گفتم. تو هم باور کردی. تازه مگر اینجا چه عیبی دارد؟»

دست بر پشتش گذاشت و اورا به طبقه دوم راهنمایی کرد. در اتاقش راباز کرد و گفت:

«بفرمایید. این هم اتاق خواب ملکه»

فرزانه به درون رفت. پیدا بود که اینجانیز چنگی به دلش نزد. مریم می‌توانست در او بخواند که، زن حسابی مگر خانه خودت چه عیبی داشت که گذاشتی و آمدی اینجا زندگی کنی؟ یعنی تو خودت را اینقدر دست کم می گیری؟

فرزانه روی تخت نشست. مریم نیز پشت میز تحریر کوچکی نشست. نگاه فرزانه همچنان به اطراف اتاق بود.

مریم گفت: «می‌بینی که قصر نیست.»

فرزانه اینک چشم در چشم او دوخته بود. شاید می‌خواست اورا دوباره ببیند. شاید به دنبال مریمی دیگر بود. پرسید:

«چرا؟ چطور شد؟ من که شنیدم، نزدیک بود شاخ در بیاورم. مگر چه اتفاقی افتاد؟ نکند...»

حرف را برید. مریم می‌خواست که اوّل فرزانه حرف بزند. خود چیزی برای گفتن نداشت. نه آن که واقعا چیزی نداشته باشد، بگوید. حرف در دلش تل‌انبار بود. در این چند روز، با آن که مددکارها دست از سرش برداشته بودند. امّا حرف مثل سیل در او جاری بود. تمام روز آنها را برای خود بازگو می کرد. دلیل پشت دلیل می‌آورد. مثل کسی که در ملاء عام به محاکمه کشیده شده باشد، از خود دفاع می کرد. می‌دانست که دیر یا زود فرزانه به سراغش می‌آید. وقتی تلفنی با هم حرف زدند، فرزانه نپرسید، چرا ازخانه رفته است. گفت که دلش می‌خواهد اورا ببیند. شاید هم باور نمی کرد، مریم به چنین جایی آمده باشد.

با لبخندی به لب، چشم به او دوخته بود. هیچ نمی گفت. منتظر بود که فرزانه کلام خود را به پایان رساند. امّا فرزانه دنبال حرف را نگرفت. لحظاتی همچنان خیره به هم ماندند. فرزانه گفت:

«باورم نمی‌شود. چطور بگویم، از تو باورم نمی‌شود. تو خیلی خوشبخت به نظر می‌رسیدی.»

مریم سر به پایین داشت. کتابی را که روی میز بود، به دست گرفته بود و باز وبسته می‌کرد. آهسته تکرار کرد:

«خوشبخت!»

«من خوشبختم. در این لحظه خوشبختم.»

صالح کنارش نشسته است. در محوطه سرسبزی روی کنده درختی نشسته‌اند. بالای سرشان، آسمان عصر، رنگ آبی دلنوازی دارد که از لابلای برگهای سبز پیداست. پرنده‌ای در همان نزدیکی می‌خواند. شادی سرشاری در آواز پرنده است. انگار از آن سکوت و وقار و خوشبختی که دردل درخت و گیاه و زمین پرپر می‌زند، به نشاط آمده است. لحظه‌ای است که برای همیشه در خاطر مریم ماندنی می‌شود. آوازی را زیرلب زمزمه می‌کند. کاش می‌توانست این لحظه را با کلام، با موسیقی، و یا با چیزی که به وصف نمی‌آید، ثبت کند وبرای همیشه زنده نگاه دارد. خود با این لحظه یکی شود. صالح دست دور بدن او حلقه می‌کند و می‌گوید:

«چطور؟ به من هم بگو.»

مریم شیفته آسمان آبی و برگهای سبز است، شیفته آواز پرنده است که گهگاه خاموش می‌شود و دوباره ازسر گرفته می‌شود. آوازش را قطع می‌کند و می‌گوید:

«نمی‌دانم.»

«نمی‌دانی. یعنی چی؟ تو هیچ وقت هیچ چیز را نمی‌دانی. همیشه از روی شکم حرف می‌زنی.»

کاش صالح هیچ نگوید. کاش تنها بود. پرنده دوباره می‌خواند. او سراپا گوش است. غرق در آواز بی‌کلام خویش است که چون خون در

رگ‌هایش جاری است. سراپا حسی غریب است. حسی که بسیار دیر به سراغش می‌آید. وقتی که می‌آید، می‌خواهد اورا با خود ببرد. می‌خواهد که تمام هستی اورا در آن لحظه در خود تحلیل برد. می‌خواهد که اورا با ابدیت پیوند دهد. می‌خواهد در آواز خود تحلیل رود.

آسمان تیره می‌شود. غروب بر درختزار می‌نشیند. درختان به نسیمی به پچ‌پچ می‌افتند. گویی آمدن شب را خبر می‌دهند. پرنده گاه می‌خواند. مریم می‌خواهد همانجا بماند و بخواند. آنقدر بماند، تا شب بر درختزار بنشیند. او با سکوت و درخت و تاریکی یکی شود. مثل ذرات بخار با هوا یکی شود.

صالح بلند می‌شود. دست اورا می‌گیرد و می‌گوید:

«پاشو برویم، دارد شب می‌شود.»

به خود می‌آید. خوشبختی‌اش رنگ می‌بازد. صدا در او می‌میرد.

به فرزانه نگاه کرد.

فرزانه گفت: «آره همیشه فکر می‌کردم تو خیلی خوشبختی. چیزی کم و کسر نداشتی. شوهرت مرد بدی نبود، یعنی نیست. خودت هم آدم قانع و راضی‌ای هستی. بچّه‌هایت هم خدا را شکر سالم هستند و در کنارت. اگرمثل من... و اگر خوشبخت نبودی، چرا هیچ نمی‌گفتی؟ هیچ وقت شکایتی نمی‌کردی.»

«چه باید می‌گفتم.»

«باید حرف می‌زدی. می‌دانی، وقتی درد توی دل آدم بماند، عقده می‌شود و عقده بالاخره یک روز می‌ترکد و زندگی آدم را به هم می‌زند.»

«با کی داشتی حرف می‌زدی؟»

«یکی از هم‌کلاس‌هایم.»

«اسمش چیه؟»

«چارلز.»

«چه‌کار داشت؟»

«یک سئوال درسی.»

«چه سئوالی؟»

«باید برایت توضیح بدهم؟»

«نباید توضیح بدهی؟»

فریاد می‌زند: «می‌خواست بداند قبربابای تو کجاست؟»

صالح قاشقی را که در دست دارد به طرفی پرتاب می‌کند. قاشق به گلدان گل روی تلویزیون می‌خورد. گلدان می‌افتد و می‌شکند. بلندتر فریاد می‌زند:

«قبر بابای من؟ یا قبر گور به گور شده بابای تو. گه به قبر...»

«چیزی نبود که بشود حرفش را زد.»

«چطور چیزی نبود. اگر چیزی نبود، پس تو چرا؟»

«من مجبور شدم. دیگر نتوانستم تحمل کنم.»

«ولی صالح می‌گفت...»

منتظر بود که چنین بشنود. خود نیز می‌توانست حدس بزند که صالح در باره او چه خواهد گفت.

عصر تابستان است. مریم روی بالکن نشسته است. بچّه‌ها در اتاق تلویزیون تماشا می‌کنند. در آن دورها بیشه‌ای است که مثل دریایی سبز به نظر می‌رسد. شهر در این حوالی خلوت است و کمتر عابر پیاده‌ای

دیده می‌شود. از دورها صدای شاهراه یکنواخت و ممتد به گوش می‌رسد. مریم زیر لب می‌خواند. گویی برای آسمان پهناور و درختان خاموش می‌خواند. صالح با او سرسنگین است. در هر فرصتی با نیش کلام اورا می‌آزارد. به بالکن می‌آید. مریم بی‌اعتنا به او همچنان می‌خواند.

«برای کی داری آواز می‌خوانی؟ تودیگر برای من زن نمی‌شوی. من هم باید فکری برای خودم بکنم.»

به صالح نگاه می‌کند. آواز در او خاموش می‌شود.

«چه کار کردم مگر؟»

«تو دیگر به فکر خانه و زندگیت نیستی. آخر پیری یادت افتاده که به دانشگاه بروی و ادبیّات بخوانی. چرا کارپیدا نمی‌کنی؟»

«کار پیدا نمی‌شود.»

«چرا در همان زمینه درسی که خواندی، ادامه تحصیل نمی‌دهی؟»

«دوست ندارم. خودت می‌دانی که من پرستاری را دوست ندارم.»

«حالا دیگر چه وقت این حرف‌هاست.»

صالح از کلاس رفتنت دلخور بود. می‌گفت، تو هرشب بچّه‌ها را تنها می‌گذاری و بعد هم مثل این که...

مریم بی‌حوصله پرسید: «مثل این که چی؟ چرا حرفت را نمی‌زنی؟»

«راستش من که باور نمی‌کنم. چطور بگویم، خوب، طبیعی است. ولی من فکر می‌کردم، تو صالح را دوست داری. آخر رفتارت این‌طور نشان می‌داد. خوب لابد دوستش نداری.»

لبخندی برلبانش نشست و پرسید:

«حالا این یکی چطوری است؟»

«کدام یکی؟»

«عشق جدید.»

«عشق جدید؟ باید بهت معرفی‌اش کنم. دو تا شاخ دارد.»
دستانش را باز کرد و ادامه داد: «به این بزرگی!»
به قهقهه خندید. بعد خنده را مهار کرد. با خشمی در کلام گفت: «که این‌طور. آش‌نخورده و دهن سوخته. ولی می‌دانی گاهی دلم از چه می‌سوزد؟ از این که صالح چنان مرا از دل و دماغ انداخت که عشق را دردلم کشت. فکر نمی‌کنم اگر دوباره هم متولد شوم، عشق مردی به دلم بیافتد.»
«من که باور نمی‌کنم.»
«باورنکن. ولی...»
«ولی آدم بدون عشق نمی‌تواندزندگی کند. من که نمی‌توانم. آدم زنده با عشق زنده است.»

«نمی‌خواهی بخوابی؟»
«یک دقیقه صبر کن. الان تمام می‌شود.»
کتاب را ازدستش می‌گیرد. کناری پرت می‌کند. اورا به سمت خود می‌کشد.
«اگر بدانی چه داستان قشنگی است. زن داستان شخصیت عجیبی...»
«نمی‌شود کمتر از این کتاب‌ها بخوانی و بیشتربه شوهرت برسی.»
بدون کتاب هیچ است. تن به خواسته صالح می‌دهد و درخیال داستان را دنبال می‌کند. جسمش در اختیار صالح است و روحش ازاو دور دور...

«صالح می‌گفت تو مدّتی بودکه شب‌ها دیر به خانه می‌آمدی و با یکی از هم‌کلاس‌هایت...»

«که چی؟ فکر کردی صالح غیر ازاین باید می‌گفت. چه انتظار داشتی؟ خودش را مقصر بداند.»

«تقصیرها که همیشه یک جانبه نیست.»

پچ‌پچ درختان مثل نجوایی است که رازی را با او درمیان می‌گذارد. گوش می‌کند. گویی درختان برای او آواز می‌خوانند.

«گفتم پاشو، شب شد.»

می‌شنود یا نمی‌شنود. خیال اورا با خود برده است. کاش صالح اورا به حال خود بگذارد. نگاهش می‌کند. درمقابلش ایستاده است. پشت سرش درختان و آسمان تیره غروب است. می‌خواهد بگوید، تو برو و مرا راحت بگذار. امّا خشم رنگ کلام را عوض می‌کند.

«تو تشریفت را ببر. من دوست دارم همین‌جا باشم.»

«همین‌جا؟ دارد شب می‌شود.»

هیچ نمی‌گوید. شب بشود. می‌خواهد باشب یکی شود. می‌خواهد در شب تحلیل رود.

دستش را می‌گیرد. اورا بلند می‌کند. دست را از دست او رها می‌کند.

«ولم کن.»

دوباره می‌نشیند. به آسمان می‌نگرد. هنوز رنگ آبی دل‌انگیزی دارد. رنگی زلال.

«چیه بازرفتی تو عالم هپروت.»

جواب نمی‌دهد. جواب در درون اوست. امّا به زبان نمی‌آید. حضور صالح خلوتش رابه هم می‌زند. اورا می‌آزارد. آزردنی که نام ندارد. برای خود نیز ناآشنا است.

«گفتم تو برو. دست ازسرم بردار.»

«تو چه‌ات شده؟ دیوانه شده‌ای؟»

دیوانه...

به ناچار بلند می‌شود. باهم به راه می‌افتند. زن جوانی جلوتر از آنان می‌رود. صالح با کلمات رکیک زن را توصیف می‌کند. می‌خواهد فریاد بزند خفه شو. به اتومبیل می‌رسند. صالح سوار می‌شود. او پیاده به راه خود ادامه می‌دهد. صالح از اتومبیل پیاده می‌شود.

«کجا می‌روی؟»

جواب نمی‌دهد. از محوطه پارکینگ بیرون می‌رود. راه باریک بین درختان را پیش می‌گیرد و می‌رود.

صالح خود را به او می‌رساند.

«پس تو چه‌ات شده؟ چرا مثل خر سرت را انداختی پایین و به طرف آخور می‌روی؟ بچّه‌ها در خانه تنها هستند.»

بچّه‌ها؟ آری بچّه‌ها در خانه تنها هستند. نخواستند با آنان بیایند. می‌خواستند فیلم تلویزیون تماشا کنند.

«بیابرویم پارک قدم بزنیم و هوایی بخوریم.»

سعید روترش می‌کند. روی خوش نشان ندادنش تازگی ندارد. می‌بیند که از او و از پدر فاصله گرفته است. آرزو هم به پیروی ازاو با مادر و پدر نمی‌جوشد. در خانه تلویزیون و فیلم‌های ویدیویی وقت آنان را پر می‌کند. فرصتی برای حرف زدن با پدر ومادر باقی نمی‌ماند. وقت غذا اگر باهم باشند، اگر مریم حوصله داشته باشد، اگر نیش‌های جا وبیجای صالح حالی برایش باقی گذاشته باشد، حرف می‌زند. از هر دری سخن می‌گوید. از هوا، از مدرسه می‌پرسد. از خرید می‌گوید. از خبرهایی که درروزنامه‌های ایرانی و انگلیسی خوانده است، می‌گوید. سعید بی‌اعتنا است. اگر فریاد پدر بلند نشود بازهم تلویزیون است که نگاه و ذهن آنان را به خود می‌کشد.

فرزانه که اورا ترک کرد، احساس گناه اورا بیشتر می‌آزرد. می‌خواست با کسی حرف بزند. به یاد فهیمه افتاد. اورا از سال‌های اوّل مهاجرت می‌شناخت. با هم در کلاس زبان انگلیسی آشنا شده بودند. فهیمه از زندگی گذشته خود زیاد حرف نمی‌زد. مریم از دیگران شنیده بود که فعالیّت سیاسی داشته، دختر شانزده ساله‌اش در درگیری‌های خیابانی کشته می‌شود و او با پسر خود از مرز می‌گریزد و به ترکیه می‌رود. مدّت‌ها در آنجا سرگردان بوده‌اند تا می‌توننند به کانادا بیایند. فهیمه بعدها برای شوهرش نیز تقاضای مهاجرت می‌کند. شوهرش می‌آید، امّا زندگی در این دیار به مذاق او خوش نمی‌آید. او که عشق عجیبی به دخترش داشته، حال تنها دل خوشی‌اش گذاشتن گل بر سر خاک دختر است. چند ماه بعد شوهر برمی‌گردد. از فهیمه هم می‌خواهد که برگردد.

به خانه فهیمه تلفن زد. با او نزدیکی و صمیمیتی داشت که با فرزانه نداشت. می‌خواست با او حرف بزند و از جدایی‌اش بگوید. پسرش تلفن را برداشت و در جواب مریم که فهیمه را خواست، گفت که مادرش چند ماهی است به ایران رفته است.

۵

یک هفته از اقامتش در شلتر می‌گذشت. آدم‌ها از هر سوراخی سر در می‌آوردند. کنجکاو چشم به او می‌دوختند. همیشه هم می‌خواستند سرصحبت را باز کنند وبدانند که چقدر و چگونه آزار می‌دیده است. دیگر می‌دانست که دلیل پناه آوردن به این خانه می‌تواند دلایل دیگری غیر از آزار جسمی هم داشته باشد. درجواب هرتازه آشنایی، در یکی دوجمله توضیح می‌داد که آزار روانی را ازآزار جسمی دردناک‌تر می‌داند. اگر طرف می‌خواست بیشترپیش برود، از کم و کیف آن بپرسد، درمی‌ماند. در جواب طفره می‌رفت. هنوز فرمول خاصی برای آن پیدا نکرده بود. از آنجا که سالیان دراز لب فروبسته بود، اینک حرف زدن مثل کندن چاهی در زمینی سنگلاخی سخت بود. روزهای اوّل دوست داشت به حرف دیگران گوش کند. که پس از چند روز تازگی خود را از دست داد. درشبی که اورسولا و رعنا زنان شلتررا گرد هم جمع کردند تا از خود بگویند، و به قول معروف خود را باز کنند، پی برد که حکایت‌ها کم وبیش شبیه یکدیگرند. قبل از آن گهگاه از سلیما و سان‌جو و میشل و گلوریا و آن دیگران چیزهایی جسته و گریخته شنیده بود. نه آن که وادارشان کرده باشد، دلیل خود را برای آمدن به این خانه بازگو کنند. شنیده بود که برای هم از همسران خود حرف می‌زدند. اورا چنان تصویر می‌کردند که مریم در دل گفت: «صد رحمت به صالح.» در همان حال شباهت‌هایی بین او و مردانی که نمی‌شناخت، فقط توصیفشان را از زبان زنانشان می‌شنید، می‌دید. در دل می‌گفت: «همه سر و ته از یک کرباسند.»

فدیا تنها دوست صمیمی مریم در این فاصله، کمتر از مردش حرف می‌زد. گویی اورا با همه خاطره‌هایی که ازش داشت، در صندوقچه‌ای گذاشته بود و درش را قفل کرده بود. فدیا چشمان درشتش را به او می‌دوخت و می‌گفت:

«می‌دانی، می‌گویند همه چیز دست خود انسان است. امّا گاهی وقت‌ها چنان دست و پای آدم را می‌بندند که مجبوری لگد پرانی کنی.»

چون با سکوت مریم روبرو می‌شد، دوباره به بافتنی‌اش رو می‌آورد.

«چه می‌بافی؟»

بافتنی را روی زانویش می‌گذاشت. کاموایی بود به رنگ بنفش تیره، با رگه‌های صورتی.

«لباس بچّه، ژاکت، شال گردن، کلاه، هرچه به دستم برسد»

«بچّه کوچک که نداری.»

فدیا خنده نرمی کرد و گفت: «برای بچّه‌های خودم که نمی‌بافم. آنها از این چیزها نمی‌پوشند. دست‌باف دوست ندارند. برای بچّه‌های...»

دوباره چشم به مریم دوخت و خنده‌ای کرد و گفت:

«برای آن که یادم نرود، دست دارم. برای آن که دوست دارم دستانم کار کنند.»

مریم به یاد بافتنی‌های خود افتاد. چقدر بافته بود. چقدر وقت روی آن بافتنی‌ها گذاشته بود. ساعات و لحظات زندگیش در تار و پود نخ‌های کاموا پیچیده بود. به گذشته سپرده بود. گذشته همه را هیچ کرده بود. می‌بافت و خود را سرزنش می‌کرد: «کار دیگری از دستت بر نمی‌آید؟» و باز می‌بافت. نیازی بود که در دستانش حس می‌کرد. نیاز به خلق کردن، حتی چیزی بیهوده. هنوز همان نیاز را حس می‌کرد. از

دست فدیا می‌گرفت و چند ردیف می‌بافت. فدیااز دستش می‌گرفت و می‌گفت، دودست می‌شود. همان وسواسی که او داشت.

ساعت هفت شب، همه زنان به جز گلوریا که کار می‌کرد و دیرتر به خانه می‌آمد، دور میز نهارخوری نشسته بودند. بچّه‌ها را در طبقه پایین نگهداری می‌کردند. آرزو هم با بچّه‌ها بود. دختر سرکشی و بهانه‌گیری‌های روزهای اوّل را کنار گذاشته بود وبا دختر شهناز که مریم به تبعیت از دیگران اورا شاناز صدا می‌کرد، دوست شده بود. وجود بچّه‌های کوچکتر نیز آرزو را سرگرم می‌کرد. وقتی در اتاق تنها بودند، بهانه خانه را می‌گرفت. یاد سعید وپدرش می‌افتاد. مریم توانسته بوددلش را به دست آورد. اورا با وعده وعیدهایی که خود نیز بدانها اطمینان نداشت، دلخوش کند.

زنان روی صندلی‌ها جابه‌جا شدند. میشل با یک سینی پراز لیوان‌های چای و ظرفی بیسکویت از همه پذیرایی کرد. اورسولا سر صحبت را با یکی از آن سخنرانی‌هایی که در چنته داشت باز کرد. مریم در هفته‌ای که پشت سر گذاشته بود، از این سخنرانی‌ها به عناوین مختلف شنیده بود. همه دارای یک محتوی و مضمون بودند. صحبت از زن‌آزاری که می‌شد، مریم نمی‌خواست خودرا جزء زنان آزاردیده به حساب آورد. نمی‌توانست بر خود ترحم کند و یا اجازه دهد مورد ترحم دیگران قرار گیرد. سال‌های سال به خود قبولانده بود که تحت هیچ ستمی نیست. دلیل ترک خانه‌اش را عدم تفاهم بیان کرده بود. وقتی اورسولا به او ثابت کرد که آن رفتارها و هنجارهایی که او از شوهرش تعریف می‌کند، نوعی زن‌آزاری است، باز نمی‌خواست قبول کند. به گفته‌های مددکارها می‌اندیشید و به خشم می‌آمد. چه راحت همه دردها را روی دایره می‌ریختند، از همه چیز حرف می‌زدند. پنهانی‌ترین روابط انسانی را بی‌هیچ شرمی بازگو می‌کردند.

اورسولا همچنان حرف می‌زد. پوست قهوه‌ای‌اش از جوانی و شادابی می‌درخشید. خنده‌اش دل‌نشین بود. مریم همچنان که چشم به چهره‌اش داشت و زیبایی‌اش را می‌ستود، در خیال خود بود. گوش به گفته‌های او نداشت. آن روز صبح فرزانه تلفن زده بـود. حـدورد یـک سـاعت بـا او حرف زده بود. دلیل مـی‌آورد کـه بهتـر اسـت بـا صـالح دیـداری داشـته باشد. با او به حرف بنشیند و بگوید که چرا از خانه رفته است.

میشل موهای بور و بلندش را بالای سر جمع کرده بود. دنبالـه موهـا را پشت گردن ریخته بود. چشمان قهوه‌ای کم‌رنگـش در صـورت لاغـر و جوانش گودافتاده بود. در جواب اورسولا که پرسید، به نظر شـما اوّلـین قدم برای ایستادن در مقابل زورگویی چیست؟

گفت: «غیر از این که از خانه بیرون بیاییم و خانـه راحـت و آمـاده را در اختیار آقا بگذاریم، کار دیگری از دستمان بر نمی‌آید.»

رعنا مددکار اهل پاکستان که همه او را رانا صـدا می‌زدنـد و بـرای مـریم هنوز همان رعنا بود، گفت:

«از خانه بیرون آمدن، اوّلین قدم ایستادن است. امّا کافی نیسـت. بایـد یاد گرفت که در مقابل حرف زور ایستاد.»

فرزانه هم همین را گفته بود.

«تو بهش زیادی رو دادی و حالا یک بـاره زدی زیـر همـه چیـز. قبـول نمی‌کند. این طوری که تو گذاشتی و رفتی، قبـول نمی‌کنـد کـه تقصـیر خودش است. فکر می‌کند تو عاشق مرد دیگری شده‌ای و به خاطر او از خانه رفته‌ای. از تو چه پنهان من هم...»

فدیا گفت: «آدمیزاد خروس جنگی نیست کـه دائـم بـه سـر و کلـه هـم بپرد. زندگی دو انسان باید بر اساس تفاهم باشد.»

به فرزانه گفت: «تفاهم نداشتیم. من و او از همان ماه‌های اوّل زنـدگی تفاهم نداشتیم. چطور بگویم، از قبل از ازدواج هم تفاهم نداشتیم.»

«پس چرا ازدواج کردید؟ شما خیلی جوان نبودید. تو مثلا درس خوانده بودی. پرستار بودی. کارمی‌کردی. کسی مجبورت نکرد.»

«چطور مجبور نکرد. تو خودت مگر جامعه آنجا را نمی‌شناختی؟ من و او بیش از یک سال باهم رفت و آمد داشتیم. همه ما را زن و شوهر آینده به حساب می‌آوردند. آنقدرها آسان نبود.»

اورسولا به مریم نگاهی کرد و لبخند زد. مریم یاد روز اوّلی افتاد که به شلتر آمده بود. به شریفا گفته بود که تفاهم نداریم. همه‌اش نگران آن بود که عدم تفاهم دلیل کافی برای پذیرفتنش در شلتر نباشد. اورسولا گفت: «حالا نوبت مریم است که از خود و تجربه‌هایش بگوید.»

مریم گفت: «من چیز زیادی برای گفتن ندارم.»

فدیا گفت: «مریم تجربه‌هایش را می‌نویسد. قرارشده یک کتاب چندصد صفحه‌ای بنویسد.»

رعنا گفت: «شاید نمی‌خواهد بگوید. وقتی که درد خیلی عمیق باشد، آدم خوش ندارد از آن حرف بزند.»

اورسولا گفت: «وقتی که درد خیلی عمیق باشد، آدم فریاد می‌کشد.» و بلند خندید.

رعنا گفت: «بعضی دردها فریاد را هم در آدم خفه می‌کنند.»

سلیما که کمتر از دیگران زبان باز کرده بود، گفت: «شاید خجالت می‌کشد.»

مریم نگاهی به سلیما کرد و هیچ نگفت.

عمو حیدر می‌گوید: «حالا نوبت مریم است.»

مریم سرخ می‌شود. «من؟»

«آره تو.»

رومی کند به صالح و می‌گوید: «صدای مریم را شنیده‌اید؟»

«مگر آواز هم بلد است بخواند؟ من فکر می‌کردم فقط بلد است در اتاق عمل غش کند.»

بلند بلند می‌خندد و ادامه می‌دهد، «آره صدای وزوزش را شنیدم.»

شاید همان خنده و همان تمسخر مریم را وامی‌دارد که بخواند و به صالح نشان دهد که صدای خوبی دارد.

خاله گوهر می‌گوید: «حالا کارهای واجب‌تری دارند. بگذار مدّتی بگذرد، بعد کبکش هم خروس می‌خواند.»

عمو حیدر می‌گوید: «باید بخوانی. خیال کردی، چون ازدواج کردی می‌توانی از زیر آواز خواندن دربروی. همه ما می‌دانیم که صدایت خوب است.»

چشم مریم به صالح می‌افتد. نگاهش تلخ است. هیچ نمی‌گوید. مریم نمی‌تواند بفهمد در او چه می‌گذرد. مثل همیشه در مقابل اصرار دیگران کوتاه می‌آید و تصنیفی از مرضیه می‌خواند.

جای آن دارد که چندی‌هم ره صحرا بگیرم
سنگ خارا را گواه این دل شیدا بگیرم
از تو من دارم سخن‌ها
نکته‌ها از انجمن‌ها
بشنو ای سنگ بیابان
بشنوید ای باد و باران با شما تنهایم اکنون

صدایش می‌لرزد. بی‌آن که به کسی نگاه کند، صدا را تحریر می‌دهد. بر خود مسلط می‌شود. بلندتر می‌خواند. آواز که تمام می‌شود، نفس راحتی می‌کشد. احساس غرور می‌کند. گویی به صالح می‌گوید، دیدی چه خوب خواندم.

نگاه صالح تلخ‌تر شده است. در تمام مدّت میهمانی بغ کرده است. تا به خانه برسند، یک کلام با او حرف نمی‌زند. به پرسش‌های مریم جواب نمی‌دهد. مریم دارد لباس عوض می‌کند. بازویش را می‌گیرد و می‌فشرد. درد در استخوانش می‌پیچد.

«چیه؟ چرا...»

«خفه. این بار آخرت باشد که جلوی روی آن نره‌خرها آواز بخوانی.»

صدا در گلوی مریم می‌شکند.

«کدام نره‌خرها؟ غیر از عمو و پدر و برادرم ...»

نوبت میشل بود. میشل مثل همیشه پر حرفی می‌کرد. مریم نفمیده بود، در باره خود چه گفت. داشت از زندگی دیگران می‌گفت. از دوستانش، از خواهرش، و بیش از همه از مادرش...

«مادرم تحمل کرد. آنقدر تحمل کرد تا پدرم مرد. بعد برایش اشک ریخت. تا وقتی پدرم زنده بود، او اشک مادرم را در می‌آورد. وقتی مرد، مادرم به دلخواه برایش اشک ریخت.» و بلند بلند خندید.

مریم اندیشید، چه خوب بلد است بخندد. کاش من‌هم می‌توانستم مثل این‌ها به درد و بدبختی خود بخندم.

بعدها هیچ وقت جلوی صالح نمی‌خواند. جرأت نمی‌کند بخواند. هروقت به او اصرار می‌کنند که بخواند، قیافه تلخ صالح را به یاد می‌آورد و نمی‌خواند.

خاله گوهر می‌گوید: «پس چی شد؟ تو یک وقتی صدایی داشتی، خیلی قشنگ تصنیف می‌خواندی.»

به شوخی می‌خواند، صدام رفت و جوانیم رفت.

سال‌ها بعد، عشق خواندن دوباره به سرش می‌زند. تارهای حنجره زمخت شده است. صدا دورگه شده است. وقتی می‌خواند، صدا گره گره می‌شود. گلویش درد می‌گیرد. گاه در تنهایی و در خلوت خانه پشت پنجره رو به حیاط می‌نشیند و به آسمان خفه و دم کرده عصرتابستان چشم می‌دوزد و آوازی را زیرلب زمزمه می‌کند.

نوبت به رعنا رسید. رعنا جوان بود. پوست سفید و خال سیاهی در گونه چپ داشت. کلامش با خنده قاطی بود. رعنا از خود نگفت. لابد حرفی برای گفتن نداشت. شوهر و دوبچّه داشت. رعنا بیشتر نصیحت کرد. خلاصه کلامش آن بود که توانایی‌های خود را باز یابید. حق خود را نادیده نگیرید. نگاه مریم به رعنا بود و چهره خوش‌آیندش که به دل می‌نشست. چشمان سیاه و موهای نرم وصافی داشت که تا روی شانه می‌رسید. ابروانش نازک و سیاه بودند. پلک‌های بلندش، چشم‌ها را درشت‌تر نشان می‌دادند. بینی‌اش اگر کمی بزرگ نبود، صورتش نقص نداشت. خنده‌اش شیرین بود. رعنا رفتاری به همان شیرینی چهره‌اش داشت. مریم با او راحت بود. نگاهش تا آن سوی وجود او را نمی‌کاوید. در این یک هفته هر بار اورا دیده بود، زیر منگنه پرسش و نگاه فضول اورا له و لورده نکرده بود. هربار احوال آرزو و سعید را پرسیده بود. وقتی فهمید به دانشگاه می‌رود، مثل آنهای دیگر قیافه تعّجب‌آمیز و تحسین برانگیز به خود نگرفت. حتی نپرسید، چه درسی می‌خواند. مریم با خود اندیشید، لابد آنقدر از این و آن شنیده که دیگر برایش جالب نیست.

کریما به اتاق آمد. یک راست به طرف سلیما رفت. روی زانوی مادر نشست. دست خود را روی میز دراز کرد. مشتی بیسکویت برداشت. صداهایی از خود بیرون آورد که هیچ کلامی در آن نبود. چهار سالش

تمام شده بود امّا زبان باز نکرده بود. مریم از میشل شنیده بود که سلیما گفته، وقتی که بچّه چندماه بیشترنداشته پدرش اورا به زمین زده و مغزش آسیب دیده. امّا خود سلیما برای مریم تعریف کرد، تا سال پیش که در سوئد بودند، بچّه در آنجا به مهد کودک می‌رفته. مجبور بوده، سوئدی حرف بزند. حالا هم که به مهد کودک اینجا می‌رود، مجبور است انگلیسی حرف بزند. درخانه مادر با او اردو حرف می‌زند. در خانه پدر ومادرش به زبان محلی دیگری با او حرف می‌زنند. بچّه گیج شده که با کدام زبان شروع به حرف زدن کند.

مریم که داستان سلیما را برای فدیا تعریف کرد، فدیا گفت، سکوت، یعنی مبارزه منفی.

دکتر همتی می‌خواند:

رقیب آزارها فرمود و جای آشتی نگذاشت
مگر آه سحرخیزان سوی گردون نخواهدشد

نوبت مریم است که باید جواب بدهد. خوشحال می‌شود که حرف «د» به او افتاده است. اشعار زیادی با «د» بلد است. می‌خواند:

دردلم بود که بی‌دوست نباشم هرگز
چه توان کرد که سعی من و دل باطل بود

صدای به‌به و تحسین حاضران را می‌شنود. پر از شور و شوق می‌شود. چشمش به صالح می‌افتد. بااشاره سر به او می‌فهماند که نخواند. ولی او شیفته شعر و مشاعره است.

دکترهمتی می‌خواند:

دانی که چیست دولت، دیدار یار دیدن
در کوی او گدایی بر خسروی گزیدن

مریم چهره عبوس صالح را می‌بیند و باز می‌خواند:

نیست بر لوح دلم جز الف قامت دوست
چه کنم حرف دگر یاد نداد استادم

صدای تحسین دکتر کاردان بلند می‌شود. رو به صالح می‌گوید:

«آفرین به سلیقه شما. خانم خوش ذوقی دارید. خوشا به حالتون.»

صالح بی‌جواب بلند می‌شود. سردرد و مریضی مادرش را بهانه می‌کند. قصد رفتن می‌کند. زن دکتر کاردان می‌گوید: «کجا؟ این میهمانی به خاطر شماست.»

چشم مریم گاه و بیگاه به دکتر همتی می‌افتد که با حسرت او را نگاه می‌کند. نمی‌داند اگر صالح معنی آن نگاه‌ها را دریابد چه خواهد گفت.

به دنبال صالح از خانه دکتر کاردان بیرون می‌آید. اشعار در جانش آتش افکنده‌اند. گویی گر گرفته است. می‌خواهد تا صبح بنشیند و بخواند و آن همه شعری که مثل آتش زیر خاکستر فرصت برافروختن نمی‌یابند، او را از درون می‌سوزانند، بیرون بریزد. در این یکی دوهفته، که با صالح زندگی می‌کند، هروقت شعری به ذهنش آمده، خوانده است. صالح نه فقط هیچ شور و شوقی نشان نداده است، گاه وسط شعرش دویده است و شعر در او مرده است. در تاکسی یک کلمه با او حرف نمی‌زند. مریم نیز سکوت می‌کند. کم و بیش به حالات صالح خو گرفته است. از مشاعره هم پشیمان است و هم خوشحال. نیاز دارد که سرپوش این دیگ جوشان را بردارد و خود را سبک کند. امّا چهره به هم رفته و بغ کرده صالح شادی را از او می‌گیرد.

«حالا کارت به اینجا کشیده که برای آن نره خرها شعر عاشقانه می‌خوانی.»

نمی‌تواند صالح را تحمل کند. چهره تلخ و عبوس و نگاه پر از تحقیرش اورا تا مغز استخوان می‌آزارد. ازاتاق بیرون می‌زند. شب سردی است. آسمان را ابر ضخیمی پوشانده است. مدّتی در دستشویی توی حیاط می‌ماند. بعد به زیرزمین می‌رود. شادی مشاعره اینک به صورت زخمی دردناک درآمده است. باز خوشحال است که شعر خوانده است. گویی با آن شعرها آن سوی وجود خودرا نشان داده است.

سرمای بعد از نیمه شب اورا از زیر زمین بیرون می‌فرستد. انتظار دارد که صالح به دنبالش بیاید. نمی‌آید. نمی‌داند به کجای خانه پناه ببرد که مادر صالح را بیدار نکند. به اتاق پذیرایی می‌رود. روی راحتی کز می‌کند. مادر شوهر بیدار می‌شود. به سراغش می‌آید. نگاه پر از سرزنشی به او می‌کند.

«چه خبر شده؟ تازه اوّل زندگیتان است. تا دیروز پریروز که عقد نکرده بودید، عاشق بیقرار هم بودید و حالا... پاشو برو کنار شوهرت بخواب. این ادا و اطوارها شایسته تو نیست.»

به اتاق خواب می‌رود. پتویی برمی‌دارد. روی زمین می‌خوابد. صالح تا چند روز با او حرف نمی‌زند. چنان رفتار می‌کند که انگار وجود ندارد.

در راهرو بازشد و بچّه‌ها همراه دایان و یک دختر دانشجوی کالج که دوره آموزش ضمن درس را می‌گذراند، به درون آمدند. آرزو به طرف مریم آمد و کنارش ایستاد. دایان گفت:

«دختر خوبی داری. خیلی کمک می‌کند.»

مریم دست دور بدن آرزو حلقه کرد. اورا به خود فشرد و به فارسی پرسید: «راست می‌گوید؟»

آرزو گفت: «کی از اینجا می‌رویم؟»

اورسولا بلند شد. جلسه تمام شد. مریم به آشپزخانه رفت. لیوانی آب پرتقال برای آرزو ریخت. به طبقه بالا رفتند.

با زبان خوش به بچّه حالی کرد که نمی‌داند کی از اینجا خواهند رفت. یا دوباره به آن خانه برمی‌گردد یانه. گفت، اگر تو دلت می‌خواهد می‌توانی بروی و با پدرت زندگی کنی. من، نمی‌دانم. شاید هیچ وقت دیگر برنگردم. ازبه کار بردن کلمه شاید هم پشیمان گشت. دوباره تکرار کرد، آره فکر نمی‌کنم دیگر بر گردم.

آرزو بغض کرد واشک در چشمانش حلقه زد. مادر گفت:

«تو باید بفهمی که من و پدرت باهم تفاهم نداشتیم. آن زندگی نبود که ما داشتیم.»

آرزو پشت به او کرد و خوابید. مریم در این چند روز تا آنجا که توانسته بود، از اختلافات خود با صالح برای بچّه گفته بود و به نظر خودش دلایلش منطقی بود. بچّه باید می‌فهمید. سابق بر این کمتر می‌توانست درمقابل خواست بچّه‌ها بایستد و حرف خود را به آنان بقبولاند. می‌گذاشت که آنان هرچه می‌خواهند بگویند وبکنند. سعید و آرزو و صالح دست اورا خوانده بودند. می‌دانستند که در بسیاری مواقع عضو خنثی خانواده است. می‌توان اورا به دنبال خود کشید. امشب وقتی با قاطعیت روی گفته خود ایستاد. حتی وعده و وعید دروغین به آرزو نداد، در خود نیرویی یافت، که ازآن بی‌خبر بود. توانایی که همیشه از نداشتنش حسرت می‌خورد.

همان‌طور که نگاهش به نسخه است، دارد فکر می‌کند که در کدام قفسه به دنبال داروی مورد نظر بگردد. دکتر همتی می‌پرسد: «آقای سرابی نیستند؟»

سر از نسخه برمی‌دارد. به دکتر همتی نگاه می کند که آن سوی پیشخوان ایستاده است. قدش کوتاه‌تر از همیشه به نظر می‌رسد. در چشمان سیاه گود افتاده‌اش آثار خستگی است. ریشش را چند روز است نتراشیده است. صورتش به سیاهی می‌زند. ابروان پر پشتش روی چشمان گود افتاده سایه انداخته اند. خنده‌ای شرم زده دارد. مریم نگاهش می کند. درچشمانش چیزی است که اورا به فکر فرو می‌برد. چندماهی است که در بیمارستان انترن است. مریم گهگاه نگاه اورا روی خود می‌بیند. مرد هیچ جذابیتی ندارد. نه چهره‌اش به دل مریم می‌نشیند، نه هیکل کوچک و قد کوتاهش. دستانی لاغر و زنانه دارد. اغلب رنگ پریده است. شنیده است که شاگرد اوّل دانشکده است. ممکن است برای تخصص به خارج فرستاد شود. کم حرف است. در این مدّت حتی یک بار با مریم هم کلام نشده است.

«با او کاری داشتید؟»

«نه، کار بخصوصی نداشتم.»

مریم به سراغ دارو می‌رود. وقتی قرص‌ها را در پاکتی می‌ریزد، دکتر همتی می گوید:

«شنیده‌ام قرار ازدواج گذاشته‌اید.»

سر بلند می کند و لبخند می‌زند. جواب نمی‌دهد.

«وقتی شنیدم، تعّجب کردم. شما...»

جاخورده پاکت قرص‌ها در دستش می‌ماند. نگاهش با نگاه دکتر تلاقی می کند. در آن چشمان گود افتاده چیزی می‌بیند که از همان روزها و هفته‌های اوّل در نگاه او دیده است.

«شنیده‌ام به ادبیات علاقه دارید. این کار را هم به اجبار می کنید. راستش من هم اصلا پزشکی را دوست ندارم. فقط می‌خواهم تمامش

کنم. خیال کردید آسان است که آدم چاقو به دست بگیرد و بدن انسانی را تکه پاره کند. مردم خیال می‌کنند کسی که مرد...»

مریم مجبور می‌شود به مراجعه کننده دیگری جواب بدهد.

دکترهمتی رفته است توی داروخانه. دارد در قفسه‌ها به دنبال چیزی می‌گردد. وقتی مریم دارویی را ازقفسه برمی‌دارد، می‌گوید:

«من هم به ادبیّات علاقمندم. شعر هم می‌گویم. اگر بخواهید شعرهایم را برایتان می‌آورم که بخوانید. دلم می‌خواهدنظر شما را بدانم.»

«من از شعر چیزی نمی‌دانم.»

«ولی دلم می‌خواهد شما آنها را بخوانید.»

جواب نمی‌دهد. نسخه زن را می‌پیچد. برایش توضیح می‌دهد که دواها را چگونـه مصرف کنـد. زن چهــره‌ای رنـگ پریـده دارد. درجـواب حرف‌های مریم سر تکان می‌دهد. دوا را می‌گیرد و می‌رود. دکتر همتی می‌گوید: «بیمارستان! ازش بیزارم. ولی‌شما راه‌هایی برای سرکشـی داشتید. مثلا دراتاق عمل ...»

«شما‌هم شنیده‌اید؟»

«برای من هم چندین بار اتفاق افتاد. ولی خـوب، می‌دانیـد، مـن قرار است پزشک باشم. اگر ازترس هم بمیرم، بازهم باید پزشک بشوم.»

«من هم قرار بود پزشک بشوم، ولی درکنکور قبول نشدم.»

«مطمئنم که خودتان نخواستید. والا شما که شاگرد زرنگی بودید.»

«شما از کجا می‌دانید؟»

«خواهرم با شما همکلاس بود. پوران همتی، یادتان هست؟»

«آره یادم است.»

«زیاد زرنگ نبود. آموزگار شد. بعد هم شوهر کرد. یک پسر دوساله دارد. همیشه از انشاء های شما تعریف می‌کرد. می‌دانست که شما دلتان می‌خواست ادبیّات بخوانید و پدرتان نگذاشت.»

«حالاهم که از اینجا سر درآورده‌ام. بیمارستان را دوست ندارم.»

«می‌دانم. من و شما وصله ناجور این بیمارستان هستیم.»

«شما که دکتر خوبی هستید.»

«اولا که هنوز دکتر نیستم. ولی خوب چه کنم. از همان روزی که درکنکور پزشکی قبول شدم، دکتری را به دمم بستند. بعدهم دیگر کاری از دستم بر نمی‌آمد. وِقتی نمی‌گذارند به دلخواه خود بروم، من هم انرژیم را در این زمینه صرف می‌کنم. گاه به سرم می‌زند که ول کنم بروم توی اداره کارکنم. اگر جرأتش را داشتم...»

به چشمان مریم نگاه می‌کند. مریم دوباره همان حرف را در نگاه او می‌خواند.

«اگر کسی را داشتم که حمایتم می‌کرد. می‌دانید خیلی سخت است. وقتی همه ترا به طرفی هول می‌دهند، چطورمی‌توانی مقاومت کنی. به‌به و چه‌چه شان بیش از سرزنششان اذیّتم می‌کند. مادرم چنان دکتر دکتر می‌گوید که انگار وقتی نطفه‌ام بسته می‌شد، به نام آقای دکتر بسته می‌شده است. توی بدهچلی افتاده‌ام. شما را تحسین می‌کنم. خوب توانستید در مقابل خانواده‌تان بایستید و زیر بار حرف زورشان نروید.»

«من هم چیزی به دست نیاورده‌ام. تازه گاهی فکر می‌کنم اگر دکتر شده بودم، بهتر بود. لااقل توانایی‌هایی به دست آورده بودم. حتی مامّا هم نشدم. آخر پدرم وقتی از پزشک شدنم ناامید شد، نقشه برای مامّا شدنم کشید که آن هم با غش کردن من در اتاق عمل نقش بر آب شد.»

«حالا هم که آقای سرابی...»

و پس از مکثی می‌پرسد: «دوستش دارید؟»

مریم سرخ می شود. با دکتر همتی راحت است. پس از چند ماه که اورا در بیمارستان می‌بیند، برای اوّلین بار است که باهم حرف می‌زنند.

دلش شورمی‌زند که صالح ازراه نرسد. اگر اورا ببیند که با دکتر همتی گرم گرفته، لابد باز حسادتش گل می‌کند. با حرف‌های دوپهلو و نیش‌دارش اورا آزار می‌دهد. صالح را با او مقایسه می‌کند. دومرد هیچ شباهتی به هم ندارند. مطمئن است اگر دکتر همتی را بر صالح ترجیح دهد، و اورا برای همسری انتخاب کند، همه به سلیقه‌اش می‌خندند. صالح بلندقدو درشت هیکل، چهره‌ای مردانه، موهای صاف بلوطی، چشمان درشت قهوه‌ای و رفتاری شوخ و پرسرو صدادارد. دل خیلی از دخترهای بیمارستان را برده است. دکتر همتی قدی کوتاه، جثه‌ای نحیف، دستانی لاغر و استخوانی دارد، صورتش هیچ جذابیتی ندارد. اگر عنوان دکتری را یدک نمی‌کشید، شاید که نگاه هیچ دختری را به خود نمی‌خرید. تنها چیزی که مریم را وسوسه می‌کند همین حرف‌هاست که در این چند دقیقه بینشان رد وبدل شده است. بین خود و دکتر قرابتی می‌بیند که با کمتر کسی دیده است. گویی هردو دنیای مشترکی دارند. رابطه‌اش با صالح و دوستی چندماهه‌اش با او آنان را بیش از آن به هم نزدیک کرده است که بتواند در همین لحظه تصمیم بگیرد و خط بطلان بر آن بکشد. خود چند بار پیشنهاد ازدواج کرده است. گفته است که دوست ندارد باعث ناراحتی خانواده‌اش شود. برای او رفت و آمد با مردی که حتی بااو نامزد نیست، آسان نیست. تحمل حرف‌های‌دوپهلوی مردم را ندارد. اگر صالح مشکل خانه نداشت. اگر اختر با شوهر وسه بچّه‌اش در خانه پدری زندگی نمی‌کرد، شاید زودتر ازاین‌ها ازدواج کرده بودند.

همان‌طور که این چیزها را درکنار هم می‌چیند ودر ذهن سبک و سنگین می‌کند، به دکتر همتی که همچنان چشم در چشم او دوخته است و در چشمانش ناامیدی به وضوح موج می‌زند، می‌گوید:

«پس چی فکر کردید؟»

«آخر شما... می‌دانید، چطور بگویم، به هم نمی‌خورید.»

«شما از کجامی‌دانید؟»

«خوب بالاخره با شناختی که از شما دارم. تعریف‌هایی که خواهرم از شما می‌کرد. بعد هم اینجا، آقای سرابی، همه‌اش در فکر به راه انداختن داروخانه و شرکت واردات و صادرات است.»

سکوت می‌کند. مریم نیز هیچ نمی‌گوید. شاید به دروغی که گفته است فکر می‌کند. شاید پشیمان ازدوستی‌ای که باصالح پیدا کرده است. شاید در درون خود به دنبال شهامتی می‌گردد تا حقیقت را بگوید. امّا در آن لحظه به هیچ چیز اعتماد ندارد. فقط می‌داند توانایی ندارد که دوستی‌اش را با صالح قطع کند. با مرد دیگری طرح دوستی بریزد، گو این که این مرد، با همین چند کلمه ارتباطی نزدیک با او برقرار کرده است. کنه وجود اورا خوانده است.

ماندن دکتر در داروخانه بیش از آن جایز نیست. پرستاربخش دوبار از جلوی داروخانه گذشته و آنان را در حال حرف زدن دیده است. مریم هم دلشوره دارد که صالح برگردد. به سکوت به او نگاه می‌کند. در دلش حرف‌هاست و به زبان خاموش است. دارو را به دست دکتر می‌دهد و در دل می‌گوید:

«کاش زودتر همدیگر را دیده بودیم. کاش شما این همه...»

دکتر می‌رود. هیکل کوچک و لاغرش که از پشت به دختران جوان می‌ماند در راهرو گم می‌شود. از آن روز به بعد تردید مریم را رها نمی‌کند. بین خود وصالح تفاهم چندانی نمی‌بیند. هربار که کدورتی پیش می‌آید، به دکتر همتی می‌اندیشد. توان نزدیک شدن و حرف زدن با اورا در خود نمی‌بیند. دکتر همتی نیز از او فاصله می‌گیرد. در برخوردها بی‌حرف از کنار هم می‌گذرند. خشک و رسمی رفتار می‌کنند.

در آن جدایی چند ماهه دکتر همتی به دیدنش می‌آید. دوره انترنی را تمام کرده است. مدّتی غیبش می‌زند. شایع شده بود که به زندان افتاده و آزاد شده است. مریم محل کار خود را عوض کرده است. نمی‌تواند با صالح کار کند. رئیس بیمارستان موافقت می‌کند، کاری در قسمت اورژانس و در کشیک شب به او می‌دهد. کار در این بخش را دوست دارد. هم از صالح دور است و هم شب‌ها بیمارستان خلوت تر است. می‌تواند کتاب بخواند.

کمتر از نیم ساعت به پایان کارش مانده است که دکتر همتی به درون می‌آید. لباس سفید پزشکی به تن ندارد. همان هیکل نحیف و چهره خسته را دارد. مریم غرق در مطالعه کتابی‌است که روی میز باز است. وقتی متوجّه حضور کسی می‌شود، به خیال آن که بیمار است، سربلند می‌کند و با گیجی می‌پرسد:

«فرمایش؟»

دکتر را می‌بیند و یکه می‌خورد.

«انتظار نداشتید؟»

«شنیده بودم شما...»

«چندماهی بودو تمام شد. چیز مهمی نبود. گاهی پیش می‌آید. من هم خبرهایی شنیده‌ام. حال پسرتان چطور است؟»

اشک در چشمان مریم می‌نشیند. سر به پایین می‌اندازد. عکس‌العملی است که خود از آن رنج می‌برد. نمی‌خواهد طرف فکر کند که دارد ترحم او را جلب می‌کند.

«اورا می‌بینید؟»

اشک را پس می‌فرستد. بیش از آن که کلام تسلی بخش دکتر همتی بر دلش بنشیند، از او درخشم است. همه به خود اجازه می‌دهند که بی مقدمه وارد زندگی خصوصی او شوند. ازکم و کیف آن سر در بیاورند.

دلش می‌خواهد صحبت از جزئیات زندگی خود را به وقت دیگری موکول کند. از دکتر همتی از زندان بپرسد. زندان رفتن و جرم سیاسی داشتن، برای مریم چیزی است که حتی فکر کردن بدان او را می‌ترساند. امّا دکتر دست پیش گرفته است. به او مهلت پرسش نمی‌دهد. مریم نیز چنان شهامتی ندارد. زندگی چندساله‌اش با صالح او را مردم‌گریز و محتاط کرده است. در این مدّت یاد گرفته است از همه فاصله بگیرد. تا آنان نیز جرأت نزدیک شدن به او را نداشته باشند. دکتر همتی می‌گوید:

«یادتان هست؟ قبل از آن که ازدواج کنید، گفتم شما به هم نمی‌خورید. برای من مثل روز روشن بود که این ازدواج سرانجام خوشی نخواهد داشت.»

حرف بر مریم گران می‌آید. حق ندارد چنان به صراحت او را مورد محک قرار دهد. در حقش رای صادر کند. خشکی آشکاری به کلامش می‌دهد و می‌گوید:

«در زندگی همه از این اختلافات پیش می‌آید. ما که هنوز از هم جدا نشده‌ایم.»

«و نمی‌خواهید جدا بشوید؟»

«نمی‌دانم.»

«لابد به خاطر بچّه؟»

«دلیل کافی نیست؟»

«هر دلیلی می‌تواند کافی باشد. بستگی دارد که به مسئله چطور نگاه کنید. پس شما هنوز دوستش دارید.»

جواب نمی‌دهد. در این مدّت خیلی با خود کلنجار رفته است. بارها از خود پرسیده است دوستش دارد؟ گاه جای خالیش را احساس می‌کند. از راهرویی که داروخانه در انتهای آن است، رد نمی‌شود. ساعاتی که در بیمارستان است، بیقرار است. جای خالی صالح را بیشتر

حس می‌کند. خانه پدر دیگر برایش لطفی نـدارد. خـود را در آن بیگانـه می‌بیند. رفتار پدر و مادر با او محتـاط اسـت . هرحـرف آنـان بـر دلـش سنگینی می‌کند و اورا می‌آزارد. ناهید که هفده ساله است پندش می‌دهد که برگـردد. بـی‌آن کـه بـه حـرف نـاهید وقعـی نهـد دلـش بـرای سـعید پرپرمی‌زند.

دکتر همتی می‌گوید:

«خیال دارم تخصصم را در روان‌پزشـکی بگیرم. رشـته جـالبی اسـت. آدم‌ها...»

می‌اندیشد: «آدم‌ها... لابد منظورش من هستم. چه کار کنم؟ نمی‌توانم حرفی بزنم که آقا خوشش بیاید.» چون با سکوت مریم مواجه می‌شـود، می‌پرسد:

«بیمارستان همیشه این طور خلوت است؟»

«همیشه که نه. مگر می‌شود بیمارستان همیشه این‌طور خلوت باشد.»

«پس شانس من بود که بتوانم با شما حرف بزنم.»

بی‌اختیار می‌پرسد: «چه حرفی؟»

و او سـفره دل خـود را بـازمی‌کند. می‌گویـد کـه اورا دوسـت دارد. می‌گوید که ازهمان لحظه‌ای که اورا دیده، دوستش داشته. همیشه منتظر بوده تا میانه‌اش با سرابی به هم بخورد. چه اطمینان داشته که ایـن حادثـه حتماً اتفاق خواهدافتاد. ابتدا فکر می‌کرده، اصلا ازدواج صورت نگـیرد. بعد در انتظار جدایی بوده. حالا که از هم جدا شده‌اند...»

مریم یکه خورده می‌ماند که چه بگویـد. اعترافـات مـرد برایـش شـیرین نیست. او هنوز در تردید برگشت زندگی با صالح است. دوست وآشـنا اورا به آشتی تشویق می‌کننـد. دوربـودن از سـعید و از دسـت دادن بچّـه رنجش می‌دهد. اگر صالح بفهمد که او می‌خواهد با مرد دیگری ازدواج کنـد، حتـی دیـدار هفتگـی را ازاودریـغ مـی‌دارد. بـه دکـتر همتـی نگـاه

می‌کند. آن احساسی را که بار اوّل نسبت به او داشته نیز از دست داده است. حس می‌کند دیگر به هیچ مردی نمی‌تواند نزدیک شود. در زندگی چندساله‌اش با صالح همه اعتماد به نفس خود را ازدست داده است. مرد اورا تاحدّ هیچ پایین آورده است. فکر می‌کند فقط درکنار صالح می‌تواند خودرا باز یابد.

دکتر همتی را باحرف‌های سرد ودرشت از خود می‌راند. شب در بستر ساعت‌ها می‌گرید. احساس تنهایی و بی‌کسی می‌کند. می‌داند که این احساس تا آخر عمر اورا رهانخواهد کرد. بعدها بارها و بارها خواند و شنید که حق انتخاب باخود آدمی است. امّا او در آن لحظه و لحظات دیگر حق انتخاب را ازخود دریغ می‌دارد.

۶

چهار هفته بود که از خانه بیرون آمده بود و سعید را ندیده بود. پس از ملاقاتی که بافرزانه و صالح داشت و جواب نه به هردو داد، صالح رفتاری کینه‌توزانه پیش گرفت. گاه حتی نمی‌گذاشت که سعید با آرزو حرف بزند. هربار مریم از آرزو می‌خواست که با سعید قول و قراری بگذارد که همدیگر را ببینند، سعید طفره می‌رفت. مریم نمی‌دانست بین پدر و پسر چه می‌گذرد. با فرزانه که از آن حرف می‌زد، او نیز ازکم وکیف ماجرا خبر نداشت. یا داشت ونمی‌خواست چیزی بگوید. روگردانی سعید از مادر بر مریم گران می‌آمد. می‌خواست اورا ببیند و دلایل ترک خانه را برایش بازگو کند. لابد پدر همان پیش‌داوری‌های خود را به پسر داده بود. پسر نیز اورا دورادور محکوم می‌کرد. گاه به خود می‌گفت، «بگذار محکوم کند. چه فرقی به حال من می‌کند.» ولی نمی‌توانست این محکومیت را بپذیرد. بر صالح خرده نمی‌گرفت. اورا همان گونه که بود، شناخته بود. انتظاری هم از او نداشت. امّا نمی‌خواست که پسر نیز به گونه پدر قضاوتی ناعادلانه و از سر ناآگاهی در حق او بکند و بعدها پشیمان شود.

جمعه عصر آرزو را واداشت که به خانه تلفن بزند. می‌خواست با سعید حرف بزند و برای روز شنبه قرار بگذارد. صالح گوشی را برداشت و به آرزو گفت که سعید خانه نیست. آرزو مطلب را به مادر فهماند. مریم گفت بپرسد کجاست. وقتی آرزو گفت که سعید دوشب است به خانه نیامده است، گویی زمین زیر پای مریم خالی شد. برای لحظاتی گیج شد. نفهمید آرزو چه گفت. وقتی به خود آمد، آرزو تلفن را قطع کرده بود. ژانت در کنارش نشسته بود. آرزو لیوان آبی به او داد

و او بی اختیار به لب برد. به خود آمد. گفته آرزو در ذهنش جان گرفت. شماره خانه را گرفت. صدای صالح را که شنید، خشم مثل ماری در دلش چنبر زد. فریاد زد:

«بچّه را چه کار کردی؟»

«از خودت بپرس، پتیاره.»

نتوانست ادامه دهد. گوشی را گذاشت و به دفتر رفت. رعنا مددکار شب بود. چهره برافروخته او و اشکی را که در چشمانش لپر می‌زد، دید، از پشت میزش بلند شد و گفت: «چی شده؟»

«پسرم. نمی‌دانم چه بر سر پسرم آمده. دو شب است از خانه رفته.»

«حالا می‌خواهی چه کار کنی؟»

«باید به دنبالش بگردم.»

«چطور؟»

«نمی‌دانم. باید به خانه‌ام بروم. باید از شوهرم بپرسم و از چند و چون ماجرا باخبر شوم.»

«تنهایی می‌خواهی به خانه‌ات بروی؟»

«نمی‌دانم. تنهایی نه. من و او دیگر نمی توانیم در تنهایی باهم روبرو شویم. تحملش را ندارم. به خود اجازه می‌دهد به من توهین کند. و من نمی‌توانم تحمل کنم.»

«پس تا فردا صبر کن. یکی از مددکارها را همراهت بفرستم.»

«فردا؟ نه نمی‌توانم . فردا خیلی دیر است. باید همین امشب بفهمم چه بلایی سر بچّه‌ام آمده است.»

«بلا؟ نه، نگران نباش. شاید با پدرش اختلاف پیدا کرده و به خانه دوستانش رفته. شوهرت که با پسرت دشمنی ندارد. دارد؟»

«نمی‌دانم. هیچ نمی‌دانم.»

از دفتر بیرون رفت. از پله‌های نزدیک دفتر به اتاق خود رفت. آرزو که در راهرو ایستاده بود، اورا دنبال کرد.

«مامان سعید چی شده؟»

برسر آرزو فریاد زد که خفه شود. کودک نگاه پر از کینه‌ای به او کرد و فریاد زد:

«ازت متنفرم.»

خشم ناگهان مثل شعله‌ای در دلش آتش گرفت. دوبازوی آرزو را محکم گرفت و چنان فشاری داد که کودک از درد فریاد کشید.

«چی گفتی؟»

آرزو با چشمانی پر از اشک و وحشت‌زده از چهره پر از خشم مادر، فریاد زد:

«ازت متنفرم. از اینجا متنفرم. مرا برگردان به خانه‌مان.»

مریم سیلی محکمی به صورتش زد و اورا از اتاق بیرون کرد. آرزو گریه کنان به طبقه پایین رفت. مریم لحظاتی گیج وسط اتاق مانده بود و نمی‌دانست چه کند. بعد پالتو به تن کرد و کیفش را برداشت. دم در رعنا جلویش ایستاد و باکلامی خونسرد ومهربان گفت:

«چته؟ چرا خودت را باختی؟ چرا بچّه را کتک زدی؟»

دست روی شانه‌اش گذاشت و گفت:

«بنشین. عجله نکن. کجا می‌خواهی بروی؟ خودت گفتی که نمی‌توانی تنهایی با او روبروشوی. نتیجه‌ای نمی‌گیری. تا فردا صبر کن.»

مریم بلند شد و گفت: «نمی‌توانم. نمی‌توانم صبر کنم. باید بفهمم بر سر پسرم چه آمده است. چرا نمی‌فهمید؟»

«خیلی خوب، آنقدر عصبی نباش. پس صبر کن من تلفن بزنم یکی از مدکارها بیاید که همراهت باشد.»

و بعد با کلامی که در آن هم مهربانی بود و هم تهدید ادامه داد:

«تو مگر نمی‌دانی که کتک زدن بچّه جرم است. آن هم در این خانه. تو خودت از اذیت و آزار دیگری به اینجا پناه آورده‌ای و حال خودت با بچّه‌ات همان رفتارها را تکرار می کنی. اگر کس دیگری جای من بود، شاید این کارت را گزارش می کرد. آن وقت می‌دانی چه می‌شد؟ امکان داشت بچّه را ازت بگیرند و تو را از نظر روانی و سلامت روح شایسته نگهداری از او ندانند.»

مریم گیج و با فکری که بیشتر در خانه و در نبود سعید دور می‌زد، گویی ازخواب بیدار شده باشد، پرسید:

«چی گفتی؟»

«گفتم، چرا بچّه را کتک زدی؟»

«کدام بچّه؟»

«آرزو. دخترت. گریه کنان آمد دفتر و گفت که مادم کتکم زده است.»

مریم نگاه پراز ترس و حیرتش را به رعنا دوخت و گفت:

«کجاست؟ حالا کجاست؟»

«نگران نباش. طبقه پایین پیش بچّه‌هاست.»

«ولی من منظوری نداشتم. چیزی گفت که کلافه‌ام کرد. نمی‌فهمد چه حالی دارم.

گفته آرزو را به یاد آورد. «ازت متنفرم.»

ناگهان بغض مثل تاولی در دلش ترکید.

«حالا چرا گریه می کنی؟ تو با این گریه‌هایت بالاخره خودت را در اشک خودت غرق می کنی.»

اشک را از دیده سترد و گفت:

«پس بگو چه کار کنم؟ چرا باید این جور بشود. کجا رفته؟ اگر من خانه بودم، هیچ وقت این اتفاق نمی‌افتاد.»

ناگهان به یاد فرزانه افتاد. بلند شد و گفت:

«می‌روم خانه دوستم. با فرزانه به خانه می‌روم.»

به طبقه پایین رفت. آرزو در اتاق نشیمن نبود. سراغ اورا گرفت. سلیما گفت که در اتاق ژانت است و با دختران او بازی می‌کند. رعنا گفت، آرزو راسرگرم نگاه می‌دارد تا او برگردد.

وقتی به خانه فرزانه رسید، ساعت از نه شب گذشته بود. فرزانه به دیدن او لبخندی زد و با چهره‌ای شگفت‌زده پرسید:

«چه عجب از این طرف‌ها!»

مریم بی‌آن که جواب دهد و بی‌آن که پالتو از تن در آورد، گفت که سعید از خانه رفته و صالح هم نمی‌داند کجا رفته است. او از هیچ چیز خبر ندارد و نمی‌داند چه اتفاقی افتاده است. می‌خواهد به خانه برود و از کم و کیف ماجرا با خبر شود. چون جرأت نمی‌کند تنهایی به خانه برود، آمده است که از او کمک بگیرد.

«از چه می‌ترسی؟ که صالح دست و پایت را ...»

«ببین فرزانه. من اصلا حوصله شوخی ندارم. تو همراه من می‌آیی یا نه؟

«چرا دعوا داری؟ خوب بگو ببینم تو از کجا فهمیدی؟»

«امروز عصر آرزو تلفن زد که با سعید حرف بزند؛ می‌خواستم خودم هم باش حرف بزنم . نمی‌دانم به بچّه چه گفته که نمی‌خواهد با من همکلام شود. ولی پدرش گفت که دوشب است از خانه رفته و او هم نمی‌داند که به کجا رفته است. گاهی فکر می‌کنم شاید دروغ گفته. فقط برای این که مرا اذیّت کند. می‌خواهم بروم و با چشمان خودم ببینم و بعد به دنبالش بگردم.»

«حالا بنشین خستگی درکن. یک چایی باهم بخوریم. بگذار من به صالح تلفن کنم و بپرسم چی شده؟»

مریم بی‌جواب برگشت که بیرون رود. فرزانه آستین پالتویش را کشید و گفت:

«چرا عصبانی می‌شوی؟ خیلی خوب، می‌گذاری پالتویم را بپوشم یا همین جوری بیایم.»

در اتومبیل فرزانه که در خیابان‌های خلوت می‌راند، مریم ساکت بود. فرزانه از هر دری سخن می‌گفت، تا فضای سنگین دلهره را سبک کند. از اتومبیل که پیاده شدند، تا به در آپارتمان برسند، مریم چند قدم جلوتر از فرزانه می‌رفت. انگار که می‌دوید. از آسانسور که بیرون آمدند و به در آپارتمان رسیدند، مریم دورتر ایستاد. فرزانه چند ضربه به در زد و چند لحظه بعد سعید در را باز کرد. فرزانه به صدای بلند خندید و گفت:

«بفرما، این هم سعیدخانت. کجا رفته بودی که مادرت را نصف عمر کردی. نزدیک بود یقه مارا بدرد.»

مریم جلو رفت و سعید را در آغوش گرفت. صورتش را در میان دستانش گرفت و پرسید:

«کجا رفته بودی؟»

«گردش علمی.»

«گردس علمی؟»

«آره. از طرف مدرسه.»

«پس پدرت...»

صالح نبود. یا بود و خود را نشان نمی داد. فرزانه به درون رفت و اورا صدا زد. صالح از اتاق خواب بیرون آمد. انگارکه هیچ اتفاقی نیفناده، با فرزانه احوالپرسی کرد و اورا به نشستن دعوت کرد.

«این چه الم شنگه‌ای است که راه انداخته‌ای. زن بیچاره نزدیک بود سکته کند. این دروغ‌های شاخ‌دار را از کجا یاد گرفتی؟»

چشم مریم به صالح افتاد و نفرت در دلش زبانه کشید. دهانش راباز کرد که چند فحش آبدار نثارش کند. سعید را دید که در سکوت وبهت به آنان می‌نگریست و پیدا بود که از چند و چون ماجرا خبر ندارد. صالح شروع کرد از مریم بدگویی کردن و گله و شکایت که دیگر حرف‌ها برای فرزانه هم تازگی نداشت. در آسانسور بازشد. زنی از آن بیرون آمد. مریم به درون آسانسور رفت و صدا زد، فرزانه.

فرزانه از آپارتمان بیرون آمد. سعید همچنان دم در ایستاده بود. مریم خواست بگوید، به‌ات تلفن می‌زنم. نگفت. حضور صالح حتی حرف زدن با سعید را هم برایش دشوار می‌کرد. فقط توانست بگوید، خدا حافظ.

در آسانسور بسته شد. گویی باری سنگین از دوشش برداشته باشند، نفس راحتی کشید. به فرزانه نگاه کرد و لبخند زد.

«چه عجب! لبخندت را هم دیدیم.»

«اگر جای من بودی.»

«اگر جای تو بودم، مطمئن باش از خانه خودم فرار نمی‌کردم.»

از ساختمان بیرون آمدند. مریم زیر لب گفت: «خانه خودم!» و دیگر هیچ نگفت.

فرزانه اورا دم در شلتر پیاده کرد. در طول راه هردو ساکت بودند. حرف در دل مریم بسیار بود. امّا به زبان نمی‌آمد. هرچه می‌خواست بگوید، گویی قبلا گفته بود و دیگر نیازی به دوباره گفتن نبود.

آرزو در اتاق ژانت خوابیده بود. اورا بیدار کرد و به اتاق خود برد. آرزو به بوسه و مهر ونوازشش جواب نداد. مریم می دانست که کودک از رفتار ناهنجارش آزرده شده است. همان گونه که کنار تخت

دخترک نشسته بود و موهای صاف و نرمش را نوازش می‌کرد، از خـود در شرم بود. از این که نتوانسته بودبه موقع بر خشم و دست‌پاچگی خود مهار زند، خود را سرزنش کـرد. اینـک می‌دیـد کـه بـاری سـنگین‌تر بـر دوش دارد. چهره صالح را به یاد آورد و از خود تعّجب کرد که چگونـه آن همه سال با او زیسته است. کسی کـه حتـی بـه درد و رنـج درون او بی‌اعتنا بود. سعید و آرزو به نظرش هم‌چون دو قربانی بودند که حـاصل این زندگی نابسامان بودند. بی‌آن که بدان اقرار کند، واقعّیت آن را حس می‌کرد و گناه آن اورا از درون می‌کاهید.

• • • • •

هفته بعد که فرزانه توانست قرار ملاقـاتی از سـعید بگـیرد کـه مـادر را ببیند، مریم به فرزانه گفت:

«آخـر چـه منظـوری دارد؟ بچّـه را بـا دروغ‌هـای مـن درآوردی‌اش پـر می‌کندکه چی بشود؟ که من از بچّه‌ام دست بکشم؟ بالاخره روزی همـه چیز روشن خواهد شد. بـه قـول معـروف آفتـاب کـه همیشـه پشـت ابـر نمی‌ماند.»

«تو از کجا خبر داری که صالح مانع می‌شود. سعید کـه بچّـه نیسـت. آنقدر عقل و شـعور دارد کـه خـودش انتخـاب کنـد. او کـه بی‌اعتنـا بـه خواسته تو و پدرش می‌خواهد سینما بخواند، لابد اگر بخواهد، می‌توانـد به دیدن تو هم بیاید.»

«من صالح را می‌شناسم. می‌دانم چطور بلد است ماست را سیاه و روز را شب جلوه دهد. چنان تصویری از طرف برایت می‌سازد که بی‌آن کـه خـودت بخواهـی، توهـم همـان قضاوت‌هـای اورا قبـول می‌کنـی. خـدا می‌داند از من چه چیزها به او گفته. آخر بچّه که نمی‌تواند ناگهانی مادر را کنار بگذارد.»

«خوب حق دارد. او ترا کنار نگذاشته. تو به او پشت کردی. جوان است و کله شقی می‌کند.»

«من این حرف‌ها سرم نمی‌شود. من می‌خواهم پسرم را ببینم. حالا که یکی دوساله نیست که ازبغلم بیرون بکشد.»

«خوب، برو خانه‌اش، یعنی خانه خودت. آنجا هنوز خانه توست. چرا از همه چیز چشم می‌پوشی؟ وقتی خودت از خانه فرار می‌کنی؟»

«نه فرار نکردم، نه می‌خواهم به آنجا بروم. من دیگر هیچ وابستگی به آن خانه ندارم.»

«ولی توهم سهمی درآن خانه داری.»

«من از سهم خود چشم می‌پوشم. چند بار بگویم.»

«پس از سعید هم چشم بپوش.»

«نمی‌توانم.»

«چطور من توانستم.»

«تو بامن فرق داری.»

«راست می‌گویی. من هیچ وقت نمی‌توانم در آن طویله زندگی کنم.»

«چی گفتی؟»

«معذرت می‌خواهم. از دهانم بیرون آمد. آخر تو کفر مرا در می‌آوری. می‌دانی، بدبختی ما زن‌ها این است که همیشه خودمان را هیچ می‌شماریم. آخر تو چرا...»

مریم بی حوصله از حرف‌های تکراری فرزانه گفت: «فقط یک کار برای من می‌کنی؟»

«که چی؟»

با سعید حرف بزنی و از زبانش بکشی چرا نمی‌خواهد مرا ببیند. فقط اگر بدانم چرا، شاید دیگر من هم نخواهم اورا ببینم. تکلیف خود را

بدانم. این طوری راحت نیستم. نمی‌توانم تحمل کنم که به خاطر هیچ و پوچ حکم محکومیت در حقم صادر کنند.»

«نمی‌فهمم منظورت چیست؟ تو همه‌اش از محکومیت حرف می‌زنی. ولی نمی‌گویی چرا و به چه دلیل باید محکوم شده باشی.»

«پس حرف‌های آن روز آقا یادت رفت که مرا به دم کس دیگری بسته بود.»

«فرض کن که چنین چیزی هم هست. مگر چه اشکالی دارد؟»

فرزانه باز ازحق و حقوق گفت. این که خودش باید هرچه می‌خواهد به دست آورد و این همه انتظار نداشته باشد که همه مثل او فرشته پاک خدا باشند.

مریم خسته از پرحرفی فرزانه گفت: «پس تو کاری نمی‌کنی؟»

فرزانه گفت: «سعی خودم را می‌کنم.»

دو روز بعد تلفن زد و گفت: «کارها روبراه شد. دشمن حاضر به مذاکره است.»

در یکی از بازارها قرار گذاشته بودند. سعید زودتر از آنها رسیده بود. آرزو راکت تنیسی را که مریم از شلتر گرفته بود، به سعید داد که به اکراه گرفت. بعد هم تمام مدّت دست مریم بود که برایشان حمل کند. پسر را درآغوش کشید و بوسید. به زحمت جلوی اشک خود را گرفت. به خود نهیب زد: «چیه زن؟ این یکی که مثل صالح ترا به صلابه نکشیده است.»

پسر بر خلاف پدر، طبعی آرام و کم حرف داشت. امّا وقتی سرچیزی لج می‌کرد، تا حرف خود را به کرسی نمی‌نشاند، دست بردار نبود. مریم یاد گرفته بود پا روی دمش نگذارد. همیشه دیواری بود بین فریادهاو داد وبیدادهای جا وبیجای صالح و سعید. بدین سان می‌خواست از پدر تصویری خوش‌آیند برای پسر بسازد. دیگر

نمی‌دانست که پسر تا چه حدّ در این میان شناخت پیـدا کـرده وآنـان را چگونه می‌بیند. عدم تفـاهمش بـا صـالح و عـدم اطمینـانی کـه صـالح بـا ایرادهای عجیب و غریبـش ایجـاد کـرده بـود، مـادر را حتـی نسبت بـه فرزندان محتاط کرده بود. نتوانسته بود با آنان رابطه نزدیـک و صمیمـی برقرار کند. فکر می‌کرد، آرزو کوچکتر از آن است که خیلی از مسـائل را بفهمد. امّا سعید هیجده سالگی را می‌گذرانـد. دوران بلـوغ را پشـت سر گذاشته بود. مریـم گـاه در بـاره مشـکلات بچّـه‌ها بـا صـالح حـرف می‌زد. دراین رابطه نیز بـه تفـاهم نمی‌رسیدند و کارشـان بـه بگـو مگـو کشیده می‌شد وباز مریم کوتـاه می‌آمـد. درواقـع مثـل چهـار آدم بیگانـه بودنـد کـه در خانـه‌ای زندگـی می‌کردنـد. مریـم مـی اندیشـید، «مقصـر کیسـت؟» بچّـه‌هارا مقصر نمی‌دانســت. بـه آنــان بـه چشـم قربـانی می‌نگریست. خود که نخواسته بودند پا به ایـن جهـان بگذارنـد و نقـش بچّه‌های او وصــالح را بـازی کننـد. نسبت بـه آنـان احسـاس مسئولیت می‌کرد. چون شیئی شکننده نگاهشان می‌کرد. و دلش می‌لرزید. همیشـه فکر می‌کرد، کار چندانی در حقشان نکرده است. فقط شــام ونهارشـان را حاضر می‌کرد. لباسشان را می‌شست. تختشــان را جمـع می‌کـرد. بـه خیال خودش خانه‌ای درست کرده بود که در آن احساس امنیـت کننـد. حال خانه از هم گسیخته بود. نمی‌دانست کی و چگونه خواهد توانست دوباره خانه‌ای بسازد که در آن بچّه‌هایش را هم کنار خود داشته باشــد. خانه‌ای که در آن خود نیز به آرامش دست یـابد. درایـن مـدّت بارهـا از خود پرسیده بود: «اشتباه نکردم؟»

بی اعتنایی سعید اورا آزرد. پس حق داشت که حدس بزنـد، پسـر از او رمیده است. جلوتراز او با آرزو قدم می‌زد. هروقـت مریـم در کنارشـان راه رفت و چیزی پرسید، به سردی جواب داد و حرف را در او کشت.

برای نهار به پیشنهاد آرزو مک دونالد خریدندو پشت میزی چهارنفره نشستند. صندلی خالی، حضور صالح بود که مریم را می‌آزرد. پالتوها و چیزهایی را که خریده بودند، روی همان صندلی گذاشت تاجای خالی‌اش کمتر به چشم بخورد. در سکوت به غذا خوردن مشغول شدند. گویی هریک در درون خود در گفتگو بود. صالح با حضور حسی خود آنان را به سکوت واداشته بود. مریم از نزدیک به چهره سعید نگاه کرد و در آن تغییری دید که برایش تازگی داشت. پسر بالغ‌تر شده بود. چهره‌اش تکیده‌تر می‌نمود. چشم از او برنمی‌داشت. هروقت چشم سعید به چشم مریم می‌افتاد، دستپاچه می‌شد و به جای دیگری نگاه می‌کرد. دست مریم بی‌اختیار به طرف صورت سعید رفت. گونه‌اش را نوازش کرد و گفت:

«چرا آنقدر لاغر شدی؟»

سعید صورت خود را کنار کشید.

مریم گفت: «ازمن دلخور نباش سعید. من مجبور شدم. چاره دیگری نداشتم. من به خاطر کس دیگری ترا ترک نکردم.»

گریه امانش را برید. کلام در دهانش شکست. دست بر چهره خود گذاشت و هق هق گریست. غذا در دست سعید و آرزو ماند. آرزو بلند شد و به طرف مادر رفت. اورا بغل کرد وبوسید و گفت:

«مامان گریه نکن. من می‌دانم تو چرا بابا را ترک کردی. تو همه چیز را برای من گفتی.»

سعید در سکوت مادر را نگاه کرد. لقمه را فرو داد و نمی‌دانست از چه حرف بزند. مریم اشک را با دستمالی که در دست داشت، پاک کرد. بغض را فرو داد. سعی کرد آرامش خود را به دست آورد. به چهره سعید نگاه کرد و خندید. سعید نیز به روی او لبخند زد. مریم همدردی را در آن دید. سعیدگفت:

«فرزانه خانم می‌گوید، بین شما فقط یک سوء تفاهم ساده پیش آمــده. سوء تفاهم بر سر چی؟»

مریم گفت: «خودت که می‌دیدی. من وبابــا سـر خیلـی چیزهـا توافـق نداشتیم. پدرت اعصاب مرا خردمی‌کرد. تحملم تمام شده بود.»

«و حالا راحت هستی؟»

نخواست از بدوخوب زندگی در شلتر بگویـد. در شـلتر راحـت نبـود. اگر ازسختی‌هایش می‌گفت، خلاف آنچه بود کـه بـه آرزو تفهیـم کـرده بود و کودک را به زندگــی در آنجـا خـو داده بـود. اگـر می‌گفـت کـه زندگی راحتی دارد، آن نیز دروغ بود. می‌خواست با خود وسعید صادق باشد. کاری که همه عمـر خواسـته بـود، بکنـد ونتوانسـته بـود. همیشـه مجبور شده بود، نقش بازی کند. نقشی که خود از آن بـیزار یـود، ولـی لازمه زندگیش شده بود. بارفتار و گفتار خود، صالح را غیر از آنچه بود وخود می‌دید، به بچّه‌ها شناسانده بود. نه فقط چهره و شخصیت خود را پشت یک نقاب دروغین پنهان کرده بود، که برای صالح نیز صورتکـی ساخته بود که سعید و آرزو را هم بفریبد.

آرزو هنوز مشکل سعید را نداشت. کودک بود و مادر خیال می‌کـرد، می‌تواند دانسته‌هاو قضاوت‌هـای خـود را بـه او تحمیـل کنـد. سـعید امّـا شخصیتی مستقل داشــت. مریـم بـه همـان انـدازه کـه از صـالح حسـاب می‌برد، سعید نیز به نوعی دیگر زهر چشــم اورا گرفتـه بـود. تـرس از آن داشت که اختلاف بین پدر و پسر بــالا بگـیرد و پسـر از خانـه بـرود. از جامعه‌ای که در آن زندگی می‌کـرد، تصویـر روشـنی نداشـت. آنچـه در روابط جمعی می‌خواند، اورا بیشتر می‌ترساند. می‌خواست که بچّـه‌ها در خانه احساس امنیت و آسایش کنند. این امـر امکـان پذیـر نبـود مگـر بـا تفاهم که وجود نداشت. تلاش مریم بر آن بود کــه عـدم تفـاهم را بـروز ندهد وسبب آشکار شدن آن نشود.

دوباره سکوت بر جمعشان نشسته بود. غذا به پایان رسیده بود. مریم دید که دارد فرصت را ازدست می‌دهد. جدایی‌اش از پسر چنان بود که نمی‌توانست در این زمان کم فاصله را پر کند. کاش سعید هم با او زندگی می‌کرد. در آن صورت شاید فرصت‌های بسیاری پیش می‌آمد تا آنان با هم به حرف بنشینند. همان‌طور که با آرزو حرف زده بود، و حالا دختر با آن که کوچک‌تر بود، به کم و کیف ماجرا پی برده بود. کمتر سرکشی و گریه می‌کرد. هروقت از شلتر به تنگ می‌آمد، می‌پرسید، پس کی به‌ات خانه می‌دهند؟

زبان در دهان مریم گره خورده بود. می‌دید که حرف زدن با سعید حتی سخت‌تر از حرف زدن با صالح است. با صالح مسائل مشترک بسیاری داشت. کافی بود یکی از آن خاطرات تلخ را از چنبره ذهنش بیرون بکشد تا حرف در دلش فوران کند. امّا فاصله‌اش با سعید و بیگانگی‌اش با دنیای او حرفی به میان نیاورد. این بار خود سعید بود که باب حرف را گشود. شاید او نیز به درون پرغوغای مادر پی برد و خواست یخ سکوت را بشکند. گفت:

«راستی مامان نمایشنامه‌ام برنده شد. قرار است آخر سال خودم در مدرسه اجرایش کنم.»

مادر به خوشرویی به او آفرین گفت. یاد سینما خواندنش افتاد. برای لحظاتی حضور صالح را در کنار خود حس کرد. خواست پندش دهد، فکر آن را ازسر به در کند. ناگهان خود را در هیئت پدر خویش دید. آن سال‌ها که پدر می‌خواست از او پزشک بسازد. وقتی به پدر گفت، دوست دارد به جای پزشکی ادبیّات بخواند، به ترشرویی جوابش داد که بعد معلم بشوی، و تا آخر عمر نان گدایی بخوری. تو باید پزشک بشوی.

سعید گفت: «مامان گوش می‌کنی؟»

مریم به خود آمد. پدر را از ذهن خود راند و گفت:
«آره، گوش می‌کنم. مطمئنم تو در این راه موفق می‌شوی.»
«کدام راه؟»
«سینما.»
«پس تو دیگر با سینما خواندنم مخالف نیستی؟»
«من هیچ وقت مخالف نبودم.»

روی خوش مادر و تأیید کاراو پسر را شیفته کرد. با علاقه از نمایشنامه‌اش گفت. مریم حس کرد پلی بین خود و او زده است. به خود جرأت داد و برای هفته بعد قرار گذاشت. سعید پذیرفت. شادی، اشک به چشمان مریم آورد. سعید چشمان پر از اشک مادر را دید و پرسید:
«چی شد؟»

مریم اشک را از دیده سترد و گفت، هیچی خوشحالم که تو راه زندگیت را پیدا کردی. مطمئنم موفق می‌شوی. سعید به تردید نگاهش کرد. مریم می‌توانست اندیشه او را بخواند. چطور شده بود که مادر ناگهان تغییر عقیده داده بود و از در مخالفت در نمی‌آمد.

پدر هرسال نام قبول شدگان پزشکی را می‌خواند. وقتی به نام آشنایی بر می‌خورد، به مریم می‌گوید:
«نگاه کن، فلانی قبول شده. تو هم حتماً قبول می‌شوی.»
دختر آقای فیلسوفی که قبول می‌شود، پدر شیفته‌تر از پزشکی حرف می‌زند. آقای فیلسوفی ناظم دبیرستان است و پدر مدیر دبیرستان.
«یعنی تو از او کمتری. مطمئنم که تو هم قبول می‌شوی.»
مریم رفعت را می‌شناسد. یک کلاس بالاتر از او است. با هیکلی درشت، چشمانی سیاه و ابروان پرپشت. موهای فرفری افشانش مثل جنگلی وحشی سرش را پوشانده است. دختر همیشه تنهاست. فکر و

ذکری جز درس خواندن ندارد. در بازی‌ها و گردهم‌آیی‌های دختران که در زنگ‌های تفریح و یا ساعات بیکاری انجام می‌شود، شرکت نمی‌کند. مریم بی دلیلی از او بیزار است. نمی‌خواهد جای او باشد. وقتی پدر از پزشکی می‌گوید، رفعت در نظرش مجسم می‌شود. همه دخترانی که پزشکی می‌خوانند به هیئت رفعت در می‌آیند.

«پزشکی آینده خوبی دارد. هم احترام مردم، هم درآمد خوب. دیگر چه می‌خواهی؟»

مریم یاد خانم پزشکی می‌افتد که یکی دوسال پیش با مادر نزد اورفته است. زن رفتاری با نخوت داشته است. لفظ کلام حرف می‌زده. با مادر و مریم خشک و رسمی برخورد می‌کند. ازچیزهایی می‌پرسد که مریم خجالت می‌کشد جلوی روی مادر جواب دهد. پزشکی برای مریم وارد شدن در حریمی است که اورا می‌ترساند. دنیای درون آدمی و مرض و درنهایت مرگ. چیزی که از کودکی از آن وحشت دارد.

مریم از دنیای درون خود با پدر نمی‌گوید. پدر سکوت اورا حمل بر قبولی‌اش می‌کند. دوسال در کنکور پزشکی شرکت می‌کند. در موقع امتحان بهت زده ورقه‌های امتحانی را نگاه می‌کند. بیش از آن که به پرسش‌ها بیاندیشد، به درو دیوار نگاه می‌کند. دری بسته به روی خود می‌بیند که نمی‌خواهد به رویش باز شود. پشت این در ساختمان دانشکده پزشکی است. سالن تشریح است که باید جسدها را در آن تکه پاره کرد. بعد بیمارستان.

از بیمارستان بیزار است. بیزاری ریشه در کودکی‌اش دارد. وقتی که دخترکی کوچک است. می‌شنود که دختر عمه‌اش که هم سن او بوده در بیمارستان مرده است. بعدها که بزرگتر می‌شود، می‌فهمد که بچّه دیفتری می‌گیرد. اورا به بیمارستان می‌برند. دکتر مجبور می‌شود گلوی بچّه را با کارد پاره کند که کودک بتواند نفس بکشد. مریم ازاین

شنیده‌ها تصویری در ذهن خود می‌سازد. نسرین را باگلوی پاره شده زیر دست پزشکان می‌بیند که پس ازگذشت سال‌ها گاه به کابوس‌های شبانه‌اش راه می‌یابد.

نتیجه کنکور را می‌دهند. پدر مایوس از پیداکردن نام مریم خشم را در خود می‌کشد ومی گوید:

«سال دیگر، باید بیشتر بخوانی.»

نمی‌خواند. ظاهرا سرش در کتاب است و فکرش در جاهای دیگر. هروقت چشم پدر را دور می‌بیند، قصّه و شعر می‌خواند. پدر پی می‌برد که مریم علاقه‌ای به پزشکی ندارد. اورا به مدرسه پرستاری می‌برد.

در آن بعد از ظهر تابستان که باید سال‌ها در خاطرش بماند، به دنبال پدر می‌رود. از این که باید در مدرسه شبانه روزی درس بخواند، پیشاپیش اندوه بر دلش نشسته است. در آفتاب تیرماه از خیابان‌های خلوتی که نهال‌های تازه کاشته شده در دوطرف آن به آرامی سر تکان می‌دهند، می گذرند. خیابان، که کمتر وسیله نقلیه‌ای از آن می گذرد، زیر آفتاب تیرماه له‌له می‌زند، سر تمام شدن ندارد. مریم بی حرفی به دنبال پدر می‌رود. به محوطه ساختمان مدرسه می‌رسند. به نظرش می‌آید که جای زیبایی است. ساختمان را درخت‌های بلندی احاطه کرده است. جاده خاکی خیابان را به ساختمان وصل می کند. در دوطرف آن باغچه‌ها پر از گل هستند. در جلوی ساختمان حوض بزرگی است که فواره‌ای خوش خوشک در آن می‌ریزد. مریم دلش می‌خواهد کنار حوض بنشیند و آبی به صورت بزند. پدر به درون می‌رود. اوهم به ناچار به دنبال پدر می‌رود. در دفتر مدرسه، زنی میانه سال که موهایش را چون قابلمه سیاهی وارونه بر سر نهاده است و آرایش تندی دارد، با نخوت آنان را می‌پذیرد. پدر خسته و عرق کرده روی صندلی رها می‌شود. بی مقدمه می گوید که می‌خواهد نام دخترش را در این مدرسه بنویسد. شرح

کشافی می‌دهد که دلش می‌خواهد دخترش ماما شود. مریم در این فکر است که این مدرسه مامایی است یا پرستاری. زن نگاه خریداری به قد وبالای مریم می‌کند. پیش از آن که نامش را بپرسد، از معدلش، از اندازه قدش و وزنش می‌پرسد. ورقه‌ای به او می‌دهد که پر کند. پدر چون تردید اورا می‌بیند، خود ورقه را می‌گیرد و پر می‌کند. زن با رفتاری سرد و رئیس گونه از مدرسه و شرایط ورود به آن، و از مزایای آن می‌گوید. شرح می‌دهد که پس از پایان دوره سه ساله پرستاری، و پس از سه سال خدمت در یکی از بیمارستان‌ها، چنانچه کارش مورد رضایت باشد، می‌تواند مامایی بخواند. بعد مطب باز کند وبرای هربچه‌ای که به دنیا می‌آورد، فلان قدر پول بگیرد و هرسال چقدر درآمد داشته باشد. مریم بی‌آن که به جزییات گفته‌های زن توجّه کند، یاد آن چوپانی می‌افتد که کوزه‌ای روغن به شهر می‌آورد و در سر آرزوهای شیرین می‌پروراند.

از مدرسه بیرون می‌آیند. آفتاب همچنان پخش است. خیابان زیر گرما له له می‌زند. باید راهی طولانی بروند تا به اتوبوس شرکت واحد برسند. پدر حرف‌های زن را برای مریم بازگو می‌کند. با حسرتی پنهان در کلام، مثل کسی که غذای مورد نظر را از دست داده و حال مجبور است شکم خود را با هرچه به دستش می‌رسد، سیر کند، برای دل‌خوشی خود ازاین غذا هم تعریف می‌کند. برای مریم از مزایای مامایی می‌گوید. مریم نگاهی به ساختمان مدرسه می‌کند که پشت درختان پنهان است. به نظرش مثل قلعه‌ای می‌آید که اشباح در آن پنهان‌اند. فکر آن که سه سال را در آن به سر ببرد، دل اورا از غم پر می‌کند. روز در بیمارستان و شب در آن اتاق‌ها، با پنجره‌های بسته و پرده‌های آویخته. در سکوتی که پیش می‌آید، به پدر می‌گوید:

«پدر من مامایی دوست ندارم.»

پدر می‌ایستد. شاید خود به خوبی به عدم علاقه مریم پی برده است. اگر در این مدّت فرصت اظهار وجود به او نداده است، بدان منظور بوده است که می‌خواسته دختر به درس خواندن مشغول شود و دیگر راه برگشت نداشته باشد. باز این امید در او هست که سال آینده دوباره در کنکور پزشکی شرکت کند. نمی‌خواهد که دختر بیش از این عاطل و باطل در خانه بماند.

می‌ایستد. چهره عرق کرده‌اش پیرتر می‌نماید. کراواتش را شل کرده است، تا گرما را کمتر حس کند. چشم در چشم مریم می‌دوزد. مریم به خود جرأت می‌دهد و دوباره می‌گوید:

«چرا مجبورم می‌کنید درسی را بخوانم که دوست ندارم.»

پدر با خشمی فروخورده می‌پرسد: «پس می‌خواهی چه کنی؟ نمی‌خواهی درس بخوانی؟»

«می‌خواهم ادبیّات بخوانم.»

«ادبیّات؟ که چی بشوی؟»

«چه می‌دانم. دبیر ادبیّات.»

«که نان گدایی بخوری. چشم نداری و وضعیت مرا نمی‌بینی. نمی‌بینی که پس از بیست و پنج سال خدمت چه زندگی بخور و نمیری دارم. ها؟ نمی‌بینی؟»

جواب نمی‌دهد. شهامت ایستادگی در مقابل پدر را ندارد. هیچ نمی‌گوید. پدر باز سکوتش را علامت رضا می‌داند.

مدرسه شبانه‌روزی پرستاری را تمام می‌کند. چه شب‌ها که در بستر می‌گرید. چه روزها که خود را به مریضی می‌زند و به بیمارستان نمی‌رود. وقتی دوره سه ساله تمام می‌شود به خانه بر می‌گردد. گویی که کابوسی را پشت سر گذاشته است. کار در بیمارستان را شروع می‌کند. از کارکردن در اتاق عمل سرباز می‌زند. امّا در پایان دوره سه

ساله مجبور است در بخش جراحی نیز کار کند. روزی شکم زنی روستایی را باز می‌کنند. کرم‌های ریز زنده در آن می‌لولند، غش می‌کند. روی تختی در بخش اورژانس به هوش می‌آید. شروع به عق زدن می‌کند. به او مرخصی استعلاجی می‌دهند. تا مدّت‌ها مریض است. هروقت آن منظره را به یاد می‌آورد، عق می‌زند. نمی‌خواهد به بیمارستان برگردد. پدر واسطه می‌شود. رئیس بیمارستان کاری در داروخانه به او می‌دهد. پدر دیگر نه از پزشکی می‌گوید ونه ازمامایی. رویای آن برای پدر وکابوس آن برای مریم پایان می‌یابد.

۷

زودتر از سعید به خانه آمد. شب قبل با امید برگرداندن مریم، خانه را جارو و گردگیری کرده، غذا پخته و دریخچال گذاشته بود. در دیداری که آن روز با مریم و فرزانه داشت و حرف‌هایی که زده شد، اورا از مریم و فرزانه از خود نیز خشمگین ساخت. فرزانه گفت: «من نمیخوام دخالت کنم، ولی تو زود تصمیم گرفتی. خیلی از اختلافات را می‌شود با حرف زدن و میانجی‌گری حل کرد.»

مریم که بیشتر ساکت بود و کمتر حرف زده بود و با ناخن لیوان قهوه را خط‌خطی می‌کرد، نگاهی به فرزانه کرد و نگاهی به صالح، که طلبکار می نمود. پیدا بود که به برگشت مریم امیدوار است. منطق و کلام فرزانه، مثل چاقوی تیزی برنده بود. در فاصله دو ساعتی که باهم بودند، یک ریز حرف زده بود. نه جانب مریم را گرفته بود و نه جانب صالح را. گاه مریم را سرزنش کرده بود گاه صالح را. یکه گوی میدان بود و به خیال خود سکّان گفت‌گو را در دست داشت. امیدوار بود که مریم را راضی کند که به خانه برگردد. و چون مریم باز ساکت بود، گفت:

«ها؟ درست نمی‌گویم؟»

مریم خنده‌ای کرد که به نیش‌خند شبیه بود. گفت:

«حرف زدن و میانجی‌گری؟ نه من جوان بی‌تجربه‌ای هستم و نه او. من برای این تصمیم چند سال فکر کرده‌ام. خیال نکن برای من آسان بود.»

صالح به میان حرفش دوید.

«اگر آسان نیست، خوب برگرد.»

فرزانه لبخندی زد و هیچ نگفت. مریم به صالح نگـاه کـرد. بـه نظـرش بیگانه آمد. گفت:

«نه. نمی‌توانم این یکی دو هفته خیلی فکر کردم. نه. برنمی‌گردم.»
و بعد از آن فضای رابطه سنگین شد.

از خود می‌پرسید، «پس چه باید می‌گفتم؟ چرا نیامد؟ چه کار باید بکنـم که برگردد؟» جای خالی مریم در خانه و درمحیط کار نیز اورا می‌آزرد. تا بود این ضرورت را حس نمی‌کـرد. آن را نـادیده می‌گرفت. زن مثل شیئی از اشیاء خانه بود. یا مثل بچّه‌ها که باید باشند. به بودنشان عـادت کرده بود. باید می‌بودو خانه را راه می‌برد.

بگو مگویش با او تمامی نداشت. همیشه و همه جا اورا باخودداشـت. خود می‌خواست که با او باشد. با او حرف می‌زد. می‌خواست کـه اورا بشناسد. زن مثل ماهی از دست اوگریخته بود و در دریا گم شـده بـود. در سایه فرو رفته بود. گاه حتی خطوط چهره‌اش را به یاد نمی‌آورد. به خود فشار می‌آورد که به یاد آورد روز آخر چه لباسی بـه تـن داشـت. بعضی از لباس‌هایش در اشکاف آویزان بود. به نظرش بیگانه می‌آمدند. به یاد نداشت کی و کجا آنها را به تن کرده اسـت. خـاطراتش بـا مریم در مه فرو می‌رفت. سابق بر این مثل سایه در کنارش بود. گاه به دنبالش و گاه در کنارش حرکت می‌کرد. زن ناگهان نیسـت شـده بـود. از زندگی او کنده شده بـود. مرد بی‌قرار و دل‌آزرده، بـاغروری زخـم خورده، جای خالی‌اش راحس می‌کرد. روزهای اوّل فقط فحـش و بد و بیراه نثارش می‌کرد. چنان خشمی دراو سرریز می‌کـرد که جلـوی روی دیگـران و سعید نیز نمی‌توانسـت خود را مهـار کنـد. پسـر از پـدر می‌گریخت. نشان نمی‌داد که در این خشم ونفرت با پـدر همـراه است یانه. از مادر هیچ نمی‌گفت. هروقت آرزو تلفن می‌کرد، تلفن را به اتـاق خودمی‌برد. از مادرنمی‌پرسید. پدر چهـره ناخوش‌آیندی ازمـادر ساخت

که پسر خواه وناخواه آن را روبروی خودمی‌دید. او نیز به نوعی مادر را سرزنش می‌کرد. زندگی ازهم گسیخته خانه، تخت به هم ریخته، لباس‌های کثیف، خانه خالی، و اجاق سرد که غذایی بر آن نبود، ملافه‌ها که در این دوهفته شسته نشده بودند، داد و بیداد پدر، و کارکردنش که ساعت‌ها در آشپزخانه می‌ماند تا غذایی درست کند. طعم و رنگ غذایی که درست می‌کرد، با آن چیزی که مریم جلویشان می‌گذاشت، از زمین تا آسمان فرق می‌کرد، پسر را کلافه می‌کرد. اونیز بر سر پدرفریاد می‌زد. شب نبود که کارشان به مشاجره و بگومگو کشیده نشود. صالح پسر را سرزنش می‌کرد که بی‌عرضه و تنبل است. سعید به اتاق خود می‌رفت. تلویزیون راهمانجا گذاشته بودو با گوشی تماشا می‌کرد تا صدایی نشنود. در اتاق را قفل می‌کرد. پدر را به درون راه نمی‌داد. صالح مجبور می‌شد کوتاه بیاید. بازبان خوش اورا برای شامی که پخته بود، صدا بزند. گاه باهم به حرف می‌نشستند. گویی مریم و آرزو اصلادر زندگیشان وجود نداشته‌اند. یا بوده‌اند و دیگر نیستند. صالح طوری حرف می‌زد که بود نبودشان یکی است. او خود می‌تواند همه کارها را روبراه کند. امّا شام خوردنشان که تمام می‌شد و موقع ظرف شستن بود، دوباره بگومگو شروع می‌شد.

«من خرید کردم، غذا پختم. توهم ظرف‌ها را بشور. نمی‌شود که همه کارها به عهده یک نفر باشد.»

«پس چطور مامان همه کارها را می‌کرد.»

صحبت از مامان که می‌شد، فریاد صالح به آسمان می‌رفت. حرف‌های درشت می‌زد. به مریم بد وبیراه می‌گفت. سعید قاشق را پرت می‌کرد. به اتاق خود می‌رفت ودر را می‌بست. صالح می‌اندیشید که پسر نیز با مادر ودختر دست به یکی کرده است ودر پنهان علیه او توطئه می‌چینند.

در این موقع حضور مریم را حس می‌کرد. در او بود و با او حرف می‌زد. اورا سرزنش می‌کرد که چرابچّه را بانیش زبان می‌آزارد. سرش دادمی‌کشید. فحشش می‌داد و می‌گفت:

«برو به همان جهنمی که رفته‌ای.»

از خود می‌پرسید، «چرا این‌طور شد؟ او که همیشه مطیع بود. با کتاب‌هایش خوش بود. بارها گفته بود که هیچ لذتی را در دنیا به خواندن کتاب ترجیح نمی‌دهد. من که کاری به کتاب خواندنش نداشتم. بعد هم به راهی که خودش می‌خواست، رفت. داشت ادبیّات می‌خواند. به آرزوی دوره جوانی‌اش رسید. پس چرا گذاشت و رفت. بی‌شک پای مرد دیگری در میان بود.»

«آره، باید یک جوری گناه را به گردن من بیاندازی.»

«پس چی شد؟ آخر چی شد؟»

خانه خالی اورا آزرد. سعید هنوز نیامده بود. آشپزخانه را مرتب کرده بود. دیشب تا ساعت دوصبح توی آشپزخانه مانده بود وتاس کباب پخته بود و صبح در یخچال گذاشته بود. ظرفی میوه روی میز گذاشته بود. اورا یاد وقتی می‌انداخت که مریم در خانه بود. جای خالی‌اش درهمه جای خانه حس می‌شد. در اتاق آرزو بسته بود. دراتاق سعید باز بود. تختش نامرتب بود. تکه‌های لباس روی زمین و روی تخت افتاده بود. با آن که سفارش کرده بود اتاقش را جمع و جور کند، پسر گوش نکرده بود.

به اتاق خواب رفت. لباس خانه پوشید. به رختخواب رفت. سنگینی شکست و ناامیدی، توانش را بریده بود. هزاران فکر در سرش بود. امروز گویی چهره دیگری از مریم می‌دید. چهره‌ای تازه که تا به حال ندیده بود. از خود می‌پرسید، «همان بود یا در این دوسه هفته عوض شده بود؟»

به سال‌های اوّل ازدواج فکر کرد. به زمانی که باهم رفت وآمد داشتند. مریم دیگری می‌دید. دختری کم حرف، اماپر ازشور وشوق. چقدر برایش شعر می‌خواند. آن شب در خانه دکتر کاردان. وقتی که پابه‌پای دکتر همتی شعر خواند. آن شعرهای عاشقانه. به اشاره او وقعی ننهاد. آن شب چه شوری در چهره‌اش بود. بعدها ...

«حق داشتم. چطور می‌توانستم مثل قرمساق‌ها بنشینم و بگذارم با یک مشت نره خر مشاعره کند. شعر عاشقانه بخواند. خیال می‌کرد نمی‌فهمیدم آن دکتر چموش چطور نگاهش می‌کند. خودش که خنگ بود و حالیش نبود.»

بعدها برای اوهم شعر نخواند. برای خودش خواند. حافظش همیشه کنار تختش بود. برای هرکاری فال می‌گرفت. چشمانش را می‌بست و زیر لب چیزهایی می‌خواند وبعد باز می‌کرد. گویی که کتاب مقدسی را باز کرده باشد. می‌خواند. شعر پشت شعر.

«خفه‌مان کردی، بس کن دیگر.»

کتاب را می‌بست. از خلسه بیرون می‌آمد. اورا می‌دید، یا نمی‌دید. کی از هم جدا شدند؟ کی با او بیگانه شد؟ چه چیز بینشان فاصله انداخت؟ در آن جدایی چند ماهه، خودش برگشت. سعید را بهانه کرد و برگشت. گفت، به خاطر تو برگشتم. گریه کرد و گفت که دوستش دارد.

و او هیچ نگفت. یاد گرفت که دیگر این جمله را به زبان نیاورد. حتی در جواب او که پرسید، توهم دوستم داری، هیچ نگفت.

مریم بود. در همه این سال‌ها بود. همیشه حضور داشت. به بد وخوب، به پرخاش‌ها و تندی‌ها، به بی‌اعتنایی‌ها و حرف‌های سردو گرم خو کرده بود. اورا با زنان بسیاری از دوستان و آشنایانش مقایسه می‌کرد. می‌دید زن خوبی است. به خود می‌گفت، خودم آدمش کردم. خودم دمش را قیچی کردم. وگرنه...

«وگرنه چی؟»

«وگرنه زندگی با تو آسان نبود.»

بارها گفته بود که زندگی با تو آسان نیست. مریم خواسته بود که زندگی با خود را برای صالح آسان کند. به سازدل صالح رقصیده بود. هروقت اورا آزرده بود، سر در لاک خاموشی فروبرد. مثل سایه در خانه حرکت می‌کرد، که وجودش کسی را نیازارد. همه تخت را در اختیار صالح می‌گذاشت. خود گوشه آن مچاله می‌شد. اگر دست به سویش دراز می‌کرد، مثل جن زده‌ها از جای می‌پرید.

«چیه؟ مار گزیدت؟»

گاه از خواب بیدار می‌شد واورا در تخت نمی‌دید. در صدد برنمی‌آمد که بداند کجا رفته است. می‌دانست در همین خانه است. صبح اورا مچاله شده روی راحتی اتاق نشیمن می‌دید. هیچ نمی‌پرسید، چرا آنجاخوابیده است. اگر می‌پرسید، نیشی در کلامش بود که مریم می‌شنید و به روی خود نمی‌آورد. یقین کرده بود که حرف‌های سرد و گرمش در مریم اثر ندارد.

«اثر نداشت؟ مگر ازسنگ بودم؟ سر سنگ هم زیاد بزنی، روزی به صدا درمی‌آید.»

به حرف نیامد. گذاشت ورفت. آن روزهم حرف زیادی نزد. او و فرزانه دوساعت تمام حرف زدند. فرزانه با آن زبان نیش‌دارش، با آن منطق من درآوردیش، نتوانست راضی‌اش کند که برگردد. «آخر چرا رفت؟ مگر من چه کارش کرده بودم؟ مگر من عوض شده بودم. من همانم که در ایران بودم.»

«من عوض شدم. من دیگر نتوانستم تحمل کنم.»

«جامعه اینجا ترا عوض کرد.»

«تو مرا عوض کردی. تو...»

خواب از او دور بود. فکرهای پریشان، درکلّه‌اش می‌جوشید. پشیمانی آرام آرام، جای خشم را می‌گرفت. پشیمانی با احساس سرد ناامیدی به هم آمیخته بود. بی‌آن که برای خود اقرار کند، پی برد چیزی از زندگی‌اش کنده شده. چیزی که وجودش را ضروری می‌دید. حال مریم برایش حکم مادر را پیدا کرده بود. مادری که همه نیازهای روحی و جسمی اورا برمی‌آورد. مادری بی‌توقع و بی‌چشم داشت. مادری که حتی حرف درشت از بچّه‌اش می‌شنید و به روی خود نمی‌آورد. مریم دیگر آن مادر نبود. مادر در وجود مریم مرده بود. مریمی دیگر در جای آن نشسته بود. امروز صالح آن مریم تازه را دید. در برابر او شکست خورد. آن مریم با سکوتش، با حرف‌نزدنش، با امتناعش از برگشت به خانه، اورا درمانده کرد. از خود می‌پرسید، «پس چه کار کنم؟» دوباره خشم در او زبانه می‌کشید:

«به جهنم که نیامد. بالاخره روزی از آن خراب شده (که فرزانه تصویر زشتی از آن داده بود) خسته خواهد شد و برمی‌گردد. آن روز من می‌دانم و او.»

«پس من دیگر برنمی‌گردم.»

«برنگرد. به جهنم که برنمی‌گردی.»

صالحی دیگر در درونش قد برمی‌افراشت و می‌گفت:

«تو برگرد. قول می‌دهم مثل فرهاد باشم. خوب شد؟»

فرهاد را مثال می‌زد. چرا که از مریم شنیده بود اودر همه کار خانه کمک می‌کند. بارها گفته بود، اگر کمک‌های فرهاد نبود، فرزانه نمی‌توانست درس بخواند. یک بار که به او گفت، «از فرهاد یاد بگیر.» جوابش داد:

«چه خیال کردی، که می‌توانی از من هم یک نوکر بسازی.»

پشت به او می‌کرد و می‌رفت، نه من بر نمی‌گردم.

دوباره فریاد می‌زد: «برو بمیر.»

سعید که به خانه آمد. بین خواب و بیداری بود. افکار نابسامان ذهنش راخسته و کرخت کرده بودند. به صدای بازشدن در چشم باز کرد. برای لحظه‌ای ازذهنش گذشت که مریم است. از جا جست. سعید را که دید یکه خورد.

«مامان برگشته؟»

به آشپزخانه رفت. لیوانی آب خورد. کتری را سرچراغ گذاشت. روی راحتی نشست. سعید ایستاده بود واورا نگاه می‌کرد.

به خانه می‌آید. مریم روی راحتی اتاق نشیمن خوابیده است. ساعت شش بعد از ظهر است. سعید و آرزو در اتاق‌های خودشان هستند. در اتاق سعید را باز می‌کند و می‌پرسد، چرا مادرت خوابیده است؟ نمی‌داند. کیف را در اتاق خواب می‌گذارد. پالتو و کت را از تن می‌کند. به اتاق نشیمن می‌آید. روی راحتی می‌نشیند. دست روی شانه مریم می‌گذارد. مریم چشم باز می‌کند. می‌نشیند. چیزی در چهره‌اش است که صالح جامی‌خورد.

«اتفاقی افتاده؟»

نامه‌ای روی میز است، نشانش می‌دهد ومی‌گوید:

«عمو حیدر مرد.»

صدا در گلویش می‌شکند. می‌گرید.

صالح نامه برمی‌دارد و می‌خواند.

«چه‌اش بود؟»

گریه در مریم فروکش می‌کند. همان گونه که ناگهان اوج گرفته است، رو به خاموشی می‌رود. به صالح نگاه می‌کند. هیچ نمی‌گوید. اشکش خشک می‌شود. جاری نمی‌شود.

«پرسیدم، چه‌اش بود؟»

«مگر نخواندی؟ سرطان داشته.»

«تو می‌دانستی؟»

«از کجامی‌دانستم. برای من که نمی‌نوشتند.»

سر روی دسته صندلی می‌گذارد. صالح در کنارش نشسته است. باید سر مریم را بر سینه بگذارد و اورا تسلی دهد. این کار را نوعی لوس‌بازی می‌داند. با حرف تسلی‌اش می‌دهد. همان حرف‌ها که در این جور موارد می‌زنند. حرف‌ها گویا به دل مریم نمی‌نشیند. صالح عمو حیدر را می‌شناسد. سال‌های اوّل ازدواج و پیش از آن چقدر از او برایش گفته است. شیفته او بوده است. از کودکی‌اش گفته که چطور عمو حیدر اوراتشویق می‌کرد.

«عموی واقعی‌ات است یا...»

«یا چی؟»

«طوری ازش حرف می‌زنی که آدم خیال می‌کند، عاشقش هستی.»

«عاشقش هستم؟ مگر می‌شود؟ دوستش دارم. مثل پدر، مثل آموزگار. توچرا این فکرها به سرت می‌زند؟»

بعدها کمتر از عمو می‌گوید. همیشه شیفته دیدار عمو است. صالح رغبتی به دیدار او نشان نمی دهد. پس از ازدواج چند بار اورا در میهمانی‌هاو دیدارهای خانوادگی می‌بینند. مرد گویی در این دنیا سیر نمی‌کند. جزکتاب وشعر و ادب در باره چیز دیگری حرف نمی‌زند. سر و وضعی درویش مسلک و بریده ازدنیا دارد. همیشه گویی رویایی اورا به خود مشغول کرده است. صالح تعّجب می‌کند که چه چیز او مریم را شیفته کرده است. هروقت به مناسبتی می‌خواهد به دیدار او برود، هنوز نیم ساعتی ازدیدارشان نگذشته، به مریم اشاره می‌کندکه برخیزد. مریم امّا چیزی بهانه می‌کند ومی‌خواهد که بیشتر بماند. گاه خود به تنهایی به دیدارش می‌رود.

سکوت و به هم رفتگی مریم حوصله او را سر می‌برد. به آشپزخانه می‌رود. روی اجاق غذایی نیست. در یخچال را باز می‌کند و سیبی بیرون می‌آورد و با صدا گاز می‌زند و می‌گوید:

«از شام خبری نیست؟»

جواب نمی‌دهد. سر روی دسته راحتی می‌گذارد. اشک گونه‌اش را شیار می‌زند.

«ها، پرسیدم از شام خبری نیست؟»

آرزو از اتاق بیرون می‌آید. به مادر نگاه می‌کند که همچنان سر روی راحتی گذاشته وصورت را با دست پوشانده است.

«بابا من گرسنمه. هیچ چیز توی خانه نداریم.»

می‌گوید: «از مامانت بپرس، نمی‌خواهد شام درست کند؟»

آرزو مادر را نگاه می‌کند و هیچ نمی‌گوید.

«من گرسنمه.»

مریم بلند می‌شود. به اتاق خواب می‌رود. روی تخت دراز می‌کشد. پاها را زیر شکم جمع می‌کند. صالح به دنبالش می‌رود. کنار تخت می‌نشیند.

«پاشو. آبغوره دیگر فایده ندارد. می‌خواستی چی؟ صدسال عمر کند. راستی چند سالش بود؟»

مریم چهره را با دست‌ها پوشانده است. صالح دستش را می‌گیرد و ازصورت جدا می‌کند.

«پاشو برویم بیرون شام بخوریم. سگ خورد. ناز می‌کنی که شام درست نکنی.»

چشم باز می‌کند. با چشمانی خیره به او نگاه می‌کند. گویی او را نمی‌شناسد و یا از او می‌ترسد.

«چیه؟ گرگ هار دیدی مگر، که این‌جور نگاهم می‌کنی؟»

«ولم کن. شما بروید شامتان را بخورید. کاری به کار من نداشته باشید.»

«مگر گرفتمت که ولت کنم. پاشو.»

آرزو دم در ایستاده است.

«بیا مادرت را بلند کن برویم بیرون.»

«دست از سر من بردار.»

«من دست از سرت بردارم یا تو. شام نپختی وپول شام را روی دستم گذاشتی. ولی من پایت حساب می‌کنم. خودت می‌دانی که درآمد من برای این خاصه خرجی‌ها...»

ترس بر چهره مریم نشسته است. مثل جن زده‌ها از جا می‌جهد. از در بیرون می‌رود. به طرف بالکن می‌دود. گویی از هیولا فرار می‌کند. در بالکن را باز می‌کند. صالح به دنبالش می‌دود. مریم تلاش می‌کند از نرده‌ها بالا رود. صالح خود را به او می‌رساند. بازویش را می‌گیرد. اورا کنار می‌کشد. چنان فشاری بر بازو وارد می‌آورد که مریم از درد فریاد می‌کشد.

«چه کار داری می‌کنی دیوانه؟»

صالح اورا به درون می‌آورد. روی راحتی می‌نشاند. خود در کنارش می‌نشیند. دوباره شروع به حرف زدن می‌کند. این بار سرنصیحتش باز می‌شود. مریم می‌گوید: «به ام یک قرص خواب می‌دهی؟»

«شکم گرسنه و قرص خواب؟»

«خواهش می‌کنم.»

۸

ماریان سه روز پیش از رفتن فدیا به شلتر آمد. مریم جای خالی فدیا را مثل جای خالی خواهری احساس می‌کرد. در این چند هفته چنان با هم اخت شده بودند که گویی از سال‌ها پیش یکدیگر را می‌شناختند. هیچ یک از گذشته هم زیاد حرف نمی‌زدند. گذشته هریک برای آن دیگری در ابهام بود. نام‌ها، محل‌ها، خاطره‌ها از هم دور و بیگانه می‌نمودند. فدیا اهل جامائیکا بود. مریم فقط می‌دانست که آن کشور از جزایر کاراییب است. آب و هوای خوبی دارد. و کانادایی‌ها گاه برای تعطیلات به آنجا می‌روند. فدیا در ماجرای سلمان رشدی نام ایران به گوشش خورده بود. چشمان درشت و قهوه‌ای‌اش را که گاه به میشی می‌زد، از بافتنی خود برمی‌داشت.

«می‌دانی، سیاست کار آدم‌هایی است که زیادی می‌دانند. کار من و تو نیست. آنان هرجور دلشان بخواهد برای ما هم تصمیم می‌گیرند. ماها این وسط گرد و خاک توی هوا هستیم. به هر طرف که باد بوزد مارا هم با خود می‌برد. من که حوصله ندارم سرم را با این حرف‌ها به درد بیاورم.»

دوباره به بافتنی مشغول می‌شد. و ادامه می‌داد:

«سیاست، اوف. ولش کن. من که هیچ وقت آرزو نکردم رئیس جمهور آمریکا و یا چه می دانم، نخست وزیر یک کشور کوچک باشم. جز دردسر چه دارد. همه فحشت می‌دهد. همیشه هم این ترس با تو هست که یک گلوله در سرت خالی کنند و یا با یک بمب به هوا پرتابت کنند.»

مریم به سکوت به گفته‌های فدیا گوش می‌کرد. گاه زنان دیگر هم بودند و در گفتگو شرکت می‌کردند. مریم در این مواقع خودش را در میان جمعی ناهمگون می‌دید که در کنارهم می‌زیستند. به گفتگوی زنان گوش می‌کرد که شاید بتواند از زندگی آنان و گذشته‌شان برای خود تصویری در نظر مجسم کند. هرکدام از کشوری بودند و زبان دیگری داشتند. بیشترشان انگلیسی را به زحمت حرف می‌زدند. با همان زبان شکسته بسته باهم ارتباط برقرار می‌کردند.

برای فدیا میهمانی خداحافظی گرفتند. قرار شد هرکس غذایی از کشور خود درست کند. مریم خواست خورشت قرمه سبزی درست کند که هم زحمت داشت و هم شکل ظاهری‌اش ممکن بود توی ذوق بزند. فسنجان گران تمام می‌شد. تصمیم گرفت میرزاقاسمی درست کند. وقت پختن پی برد که غذای ناجوری انتخاب کرده است. گوجه‌فرنگی‌هایی که در پلاستیکی برای این کار کنار گذاشته بود و نام خود را روی آن نوشته بود، به تاراج رفته بود. از تخم مرغ‌ها فقط دو عدد مانده بود. با هشت بادنجان دو عدد تخم‌مرغ چه نوع میرزاقاسمی از آب در می‌آمد!

ماریان پرسید: «چه درست می‌کنی؟»

با زبانی نارسا طرز تهیه غذا را برای ماریان شرح داد و نتوانست نام انگلیسی معادلی برای آن پیدا کند.

ماریان گفت: «می‌بینی که فر را برای مرغ لازم دارند. تو باید به فکر غذای دیگری باشی.»

به خود گفت: «چرا باید میرزا قاسمی را آنطور که همیشه درست می‌کردم، درست کنم. چه کسی می‌فهمد که باید گوجه زیاد داشته باشد و تخم مرغش فلان تعداد باشد و بادنجان‌هایش را باید کباب کرد.»

خواست غذا را طور دیگری سر هم کند و به نـام میرزاقاسـمی جلـوی حاضران بگذارد. دوتا از بادنجان‌ها را پوست کند و رهـا کـرد. کـار را نوعی فریب می‌دانست. یاد نگرفتـه بـود دیگران را گول بزند. ماریـان تردید اورا دید وپرسید: «چرا حیران ماندی؟»

گفت: «نمی‌دانم چه کنم. مواد لازم برای تهیه غذا را ندارم.»

فدیا مثل دانای کل بود. مریم برای هرمشکلی بـه او رومی‌آورد. وقتی سرگردانی مریم را دید، گفت:

«من غذای ترا نخورده قبول می‌کنم. تو بهتر است از خیر...(نتوانست نام غذا را به زبان آورد) بگذری. فکر کنم آنقـدر غـذا زیاد باشد که کسی متوجّه کمبود غذای تو نشود.»

مریم نگاهی به ماریان کـرد کـه داشت کیک پنیر درست می‌کـرد و گفت:

«نظر تو چیست؟»

«نظر، نظر عروس خانم است. ما داریم برای او تدارک می‌بینیم.»

فدیا گفت: «آره، تو یکی کمکم کن اتاقم را جمع و جور کنـم. فردا باید همه چیز بسته بندی شده باشد. مریم بـه حسرت نگاهش کـرد و گفت: «خوشا به حالت.»

ماریان گفت: «واقعا که خوشا بـه حالت. کاش همـه زن وشـوهرها دوخانه داشتند که هروقت نمی‌توانستند یکدیگـر را تحمل کنند و مثل خروس جنگی به هم می‌پریدند، درخانه‌های جـدا زندگی می‌کردند. آن وقت شاید به این شلترها نیازی نبود.»

مریم نگاهش کرد. هیچ وقت چنان چیزی به ذهنـش نیامده بـود. اگر چنین بود، صالح راضی می‌شد کـه او گـاه‌گـاهی و شاید هم برای همیشـه دور از او زندگی کند. هروقت دلش برای سعید تنگ می‌شد، به خانه‌اش برود ویا سعید به دیدن او بیاید.

فدیا گفت: «چته؟ رفتی تو فکر. نمی‌خواهی بیایی کمک کنی؟ هنوز داری به.. نامش چه بود؟ فراموش کردم. فکر می‌کنی؟»

به دنبال فدیا به طبقه بالا رفت. به او کمک کرد، وسائلش را جمع کند و در دوچمدان بزرگ و چند کیسه جا دهد. گویی دوستی قدیمی را روانه خانه‌اش می‌کرد. فدیا از چیزهای بیهوده حرف می‌زد. همچنان که گوشش به او بود، در دل گفت، خوشا به حالش. چقدر آرام و خونسرد است. شاید به خاطر آن که دوپسرش را در کنار خود دارد و تصمیمش را برای همیشه گرفته است.

فدیا آخرین بسته را کنار گذاشت. آشغال‌ها و خرده‌ریزهای به درد نخور را در کیسه زباله ریخت. روی تخت نشست. مریم به جمع و جور اتاق مشغول بود. فدیا گفت:

«بس کن دیگر. فردا قبل از رفتن اتاق را جارو می‌کنم. بنشین خستگی درکن.»

روی تخت کنار فدیا نشست. چشم در چشم او دوخت.

«خوشحالی؟»

فدیا گویی به خیالی مشغول بود. خستگی ناشی از کار و جمع و جور وسایل ذهنش را از کار انداخته بود. حرف او را گویا نشنید. مریم از پرسش خود پشیمان شد. فدیا از خیرگی بیرون آمد و پرسید:

«چی گفتی؟»

«خواستم بدانم، خوشحالی که به خانه خودت می‌روی؟»

«خانه خودم؟ خانه که مال من نیست. خانه دولتی است. از همان خانه‌ها که به زنان آزار دیده و خانواده‌های کم درآمد می‌دهند. می‌دانی، من با شوهرم که زندگی می‌کردم، خانه‌ای از آن خود داشتم. خانه راحت و بزرگی بود. نیمی از آن خانه متعلق به من بود. یعنی حالا هم هست. چهار اتاق خواب و حیاط بزرگی دارد. هر سال توی حیاط

پشتی‌اش سبزیجات می‌کاشتم. حیاط جلو را گل‌کاری می‌کردم. خانه قشنگی است.»

سکوت کرد و پس از لختی گفت: «می‌دانی، از همه چیز چشم پوشیدم. حالا دارم به خانه‌ای می‌روم. خانه که نه. آپارتمانی دوخوابه. در طبقه چهاردهم. ساختمان زیاد تمیزی نیست. ولی می‌دانی... گاهی بهتر است آدم توی خرابه زندگی کند و حیثیت آدم بودنش را حفظ کند تا در قصر پادشاه باشد وبه حساب نیاید. من که نمی‌توانم تحمل کنم.»

مریم جسته گریخته شنیده بود که شوهر فدیا عاشق دختر جوانی شده و اورا از خانه بیرون کرده است. فدیا از حرف زدن در باره همسر ابا می‌کرد. مریم نیز شهامت پرسش نداشت.

فدیا گفت: «می‌دانی، من زندگی خوبی داشتم. یعنی زندگی خوبی درست کردم. وقتی به این کشور آمدیم، هیچی نداشتیم. هردو کار کردیم. شوهرم مرد کاردانی است. با هیچی شروع کرد. وقتی بود که کار در این مملکت زیاد بود. خانه می ساخت ومی‌فروخت. خانه خودمان راهم خودش ساخت. هرسال مسافرت می‌رفتیم. می‌دانی... زندگی را با هیچ شروع کردیم و پس ازپانزده سال، شوهرم پشت پا به زندگی‌مان زد. عشق جدید...»

دوباره سکوت کرد. مریم نیز خاموش بود. در این مدّت فدیا را کم و بیش شناخته بود. زن فطرتی نیک و مهربان داشت. هیچ وقت ندید که خود را در بگو مگوها و مشاجرأت زنان که گاه پیش می‌آمد، دخالت دهد. یاپشت سر این و آن که نقل مجلس زنان بود، حرف بزند. باهمه رفتاری مهربان و ملایم داشت. مریم ابتدافکر می‌کرد، فقط با اوست که چنان صمیمانه حرف می‌زندو بر او دل می‌سوزاند. امّا پس از چند هفته دیده بود که همه ساکنان شلتر و مددکارها برایش احترام قائل بودند. زن هنوز به چهل سالگی نرسیده بود، امّا روش و رفتارش مثل زنان پا به سن

گذاشته سنجیده بود و باعث می‌شد که دیگران از او صلاح و مصلحت کنند.

گفت: «می‌دانی، زندگی زناشویی تعهدی است که انسان در مقابل خود و خدای خود می‌بندد. باید بدان پای‌بند باشد. در زندگی من هم مواردی پیش آمده که دلم برای مردی لرزیده، ولی توانستم بر هوای نفس خود غالب شوم.»

و ادامه داد: «می‌دانی، من به خدا اعتقاد دارم. البته نه آن خدایی که کشیشان یا چه می‌دانم مذاهب دیگر برای ترساندن مردمان ساخته‌اند. می‌دانی... خدایی که...»

دست روی قلب خود گذاشت و ادامه داد: «خدای من اینجاست. اگر آن خدا را از آدم‌ها بگیرند، دیگر چیزی برایشان باقی نمی‌ماند. خورد و خواب و مسائل پایین تنه. من نمی‌توانم چنان زندگی را بپذیرم. می‌دانی... من اعتقاد دارم که انسان فطرتا بد نیست. باید نیکی‌ها را در وجود آدم‌ها شناخت. باید کاری کرد که بدی میدان عمل پیدا نکند. با تبلیغ نیکی باید به جنگ بدی رفت.»

حرف‌های فدیا گرچه بویی از تبلیغات مسیحیان داشت، ولی هرچه بود به دل مریم نشست. شاید آرامشی که در رفتار و گفتارش بود، شاید آن پرتوخوشبختی که بر چهره‌اش نشسته بود، از همان عقاید و تفکرات سرچشمه می‌گرفت. کاش او هم می‌توانست با چنان اندیشه‌هایی خوش باشد. هرچه بود، در این دنیای آشفته و بی اعتقادی پایگاه و تکیه‌گاهی بود.

دو ضربه به در زدند. ماریان سر را به درون آورد. وقتی مریم و فدیا را نشسته روی تخت دید، قهقهه خنده را سر داد و گفت:

«عروس خانم را نگاه کن. نمی‌خواهی تشریف بیاوری. همه منتظر تو هستند.»

باهم به طبقه پایین رفتند.

· · · · ·

آخرشب بود و اتاق نشیمن خلوت شده بود. مریم به طبقه پایین آمد که اخبار ساعت یازده تلویزیون را تماشا کند. مدّتی پشت پنجره ماند و بارش برف را تماشا کرد. اوائل ماه مارس بود و خبری از بهار نبود. در این چند سالی که خارج از ایران زندگی کرده بود، حال و هوای قبل از نوروز و آن حس غریبی که اواخر زمستان در هوا بود، آسمان صاف و ابرهای پراکنده و رگبارها که تن زمین را از سیاهی زمستان می‌شستند، از یاد برده بود. در اینجا ماه مارس دنباله زمستان بود.

همانطور که به تماشای برف مشغول بود، حضور کسی را در اتاق حس کرد. برگشت. ماریان بود. روی راحتی بزرگی نشست. کتابی در دستش بود. پرسید:

«با ارواح راز و نیاز می‌کنی؟»

پرده را رها کرد. روی راحتی دیگری روبروی ماریان نشست. بیش از یک هفته بود که ماریان به شلتر آمده بود. مریم با او هم چون سایر ساکنین شلتر، رفتاری محتاط و سرد داشت. این خصلت در او بود که تا کسی خود باب دوستی نزدیکی را با او نمی‌گشود. او قدم جلو نمی‌گذاشت. سر پرس و جو نداشت. یاد گرفته بود خود را کنار بکشد. در آغاز دوستی‌ها پیشقدم نشود. ولی این دوری از مردم مانع از آن نبود که در رفتار و منش‌های آنان دقیق نشود. آنان را زیر ذره بین کنجکاوی خود قرار ندهد. دور ادور بداند که چگونه آدمی است. بعد چنانچه طرف قدم جلو گذاشت، او نیز استقبال کند.

ماریان را دوست داشت. زنی پر جنب و جوش و پر حرف و زنده دل بود. صدای قهقهه‌های شادش همه را جلب می‌کرد. در روز اوّل

ورودش به شلتر هیچ شباهتی به او و زنان دیگری که در این مدّت دیده بود، نداشت. سرگشته و حیران و ماتم زده نبود. خیلی زود باهمه چیز اخت شد. باهمه باب حرف را گشود. در چند پرسش کوتاه اطلاعات لازم را به دست آورد. با مریم نیز به همان گونه برخورد کرد. مریم در او چیزی دید که به دلش نشست. زن صریح و صمیمی بود. بعد برای مریم گفت که بار سومی است که به شلتر می‌آید. شوهرش را دوست دارد. در واقع عاشق مایک است. فقط اخلاق تند وتیز و زبان بی چفت و بستش اورا از کوره به درمی‌کند. ازخانه بیرون می‌زند که کار به جاهای باریک نکشد. گفت که از شلتر بیزار است. ولی چون نمی‌خواهد مزاحم کسی شود. نمی‌خواهد اختلافاتش را با مایک به میان دوستانش ببرد، اجبارا به شلتر می‌آید. مادرش هم در ایالت دیگری زندگی می‌کند و نمی‌تواند و نمی‌خواهد راه به آن دوری برود. می‌خواهد مایک را زیر نظر داشته باشد و به بهانه راد اورا هر هفته ببیند.

روز دوم اتاق نشیمن را به هم ریخت و ترتبب چیدن اثاثیه را تغییر داد. راحتی‌ها و وسائل کهنه و رنگ و وارنگ را طوری چید که فرسودگی آنها کمتر به چشم بخورد. میزنهار خوری را که چند تکه بود، از هم جداکرد ومثل میزهای رستوران‌ها جدا جدا گذاشت. روی هرکدام گلدانی گل قرار داد. پرده‌ها را که جابجا از میخ پرده جدا شده بود. درست کرد. اسباب بازی‌ها و سایر چیزهای به درد نخور را جمع کرد و در اشکافی که در گوشه اتاق بود، گذاشت. به زنان گوشزد کرد که بچّه‌هایشان حق ندارند، اتاق نشیمن را به هم بریزند. باید به همان گونه که خانه خود را تمیز نگاه می‌دارند، در نظافت اینجا نیز احساس مسئولیت کنند. روزهای بعد مریم شنید که بعضی از زنان از رفتار رئیس مابانه و از فریادهایی که بر سر بچّه‌هایشان می‌کشید، شکایت دارند. صبح‌ها وقتی که زنان در آشپزخانه مشغول تهیه صبحانه و ساندویج برای

بچّه‌هایشان بودند، او به نرمش و جست وخیز می‌پرداخت. ورزشش به نوعی رقص شباهت داشت که دیگران را به تماشا وامی‌داشت. پسرکش که چهار سال بیشتر نداشت، همچون مادر انرژی پرتوانی داشت. گویی بمبی فرو داده باشد، همیشه در آستانه ترکیدن بود. تا وقتی بیدار بود، آرام و قرار نداشت. بچّه‌های کوچکتر از سر راهش می گریختند. هر اسباب بازی که می‌خواست به راحتی از دستشان بیرون می کشید و تا مادر غافل می‌شد، در گوشه‌ای می‌نشست و آن را از هم می‌درید. گویی جز نیروی تخریب نیروی دیگری در او نبود. فدیا در همان یکی دو روزی که بود ماریان را پند داد، بهتر است بچّه را وادارد، اسباب بازی را که ازهم گسیخته، دوباره سرهم سوار کند. این کار را می‌تواند با گفتن قصّه‌ای به بچّه یاد دهد.

«چه جور قصّه‌هایی؟»

«مثلا این که در روز رستاخیز باید عروسکی را که سر ازتنش جدا کرده، جان دهد.»

ماریان قهقهه بلندی سر داد و گفت: «می‌خواهی ازحالا خرافات توی کله‌اش فرو کنم. خوب بگذار خراب کند. دنیاست که رو به ویرانی می‌رود. تقصیر او نیست. ژن ویران کردن در نهادش نهفته است.»

فدیا سری تکان داد وگفت: «بعدها که بزرگتر شد، شاید بخواهد کله آدم‌ها را هم از تن جدا کند.»

ماریان به فکر فرو رفت. از فردای آن روز با حوصله تمام بچّه را می‌نشاند. اورا وادار می کرد که هرآنچه را از هم گسیخته، دوباره بسازد. پسرکش ابتدا طفره می‌رفت. امّا وقتی چند بار ماریان این کار را کرد، اونیز علاقمندشد. این کار باعث شد که پسر گاهگاهی در گوشه‌ای بنشیند وبا آنچه خود خراب کرده مشغول شود.

ماریان می‌خندید و می‌گفت: «ژن ویرانی را در او ویران کردم. و ژن سازندگی را در او کاشتم.»

برای مریم ماریان با زنان دیگر فرق داشت. با فدیا هم فرق داشت. فدیا مثل مردابی ساکن و پر اززیبایی‌های شگرف بود. ماریان دریایی طوفانی بود. وقتی هم که لب فرومی‌بست، سکوتش آزاردهنده بود. جواب هیچ کس را نمی‌داد و به فکر فرو می‌رفت.

پاها را روی راحتی دراز کرد و گفت:

«تو همیشه توی اتاقت هستی، چه کار می‌کنی؟»

«می‌خوانم.» و از دهانش درآمد که: «می‌نویسم.»

چهره ماریان شکفت: «می‌نویسی؟ چه می‌نویسی؟»

«هنوز هیچ.»

«هیچ؟ عجب حرفی می‌زنی. خودت می‌گویی می‌نویسی و هیچ می‌نویسی. مگر می‌شود؟»

«چطور بگویم دارم تمرین می‌کنم.»

«تمرین چی؟»

مریم پشیمان از گفته خود، می‌خواست که از جواب دادن طفره برود. یقین داشت هر زن دیگری بود، دنباله حرف را نمی‌گرفت. در این مدّت چه بسیار کسان ازاو پرسیده بودند که ساعات روز را در اتاق خود چه می‌کند و او با جمله‌ای از سر بازشان کرده بود.

«قصّه، شعر.»

چشمان ماریان گشاد شد. راست نشست و گفت:

«به به. پس تو نویسنده‌ای.»

«نه، نیستم.»

«چرا خودت را انکار می‌کنی؟»

«انکار نمی‌کنم. هنوز نیستم.»

«خوب، نباش.»

طوری حرف زد که انگار حوصله‌اش سرآمده باشد. بعد دوباره چشم به او دوخت و گفت:

«خوشا به حالت. من همیشه دلم می‌خواست...»

دنباله حرف رانگرفت. کتابی که در دست داشت به مریم نشان داد و گفت:

«همه وقت بیکاریم را از این چیزها می‌خوانم. رمان‌های علمی. تو دوست داری؟»

«تا به حال نخوانده‌ام.»

«جالب هستند. نام با مسمایی هم دارند. رمان علمی. در حالی که همه‌شان دروغ و ساخته ذهن نویسنده هستند. من تعّجب می‌کنم چرا نام علم روی آن‌ها می‌گذارند. می‌دانی علم بر اساس واقعّیت وتجربه است. براساس دودوتا چهارتا. و این رمان‌ها... خنده دار نیست؟»

مریم گفت: «شاید بدان جهت که انسان به دنبال تازگی‌ها و چیزهای بدیع است. به دنبال کشف دنیاهای جدید. چیزهای باورنکردنی. شاید هم بدان جهت که خودرا در برابر عظمت این جهان و ناشناختنی‌ها ضعیف می‌بیند. از آنچه خود نمی‌داند و براو پوشیده است، تصویری مطابق دل‌خواه خود می‌سازد.»

حرف‌های مریم ماریان را به فکر فروبرد وهمچنان که کتاب را دردست داشت وباز وبسته می‌کرد، گفت:

«شاید، بعید نیست.»

و پس از لختی ادامه داد: «ولش کن. بهتر است به این چیزها فکر نکنیم. من فقط دوست دارم این رمان‌هارا بخوانم و وقتم را پر کنم. به نویسنده‌اش کاری ندارم که چه چیزهایی در کله‌اش داشته است. شاید هم از این جهت می‌نویسند که از زندگی واقعی دور شوند. این زندگی

گاهی بدجوری آزار دهنده است. می‌فهمی چه می‌گویم؟ منظورم آدم‌ها هستند. چرا نمی‌توانند در کنارهم بی جنگ و دعوا زندگی کنند. دردشان چیست؟»

«اگر می‌دانستم که اینجا نبودم.»

ماریان خنده‌ای کرد و گفت: «راست می‌گویی.» و پرسید: «چندوقت است اینجایی؟»

«چهل و دو روز.»

«و چند ساعت و چند دقیقه؟»

قهقهه خنده را سرداد: «معلوم است که پس از چهل و دو روز به اینجا عادت نکرده‌ای.»

«مگر باید عادت کرد؟»

«راست می‌گویی من هم از اینجا بیزارم. ولی چه کنم، جای دیگری ندارم که بروم. اگر مایک این همه تندخو نبود، یک لحظه ترکش نمی‌کردم.»

سکوت کرد. سایه اندوهی که بسیار کم اتفاق می‌افتاد بر چهره‌اش نشست. مریم می‌خواست بپرسد، کتکت هم می‌زد؟ در دل به پرسش خود خندید. همان پرسشی که روزهای اوّل آن همه اورا آزرد. در این مدّت آنقدر آن را از زبان این و آن شنیده بود که مثل پرسش «هوا چطور است؟» به نظرش عادی می‌آمد. به موقع جلوی زبان خود را گرفت و پرسید:

«چرا ترکش کردی؟»

ماریان نگاه خود را از نامعلوم گرفت و به او نگریست. گویی تازه پی به گفته او برده است. بی‌اندیشه گفت:

«به همان دلیلی که تو شوهرت را ترک کردی.»

مریم پی برد که ماریان نیز نمی‌خواهد چیزی بگوید و از گفته خود پشیمان شد. لب فروبست. ماریان خود را بازیافت و گفت: «عجب جواب احمقانه‌ای. تو شاید دلیل دیگری داشتی. من که گفتم، شوهرم خیلی تند خوست. والا مرد بدی نیست. دوستش دارم. در واقع عاشقش هستم. حتی بیشتر از راد دوستش دارم. دوری از او برایم مثل زندگی در جهنم است. چاره دیگری ندارم. وقتی آن روی سگش بالا می‌آید، باید ازش دور شوم والا به خود اجازه می‌دهد به‌ام توهین کند. حتی دست رویم بلند کند و من نمی‌خواهم. چند بار این اتفاق افتاده است. من هربار از خانه بیرون زده‌ام. این بار باید تکلیف خودم را روشن کنم.»

«می‌خواهی ازش جدا شوی؟»

چشمان ماریان گشاد شد: «جدا؟ نه. گفتم که نمی‌توانم بی او نفس بکشم. ازش جدا بشوم؟ عجب حرفی می‌زنی؟ می‌خواهم قول بدهد که رفتارش را عوض کند. همین و بس.»

مریم به خود جرأت داد و پرسید: «و اگر قول نداد.»

چشمان ماریان پر از ترس شد. به تردید گفت: «چی گفتی؟» و پس از سکوتی ادامه داد:

«مطمئنم که قول می‌دهد. اوهم مرا دوست دارد. ما عاشق همدیگر هستیم. راد را هم دوست دارد. خیلی هم دوست دارد. می‌دانی، هنرمند است. نقاش است. قلب حساسی دارد. بعید است که به راحتی از زن و فرزند خود چشم بپوشد. می‌داند که من تا چه حدّ دوستش دارم. خودش خوب می‌داند.»

مریم حس کرد، ماریان حرف‌ها را برای دل خود، و اطمینان خود می‌زند. از پرسش خود پشیمان شد. نباید زن را به شک می‌انداخت.

ماریان سکوت کرد. مریم نیز جرأت حرف زدن را از دست داد. به خوبی دید که آن پرسش نابجا ماریان را آزرد. نگاهش به او عوض شد. در آن چیزی بود که مریم را ازاو رماند. پرسید:

«تو چی؟ تو چرا خانه‌ات را ترک کردی؟»

«ما باهم تفاهم نداشتیم.»

«چندسال است زن وشوهرید؟»

«هیجده نوزده سال.»

ماریان خندید. درخنده اش تحقیر بود.

«پس از هیجده نوزده سال، تازه فهمیدی که با اش تفاهم نداری؟»

«از خیلی وقت پیش فهمیده بودم.»

«پس چرا ازش جدا نشدی؟»

مریم جواب نداد. پی برد که ماریان سر انتقام جویی دارد. نگاهشان به هم گره خورد. ماریان معنی نگاه مریم را دریافت. کوتاه آمد. امّا حرف هنوز بیینشان بود. حرف‌های ناگفته، که هردو را می‌آزرد. ماریان پرسید:

«می‌خواهی ازش جدا شوی؟»

«نمی‌دانم.»

«دوستش داری؟»

«نمی‌دانم.»

«با نمی‌دانم که کاردرست نمی‌شود. تو انگار می‌ترسی حرف دلت را بزنی. چیزی را از خودت هم پنهان می‌کنی. خوب اگر دوستش نداری که غمی نداری. عشق است که آدم را گرفتار می‌کند. اسیر می‌کند. تو مثل من نیستی. من عاشق شوهرم هستم. ولی می‌دانی، من و او مثل ابرهای باران زا هستیم. وقتی به هم می‌پیچیم، طوفان می‌شود. رگبار می‌شود. سیل جاری می‌شود.

«چه تشبیه زیبایی.»

«از شوهرم یاد گرفتم. گفتم که او هنرمند است. آه، راستی توهم که نویسنده‌ای. و توچی؟ تو اصلا عشق را می‌شناسی؟»

می‌شناخت؟

ازدور اورا می‌بیند که کنار درخت‌های تازه کاشته شده حاشیه خیابان ایستاده است. برای اوّلین بار که سایه لبخندی را بر صورتش می‌بیند. دلش می‌لرزد. خون با شدت یشتری در رگ هایش به گردش می‌افتد. داغ می‌شود. کی است او؟ چند وقت است که سر کوچه‌شان می‌ایستد؟ اورا قبلا هم دیده است؟

از دبیرستان بیرون می‌آید. کوچه فرعی را طی می‌کند و وارد خیابان می‌شود. چشمش به دنبال او است. می‌بیندش. سر وگردنی بلندتر از آدم‌های دیگر است. هرقدم که به او نزدیکتر می‌شود، قلبش تندتر می‌زند. می‌خواهد که تند از جلویش بگذرد. می‌خواهد سر به پایین داشته باشد. ملیحه همراه اوست. دائم از امتحانات آخر سال حرف می‌زند. ثلث اوّل و دوم تجدیدی آورده است. می‌خواهد او به خانه‌شان برود و باهم درس بخوانند. اونمی‌خواهد. خانه ملیحه دو کوچه پایین تر است. در سرکوچه ملیحه می‌ایستد تا با او خداحافظی کند. حواسش به ملیحه نیست. به اوست. همانجا ایستاده است. سربزیر از کنار او می‌گذرد. از نگاه کردن به او پرهیز می‌کند. چشم بی اختیار به مرد می‌نگرد، لبخند و نگاه نوازش‌گر اورا می‌بیند. شادی در رگ هایش می‌دود. قدم تند می‌کند. به کوچه‌شان می‌پیچد. صدای پای اورا می‌شنود. اوست؟ شک به جانش می‌افتد. کاش اوباشد. کاش نباشد. نباید بر گردد. نباید باب آشنایی را با او باز کند. کیست او؟ از کجا آمده است؟ چه مدّت است که بر سر راهش می‌ایستد؟ کوچه خلوت

است و او تند می‌رود. صدای ضربان قلب خود را می‌شنود. صدای قدم‌های اورا می‌شنود. بر می‌گردد. سر دیگر در اختیار او نیست. اورا می‌بیند که باز به رویش لبخند می‌زند. چیزی می‌گوید. نمی‌شنود. حرف‌ها را باد با خود می‌برد. تندتر می‌رود. می‌دود. به درخانه می‌رسد. کوبه در را محکم می‌کوبد. ناهید در به رویش می‌گشاید. چهره سرخ شده‌اش را می‌بیند.

«چی شده؟ دنبالت کردند؟»

جواب نمی‌دهد. به زیر زمین می‌رود. می‌ترسد به اتاق برود و مادر اورا در آن حال ببیند. می‌داند اگر بفهمد، قلم پایش را می‌شکند. این حرف‌هارا بارها شنیده است. رسوایی؟ نه، نمی‌تواند تحمل کند. در حیاط می‌ماند. کنار حوض می‌نشیند. به صورتش آب می‌زند. باغچه‌ها در اردیبهشت تهران، با جوانه‌هاو گل‌های تازه کاشته شده‌شان طراوتی دل‌نشین دارند. دلش از عشقی ناشناخته می‌طپد. آن نگاه مهربان و آن لبخند و آن چهره که اینک گویی سال‌هاست می‌شناسد، درخاطرش نقش بسته است. گرمایی لذت بخش در جانش می‌نشیند. دلش می‌خواهد جای خلوتی دراز بکشد و خودرا به دست خیالات خوش بسپارد. خیالاتی که گویی جایی در او پنهان و خفته بودند و حال سر برافراشته‌اند. گاه و بی‌گاه دچار این حالت خلسه می‌شود. وقتی که مرد بی‌اختیار او در نظرش جان می‌گیرد. رویا اورا باخود می‌برد. فراموش می‌کند کجاست. کتاب در دستش باز می‌ماند. نمی‌خواند و مادر که اورا به خود می‌آورد، گویی از ارتفاع بلندی به زمین افتاده باشد، یکه می‌خورد. مادر به حیرت نگاهش می‌کند.

«چته؟ حال و هوای خود نیستی؟»

سرخ می‌شود. اشک در دیدگانش می‌نشیند. زود رنج و حساس شده است. به کوچکترین حرف تندی اشکش سرازیر می‌شود. خاله گوهر

می‌گوید، از فشار درس و امتحان است. مادر با شک می‌پذیرد. هیچ وقت درس ومدرسه اورا چنان مالیخولیایی نکرده است. همیشه شاگرد اوّل بوده است. همیشه نمره‌های درخشان داشته است. وقتی کارنامه را به دست پدر می‌داده، یک یک نمره‌ها را می‌خوانده و تشویقش می‌کرده:

«آفرین دخترم، توباید پزشک شوی. خانواده ما یک پزشک کم دارد.»

او به پزشکی فکر نمی‌کند. پزشکی را دوست ندارد. می‌داند که در پزشکی قبول نمی‌شود. از بیمارستان بیزار است. به پدر هیچ نمی‌گوید. ملیحه می‌گوید، خوشا به حالت پدر خوبی داری. پدر من با دانشگاه رفتنم مخالف است. باید بی‌خبر ازاو کنکور بدهم. ولی می‌دانم، قبول نمی‌شوم. اگر نمره‌های ترا داشتم. حسرت را درنگاه ملیحه می‌بیند. هیچ نمی‌گوید. پس چه می‌خواهد؟ اورا؟ نه، اورا هم نمی‌خواهد. می‌ترسد به او نزدیک شود. می‌ترسد با او حرف بزند. صدایش را می‌شنود. وارد خم کوچه نشده است که کسی اورا به نام می‌خواند. اوست؟ دیده است که همان‌جا ایستاده است و بعد پشت سرش راه افتاده است. قدم تند می‌کند.

«خواهش می‌کنم. فقط یک دقیقه.»

نباید بایستد. اگر مادر ببیند. اگر پدر بفهمد. پدرهمیشه از عفت وپاکدامی حرف می‌زند. ازاین که او و ناهید ناموس خانواده‌اند. ناهید کوچکتر از آن است که این چیزها را بفهمد. او باید بفهمد. باید سرمشق ناهید باشد. به ناهید حسرت می‌خورد. کاش دیرتر به دنیا می‌آمد. کاش ناموس خانواده نبود. کاش مجبور نبود توی کوچه سربزیر راه برود وجز جلوی پای خود به جای دیگری نگاه نکند.

می‌خواهد که برای پدر ومادر دختری نمونه باشد. دست از پا خطا نکند. پس باید از او بگریزد. امّا چرا ازمدرسه که بیرون می‌آید، با

قدم‌های تند خود را به خیابان می‌رساند. به دورها نگاه می‌کند تا اورا ببیند. وقتی اورا می‌بیند، خون در رگ هایش به سرعت می‌دود. سرخ می‌شود. ملیحه سرخی صورت اورا می‌بیند و می‌پرسد، چی‌شده؟ آقای رفعتی را دیدی؟ آقای رفعتی از کنارشان می‌گذرد. به روی او لبخند می‌زند. ملیحه می‌گوید، آقای رفعتی ازتو خوشش می‌آید. او از آقای رفعتی بیزاراست.

اورا درکنار خود می‌بیند.

«چرا هیچ نمی‌گویی؟ من ترا دوست دارم. می‌خواهم مادرم را بفرستم خواستگاری. فقط به‌ام بگو تو راضی هستی؟»

پیش از آن که پا به فرار بگذارد، نامه‌ای در جیبش می‌گذارد. تا خانه می‌دود. به مستراح ته حیاط می‌رود. همانجا ایستاده می‌ماند. نامه را از جیب بیرون می‌آورد. می‌ترسد آن را باز کند. منتظر می‌ماند تا ناهید به اتاق می‌رود. از مستراح بیرون می‌آید. نامه را لای یکی از کتاب‌هایش پنهان می‌کند. انگار ماری با خود دارد. وحشت زده است. به اتاق می‌رود. مادر در خانه نیست. نفس راحتی می‌کشد. نامه دیگر مار نیست. وسوسه است. باید بازنکرده پسش بدهد. خواستگاری؟ عروسی؟ نه. پدر مخالف است. می‌داند که پدر و مادر عزم جزم کرده‌اند، از او یک پزشک بسازند. خانواده پزشک می‌خواهد. دختر آقای فیلسوفی پزشکی می‌خواند. آقای فیلسوفی ناظم دبیرستان است و پدر مدیر دبیرستان. چطور ممکن است، دختر ناظم بتواند پزشکی بخواند و دختر مدیر نتواند.

ناهید به حیاط رفته است، بازی کند. هیچ کس در اتاق نیست. وسوسه رهایش نمی‌کند. نامه را باز می‌کند می‌خواند. وقتی خواندن را تمام می‌کند، به اطراف خود نگاه می‌کند. روی ابرها نشسته است. همه چیز لغزان است و از پشت پرده مه دیده می‌شود. می‌خواهد قلم بردارد

وجواب نامه را بنویسد. کلمات مثل جویبار در او جاری است. درجواب هر جمله، جمله‌ای به همان شیرینی وهمان خیال‌انگیزی در کله‌اش می‌جوشد. صدای قدم‌های مادر را می‌شنود. نامه را درکیف می‌گذارد.

هروقت اورا می‌بیند، به دنبالش می‌آید ومی‌پرسد، چرا جواب نامه‌اش را نمی‌دهد. دیگر می‌داند که دوستش دارد. به رویش لبخند می‌زند. جرأت حرف زدن ندارد. لبخند بی‌اراده بر لبانش می‌نشیند. لبخند همان حرف است. خود باید از همان لبخند وهمان نگاه شرم زده همه چیز را دریابد. خواستن چنان زورآور می‌شود که جواب نامه را می‌دهد. دیروقت شب به بهانه درس خواندن به اتاق پذیرایی می‌رود. در به روی خود می‌بندد و چند صفحه سیاه می‌کند. فردا عصر نامه را به او می‌دهد.

چند روز بعد مادر می‌گوید که سکینه خانم همسایه ته کوچه می‌خواهد به خواستگاری مریم بیاید. می‌گوید که محمود و مریم عاشق هم هستند. باهم نامه رد وبدل می‌کنند. همه این چیزها را در حضور پدر می‌گوید. او که می‌شنود، انگار سطل آب داغی بر سرش خالی می‌کنند. پدر با خشمی که سابقه ندارد، سرش داد می‌زند. باز از عفت و پاکدامنی می‌گوید. چنان بر او فریاد می‌زند که عشق مثل نهالی که دچار آفت شده باشد، دردلش می‌خشکد.

اورا دیگر سرراه خود نمی‌بیند. نمی‌داند بین پدر ومادر و خانواده او چه گذشته است. غم جای عشق را دردلش پر می‌کند. پی می‌برد که نمی‌تواند عاشق شود. اگر عاشق شود باید آن را در دل مدفون کند. از غم دل با ملیحه می‌گوید. ملیحه پندش می‌دهد که فراموش کند. ملیحه هم سن وسال اوست ولی مثل بزرگترها، مثل پدر ومادرها حرف می‌زند. ملیحه از رسوایی می‌گوید. عشق را با رسوایی یکی می‌داند.

«پس چه کار کنم؟»

«فراموشش کن.»

«به همین سادگی؟»

«به آینده‌ات فکر کن. این جور عشق‌ها آخر وعاقبتی ندارند. پسره هم که کاره‌ای نبوده. دیپلمش را هم نگرفته است. باعشق خالی که نمی‌شود زندگی کرد. فکرش را بکن، وقتی بچّه دار می‌شدید. زندگی که شوخی نیست.»

«پس عشق وجود ندارد؟ نباید وجود داشته باشد. باید آن را خرید؟ با پول و مقام خرید؟»

«این حرف‌ها به درد کتاب‌ها می‌خورد. زندگی که این چیزها سرش نمی‌شود. تو چطور راضی می‌شدی زن مردی بشوی که حتی دیپلم هم ندارد؟»

«من که نمی‌دانستم او دیپلم دارد یا ندارد. من عاشق دیپلمش نشده بودم. دیپلم داشتن و نداشتنش برایم مهم نبود.»

«مهم نبود؟ تو خیلی از مرحله پرتی. همیشه توی خواب و خیال زندگی می‌کنی. پدرت می‌خواهد از تو یک پزشک بسازد وتو... هیچ می‌دانی وقتی پزشک شدی، چقدر مقام وارزش پیدا خواهی کرد. بهترین مردهای این شهر به خواستگاری‌ات می‌آیند.»

«و اگر من هیچ کدامشان را دوست نداشته باشم چی؟ عشق که دست خود آدم نیست.»

«چرا نیست؟ عشق یک هوس زود گذر است.»

همین چیزها را پدر هم گفته است.

«باید هوی وهوس را کشت. نباید بدان بال وپر داد. آدمی که اسیر هوای نفس شود، زندگی خودش را تباه کرده است.»

به ملیحه می‌گوید: «پس این همه شعر که در باره عشق گفته‌اند.»

«شعر؟ خودت می‌گویی شعر. با شعر که نمی‌شود زندگی کرد. قبول کن که این روزها آدم‌های بیکار عاشق می‌شوند. و تو حالا... موقع امتحانات آخر سال. نزدیک کنکور دانشگاه. مگر به سرت زده که عاشق شدی. فراموش کن. والا بدبخت می‌شوی.»

«فکر می‌کنی می‌توانم؟»

«چرا نتوانی. تو که این همه زرنگ هستی. تو که مسائل فیزیک و شیمی و مثلثات و جبر هندسه را به یک چشم به هم زدن حل می‌کنی. تو که هم ریاضیاتت خوبه و هم ادبیّاتت. نمی‌توانی یک فکر پوچ را از سر به در کنی؟»

جواب نمی‌دهد. ملیحه هم از او دور است. حتی یک بار با همدردی نگاهش نمی‌کند. وقتی می‌فهمد عاشق شده است، چنان به او می‌نگرد که انگار گناهی مرتکب شده است. همان نگاه سرزنش بار پدر و مادر را دارد.

«راست راستی عاشقش هستی؟»

«راستش خودم هم نمی‌دانم. یعنی اوّلش نمی‌دانستم. امّا حالا...»

«حالا چی؟»

«حالا فکر می‌کنم دوستش دارم. از وقتی دیگر نمی‌بینمش، مثل این که چیزی گم کرده باشم. دلم همیشه گرفته است. دلم می‌خواهد گریه کنم، و جرأت نمی‌کنم. پدر و مادرم اگر بفهمند هنوز بهش فکر می‌کنم، بیشتر از دستم عصبانی می‌شوند. دلم نمی‌خواهد آنان بفهمند که هنوز دوستش دارم. خوب دوستش دارم. دست خودم نیست.»

«دست خودت نیست؟ پس دست کی‌است. مگر اختیار دلت را نداری؟»

«باید داشته باشم؟»

«عجب سئوالی می‌کنی. یک بچّه چهار پنج ساله هم می‌تواند اختیار دلش را داشته باشد. فکرش را بکن اگر این‌طور بود که سنگ روی سنگ بند نمی‌شد.»

«چطوری؟»

«می‌پرسی چطوری. خوب اگر هرکس هرکار دلش می‌خواهد بکند و بگوید که اختیار دل خودم را ندارم که آن وقت کار دنیا جور در نمی‌آمد.»

«ولی عشق که اختیاری نیست.»

«گفتم که این‌ها همه‌اش شعر است. آره به قول خودت شعر است. شعر هم که باد هواست.»

به ملیحه نگاه می‌کند. چقدر از او دور است. چرا مثل آدم‌های پیر حرف می‌زند. مثل آن ها که به قول خودشان چند پیراهن بیشتر پاره کرده‌اند. در باره همه چیز نظر می‌دهند و فلفسه می‌بافند. این چیزها را کی یاد گرفته است. کجا یاد گرفته است.؟ پس او چرا یاد نگرفته است. پس او چرا فکر نمی‌کند که شعر حرف مفت است. او شعر را دوست دارد. از همان سال دوم وسوم ابتدایی که خواندن ونوشتن را آموخته است، از همان موقع که به یاد می‌آورد پدر فال حافظ می‌گیرد و او به آن اشعار گوش می‌کند. شیرینی و آهنگ کلام در جان و جسمش می‌نشینند. بعد خود در غیاب پدر کتاب را می‌گشاید ومی‌خواند. بسیاری از آن اشعار برایش نامفهوم هستند. امّا چیزی در آنهاست که اورا می‌فریبد. مثل موسیقی آهنگی دارد که با جانش می‌آمیزد. بعد مثل کسی که به شعر معتاد شده باشد، خیام و باباطاهر و مولوی و حافظ می‌خواند. زنگ ادبیّات را ازهمه کلاس‌ها بیشتر دوست دارد. انشاهایش زبان‌زد شاگردان دیگر کلاس‌هاست. شعر برای او موسیقی است.

زندگی است. غذای روح است. شعر برای او حرف مفت نیست. در غزلیّات شمس می‌خواند.

در عشق زنده باید، کز مرده هیچ ناید
دانی که کیست زنده؟ آن کو ز عشق زاید

«سعی کن فکرش را از سر به در کنی. این‌طوری راحت‌تری. به آینده‌ات فکر کن. به این که داشتی خودت را با دست خودت بدبخت می‌کردی.»

غم کم‌کمک رنگ می‌بازد. عشق در اعماق قلبش می‌ماند. کی فراموش می‌شود؟ نمی‌داند. هیچ نمی‌داند.

چندسال بعد که خانه‌شان را عوض می‌کنند. دیگر از آن خیابان و آن کوچه نمی‌گذرد. گاه که گذارش به آنجا می‌افتد، گویی آن پسر بلند قد را می‌بیند که کنار نهال‌های جوان که اینک قد برافراشته‌اند وسایه گسترده‌اند، ایستاده است. سربالایی خیابان را می‌آید. قلبش تند می‌طپد. حال دیگر عشقی در دل ندارد. فقط خاطره‌ای محو، مثل عکسی رنگ و رو رفته در ذهنش باقی مانده است. نمی‌داند ونمی‌خواهد بداند که پسر کجا رفت وبر سرش چه آمد.

۹

در سالن دانشجویان، در ساعت ده صبح با فرزانه قرار داشت. وقتی رسید، اورا پشت میزی مشغول مطالعه دید. قهوه گرفتند ونشستند. فرزانه سیگاری روشن کرد. پکی زد و دود را به هوا فرستاد. چهره‌ای خسته و گرفته داشت. شب قبل یک ساعتی باهم تلفنی حرف زده بودند. این بار فرزانه بود که از او راه چاره می‌خواست. نه آن که مستقیما نظر مریم را بخواهد. امّا هربار در جمله‌ای پنهان و آشکار می‌گفت، نمی‌دانم چه کنم. توی بدهچلی گیرکرده‌ام. قرار امروز را هم نه برای حل مشکل فرزانه، که برای دیدار گذاشتند. فرزانه گله می‌کرد که ترا دیگر نمی‌شود دید. در آن قصر شاهانه بست نشستی. خانه ماهم که نمی‌آیی. می‌ترسی صالح را توی اشکاف لباس قایم کرده‌باشم، و او دست وپایت را ببندد و باخود ببرد. مریم در سکوت طعنه‌های فرزانه را شنید. حوصله جواب دادن نداشت. در این سه چهار سالی که با او آشنایی داشت، کم وبیش روحیه‌اش را شناخته بود. پرحرف بود و به خود اجازه می‌داد که نیش‌ها وطعنه‌هایی چاشنی کلامش کند و آن را به حساب صمیمیت و دوستی نزدیکش با او بگذارد. فرزانه با دیگران نیز چنان بود، ومریم به بی‌پروایی او حسادت می‌کرد. فرزانه حرف دل خود را می‌زد. برایش مهم نبود که در کلامش نیشی نهفته است که طرف را می‌آزارد و یا نمی‌آزارد.

«خوشا به حالت خوب حاضر جوابی. خوب بلدی به نقطه حساس بزنی.»

«یادگرفته‌ام. اگر نزنی، می‌خوری. این قانون جوامع انسانی‌است.»

«پس وای به حال جوامع انسانی.»

«وای به حالی هم دارد.»

بگومگوشان در این باره همیشه به بن بست می‌رسید. مریم کوتاه می‌آمد. خصلت او نیز در کوتاه آمدن بود. فرزانه نیز از آن سود می‌برد. اورا شناخته بود. می‌دانست که در بحث‌ها، حتی اگر منطقی هم در کلامش نباشد، می‌تواند مریم را به سکوت وادارد. مریم گاه از ادامه دوستی با او درشگفت می‌شد. در بسیار مواردهیچ تشابهی بینشان نبود. مریم شیفته صمیمیت و رک گویی فرزانه بود. گو این که گاه این صمیمیت جای خود را به گستاخی و حتی توهین پنهان می‌داد. در فرزانه چیزی بود که مریم را می‌فریفت. وآن میل به ترقی وسری میان سرها درآوردن بود. بارها ازاو شنیده بود، که باید خودم را بالا بکشم. باید به همه نشان دهم که ارزشم خیلی بیش از این ریش و سبیل‌دارهاست که دنیا را در چنگ خود گرفته‌اند.

به دنبال آنچه می‌خواست، می‌رفت و به دست می‌آورد. تنها نقطه تاریک زندگیش پسرهایش بودند، که مجبور شده بود، ترکشان کند. در ایران هم که بوده، نمی‌توانسته آنان را به راحتی ببیند. برای دیدارشان مجبور بوده گوشه و کنار، سر راهشان کمین کند.

«فکرش را بکن، پاره جگرت را ازت بقاپند و بعد هم جرأت نداشته باشی...»

«ولی من بالاخره روزی هردورا ازش می‌گیرم. خواهی دید. بگذار یکی دو تا دکترا و لیسانس بگیرم. روزی برای گرفتنشان خواهم رفت که جرأت نکند، نه بگوید.»

مریم امیدوارش می‌کرد که آن روز خواهد آمد. جرقه تصمیم را در نگاه فرزانه می‌دید واورا تحسین می‌کرد. سیگار نیمه تمام در جا سیگاری دود می‌کرد. مریم قهوه خود را می‌نوشید. چشم به اطراف داشت. مرکز دانشجویان مثل همیشه شلوغ بود. صدا و دود و بوی

غذاهای جورواجور محوطه راپر کرده بود. نگاهش با نگاه فرزانه تلاقی کرد. در فکر بود.

پرسید: «بالاخره تصمیم خود را گرفتی؟»

فرزانه با قاطعیت گفت: «آره.»

«خوب؟»

«ولش می‌کنم.»

مریم هیچ نگفت.

زبان در دهانش نمی‌چرخید. نمی‌دانست چه بگوید. فرزانه پکی به سیگار زد و ته مانده آن را در جاسیگاری خاموش کرد.

«سیگار نمی‌کشیدی.»

«گهگاهی می‌کشم. وقتی که لازم داشته باشم.»

لختی به مریم خیره ماند. شاید انتظار داشت مریم چیزی بگوید. اظهار نظری بکند. چون با سکوت و سرگردانی او مواجه شد، گفت:

«ازت خوشم می‌آید. خودت را قاطی هیچ چیز نمی‌کنی.»

مریم لبخندی زد و گفت: «راستش را بگویم؟»

«بگو.»

«دل‌خور نمی‌شوی؟»

«مطمئن باش اگر دل‌خور بشوم، جوابت را همین‌جا می‌دهم و نمی‌گذارم سر دلم بماند.»

مریم به تردید گفت: «از کارت تعّجب می‌کنم. تو چنان تصویری از فرهاد برای من کشیدی که من فکر می‌کنم توی یک ملیون مرد یکی مثل او پیدا نمی‌شود. حالا با این حرفت...»

فرزانه خنده‌ای سر داد و گفت: «پس فرهاد برای تو یک قدیس شده؟»

«تو اورا مثل یک قدیس به من نشان دادی.»

«ولی قدیس‌ها هم آدمند. از پوست و گوشت آدمی درست شده اند. تازه من گفتم، تو چرا باور کردی؟ بعلاوه در این جا مسئله فرهاد نیست. بچّه‌ها هستند. من با فرهاد می‌خواهم زندگی کنم، نه با فرهاد و دو دختر چهارده ساله و شانزده ساله. حالا که تصمیم دارد بچّه‌هایش را به اینجا بیاورد، دیگر آن فرهاد سابق نیست.»

«منظورت را نمی‌فهمم. خوب بچّه‌هایش هستند. چه کارشان کند پس؟ تو مگر دیشب نمی‌گفتی که زن سابقش دیگر نمی‌خواهد بچّه‌ها را داشته باشد. می‌خواهد ازدواج کند. پس به نظر تو بچّه‌ها را باید این وسط به امید خدا رها کند؟»

«نه من چنین چیزی نگفتم. بچّه‌هایش را داشته باشد. منتهی من نمی‌توانم با اوباشم. او بخیر ومن به سلامت.»

«ولی تو می‌گفتی فرهاد را دوست داری. عاشقش هستی.»

خنده بلند فرزانه مریم را شگفت زده کرد.

«عاشق! هه، هه این حرف‌ها را بگذار درکوزه و آبش را بخور. زندگی امروز و عشق؟ کجای کاری؟ عزیزم او هم ادّعا می‌کند که عاشق من است. ولی خوب، می‌بینی که بچّه‌هایش را هم نمی‌خواهد از دست بدهد.»

«نمی‌فهمم چه می‌خواهی بگویی. آخر چطور از بچّه‌هایش دست بکشد؟»

«من که نگفتم دست بکشد.»

«پس چی؟»

فرزانه جواب نداد. مریم گفت:

«ببین فرزانه، من نمی‌خواهم ترا نصیحت کنم. ولی...»

فرزانه به میان حرفش دوید: «نصیحت لازم ندارم. همان‌طور که خودت لازم نداشتی. یعنی نصیحت کسی را قبول نکردی.»

«مسئله من و تو باهم فرق می‌کند. من فقط می‌خواستم بگویم، دوستی‌ها ارزش دارد.»

فرزانه بی‌حوصله گفت: «آره می‌دانم. امّا این جملات زیبا حالا فقط به درد کتاب‌ها می‌خورد. تو، مریم باید از زیر وبم زندگی من خبر داشته باشی. یعنی همه چیز را برایت گفته‌ام. من مثل گرگ باران دیده هستم. برایت گفتم که رضا با من چه کرد. می‌دانی من یک دختر هفده هیجده ساله شهرستانی چشم و گوش بسته، همه وجود و هستی‌ام را نثارش کردم. عشق را با او شناختم. بعد او، وقتی که به قول معروف میخش را کوبید، توی بیست ویک سالگی دو تا بچّه روی دستم گذاشت، سر بد رفتاری‌اش شروع شد. معشوقه تاق و جفت گرفت و مرا تا حدّ هیچ پایین آورد. خوب انتظار داشتی که من چه بکنم؟ من هم برایت گفتم که به راه خودم می‌رفتم. در دانشگاه قبول شدم و با پسر خوشگلی روی هم ریختم. خوش بودم. خوب جرأت نمی‌کردم حرف طلاق را به میان آورم. خانواده‌ها مگر می‌گذاشتند. رضا هم نقطه ضعف مرا پیدا کرده بود. تا صحبت از طلاق می‌شد، می‌گفت، برو. گورت را گم کن. دور بچّه‌ها را هم خط بکش. خوب، خودت را بگذار جای من. بیژنم هنوز شیر می‌خورد. من زندگی نکردم. باور کن حس می‌کردم توی رگ هایم به جای خون، نفرت جاری است. اگر قدرت داشتم با کاردی قلب رضا را از سینه‌اش بیرون می‌آوردم. با آن پسره مسعود هم همان‌طور الکی خوش بودم. فقط برای خنک کردن دل خودم. خیال می‌کردم آن یکی عاشق من است. وقتی رضا به رابطه‌ام با مسعود پی برد، طلاقم داد. خیلی راحت. با فحش و بدو بیراه از خانه بیرونم کرد. جلوی روی پدر ومادر وبرادرانم مرا فاحشه خواند. من هم که از خدا می‌خواستم ازش جدا بشوم. منتهی از دیدار بچّه‌ها هم محروم شدم. رفتم به طرف آن یکی، مسعود، به قول خودش عاشق بی‌قرار من بود. گفتم بفرما با هم

ازدواج کنیم. دیگر سد و مانعی نیست. همیشه طوری از رضا حرف می‌زد که انگار دراکولای خون‌آشامی است و دارد خون مرا می‌مکد. ادّعا می‌کرد که بالاخره مرا نجات خواهد داد. بهش گفتم، نیازی به قهرمانی توهم نیست. دراکولا از خون من خسته شد. ولی آقا شروع به لگد پرانی کرد. توی رویم گفت چطور حاضری با مردی ازدواج کنی که دو سال ازتو کوچکتر است. تو برای من مثل مادر هستی.

می‌بینی؟ پررویی را می‌بینی؟ با فحش‌هایی که لایق ریشش بود جوابش را دادم که فکر می‌کنم تا زنده است از یاد نبرد. ازآن به بعد به خود گفتم، در هررابطه‌ای اوّل باید جایگاه خودم را مشخص کنم. باید بدانم با کی طرف هستم. فکر نکن فرهاد خان هم از آسمان افتاده. با اوهم کم کلنجار نداشته‌ام.»

خاموش شد. مریم می‌توانست سایه اندوه و سرگردانی را در چهره‌اش ببیند. زن پیش از آن که خود به زبان بیاورد، ازدوری بچّه‌ها و از رفتاری که با او شده بود، رنج می‌برد و غرورش اجازه نمی‌داد، از آن سخن بگوید. گاه چند آبجو که می‌زد، اختیار دل از دست می‌داد. حرف بچّه‌ها که به میان می‌آمد، با کینه‌ای آشکار می‌گفت:

«پدرسوخته دیوث، پاره‌های جگرم را ازم گرفت. ولی من راحتش نمی‌گذارم. بالاخره بچّه‌هایم را می‌گیرم.»

مریم به خوبی وجود زخمی را درقلب فرزانه حس می‌کرد. می‌توانست بفهمد که درد همیشه با او هست و با سماجت و سرسختی بر آن سرپوش می‌گذارد. شاید همان توانایی‌ها بود که مریم را شیفته‌اش کرد. نمی‌گذاشت دردهای درونش اورا از راهی که انتخاب کرده بود، باز دارد. وقتی مریم گفت، که کار پرستاری را دوست ندارد و همیشه دلش می‌خواسته ادبیّات بخواند، پرسید:

«پس چرا نخواندی؟»

«نگذاشتند که بخوانم.»

«حالا چی؟ حالا که مجبور نیستی. حالا چرا به دنبال چیزی که دوست داری، نمی‌روی؟»

به مریم شهامت داد و او در امتحانات ورودی زبان دانشگاه شرکت کرد وقبول شد. ازوقتی به دانشگاه می‌رفت، دیدارهایش با فرزانه بیشترشد. فرزانه را همان سال اوّلی که به این کشور آمده بود، در کلاس‌های زبان دید و با او آشنا شد. از همان روزهای اوّل آشنایی شیفته‌اش شد. شهامتش را می‌ستود که چطور می‌توانست با اندک آشنایی که به زبان داشت، با معلم‌ها و شاگردان صحبت کند. اطلاعات به دست می‌آورد و هرچه می‌دانست در اختیار دیگران نیز می‌گذاشت. در همان روزها گفت که می‌خواهد به دانشگاه برود و کامپیوتر بخواند. گفت، درایران سال دو رشته کامپیوتر بوده و بعد مجبور شده به اینجا بیاید.

فرزانه اعتماد به نفس را به مریم انتقال می‌داد. وقتی مریم از آن با فرزانه گفت، جواب داد، همین‌طور است. اعتماد به نفس و شادی مثل اندوه و یاس مسری هستند. بعدها که فرزانه را بیشتر شناخت و به دردی که در دل داشت پی برد، دانست که باید شخصیت قوی واستخوانداری داشته باشد که چنان روحیه شاد و پرجنب و جوشی دارد. وقتی با فرهاد آشناشد و زندگی با اورا شروع کرد، مریم بیشتر تحسینش کرد. گرچه از آن با صالح هیچ نگفت. هروقت هم پرسید، کی ازدواج کردند، جواب داد:

«من چه می‌دانم. مگر مردم باید قباله ازدواجشان را به گردن بیاویزند.»

کمتر ازیک سال بود که به این کشور آمده بود و همه جیز برایش تازگی داشت. فرزانه با بی‌پروایی‌اش، با اراده و قدرت عملی که داشت،

مثل یک راهنما برای او بود. با آن که بسیار کوچکتر از او بود، امّا چون چند ماه زودتر از او به این کشور آمده بود، مریم خیال می‌کرد، به همه راه و چاه‌ها وارد است. خیلی زود کار گرفته بود. در دانشگاه قبول شد. پناهنده بود و نمی‌توانست از وام دولتی استفاده کند. مجبور بود شهریه دانشگاه را بدهد. همه این‌ها مریم را شگفت‌زده می‌کرد. هشت نه ماه از ورودش به این کشور گذشته بود و نمی‌توانست انگلیسی را به راحتی حرف بزند. یا گفته طرف را اگر از چند جمله بیشتر بود، بفهمد. یادگرفتن زبان، مثل سدی در مقابلش بود. هرچه هم می‌خواند، مثل مشت بر سندان کوبیدن بود. درخانه صالح با تکرار این جمله که پس‌اندازمان دارد تمام می‌شود، اعصاب او را خرد می‌کرد. در تمام مدّت سر درکتابی داشت. معلم انگلیسی می‌گفت، تلویزیون تماشا کنید. امّا تلویزیون برای او به علت عدم درک مکالمات خسته کننده می‌شد. گاه آخر شب‌ها به تماشای فیلم‌های سینمایی که مورد علاقه‌اش بود، می‌نشست. نیم ساعت از فیلم نگذشته، خوابش می‌برد. به بچّه‌ها حسادت می‌کرد که پس از چند ماه گفتارهای تلویزیونی را به خوبی دنبال می‌کردند و باهم انگلیسی حرف می‌زدند.

با اصرار صالح که شنیده بود برای پرستارها کار زیاد است، و پشت گرمی فرزانه در مدرسه رزومه‌ای تهیه کرد و برای بنگاه‌های کاریابی فرستاد. نشانی این بنگاه‌ها را فرزانه برایش از روزنامه پیداکرد. چند هفته بعد که تلفن زدند و او را برای مصاحبه دعوت کردند، فکر می‌کرد او را با کس دیگری اشتباه گرفته‌اند. از مصاحبه که برگشت، چنان درب وداغان بود که هرچه صالح ازش پرسید، جواب نداد. وقتی کاری در بیمارستان به او پیشنهاد کردند، به فرزانه گفت: «به معجزه شباهت دارد. نمی‌توانم باور کنم.»

«چرا باور نمی‌کنی؟ خیال کردی می‌خواهند سرپرست بخش جراحی‌ات بکنند. نظافت‌چی که دیگر حرف زدن لازم ندارد، تا چه رسد به مدرک و تخصص. فکر کردی من در این شرکت چه می‌کنم؟ از صبح تا عصر پشت کامپیوتر نشستم و یک مشت رقم می‌زنم. آدمی که شش کلاس سواد داشته باشد هم می‌تواند کار مرا انجام دهد. ولی برای من این تازه اوّل کار است. فکر کردی من به این کار رضایت می‌دهم. حالا هم از سرناچاری مجبورم. صبرکن، یک روز جای مدیر عامل شرکت را خواهم گرفت. اورا مجبور خواهم کرد کار مرا بکند.»

مریم می‌خندید و می‌گفت، آرزو به جوانان عیب نیست.

فرزانه گفت: «تو هم حالا مجبوری. قرارداد کار یک‌ساله‌ات که تمام شد، تقاضای کار بهتری بکن. کاری در حدّ تحصیلات و تجربه‌ات. در این مدّت هم بهتر است در همین زمینه درس بخوانی.»

در آن روزها مریم جرأت نکرد که بگوید کار در بیمارستان را دوست ندارد. هنوز تصویری از بیمارستان‌های اینجا نداشت. فکر می‌کرد شاید بیمارستان‌هایش هم مثل فروشگاه‌هایش که چشم را خیره می‌کرد، زیبا و پر از زرق و برق است. کار را با اشتیاق واکراه شروع کرد. گاه ازاین که دوباره باید به راهی رود که هیچ وقت دوست نداشته است، دلش می‌گرفت. اشتیاق جای خود را به اکراه می‌داد. گاه نیز از این که توانسته بود در این مدّت کاری در بیمارستان و به قول صالح در زمینه کار خودش پیداکند، احساس غرور می‌کرد. خود را عضوی از جامعه‌ای می‌دانست که هنوز شناخت درستی از آن نداشت. بسیاری از پدیده‌های زندگی در آن برایش در پرده ابهام بود. با پیش‌داوری که در باره این کشورها داشت فکر می‌کرد آنان باید در همه مراحل زندگی ازاو جلوتر و پیش‌رفته‌تر باشند. کار را یک نوع تشخّص می‌دانست و از آن با

افتخار حرف می‌زد. در تجربه یک ساله‌اش به واقعیّت‌های بسیاری پی برد و چه بسیار مواقع که آرزو کرد کاش او را استخدام نکرده بودند.

وقتی قرارداد کار یک ساله‌اش تمام می‌شود، نزد سرپرست بخش می‌رود. خیال می‌کند، این روسا هستند که در استخدام و اخراج کارکنان نقش دارند. هنوز تصویری از سلسله مراتب ادارات ایران با خود دارد.

از پیش همه جملاتی را که باید به زبان آورد، در ذهن خود آماده دارد. فکر می‌کند انگلیسی را تاحد حرف زدن آموخته است. تمام اوقات بیکاری و وقتی را که در اتوبوس و قطار برای رفت وآمد می‌گذراند، به خواندن زبان انگلیسی مشغول است. گنجینه لغاتش را زیاد می‌کند. ولی کارش در بیمارستان نیازی به حرف زدن ندارد. مثل یک ماشین بی زبان کار می‌کند. زمین‌ها را «تی» می‌کشد. سطل‌های زباله را خالی می‌کند. عصر که از بیمارستان قدم بیرون می‌گذارد، انگار نفس در سینه‌اش حبس شده است. حرف در دلش می‌میرد. حتی برای وقت‌های استراحت که کم و بیش کارکنان دیگری هم هستند، زبان باز نمی‌کند. به خود نوید می دهد که این نیز بگذرد. در انتظار پایان دوره یک ساله است. در کالج، دوره پرستاری را می‌گذراند. روزهای آخر، آنقدر کش‌دار می‌شوند که ازهمان اوّل صبح مثل سالی به نظر می‌آیند.

دو ضربه به در می‌زند و وارد می‌شود. باب پشت میز خود نشسته است. یک پایش را روی میز کوتاهی که چند صندلی دور آن است، گذاشته و ناهار می‌خورد. ظرفی سالاد شبیه همان‌ها که در رستوران بیمارستان دیده است، جلویش باز است. ساندویجی را گاز می‌زند. یک شیشه آب پرتقال نیمه خورده روی میز است. اورا که درحال غذاخوردن می‌بیند، پشیمان می شود و می گوید می‌بخشید که مزاحم

شدم. باب با دهان پر جواب می‌دهد که اشکالی ندارد. مانده است که بنشیند یا همچنان ایستاده حرف خود را بزند. از قبل فکر کرده بوده که اوّل هدیه را بدهد و بعد حرف خود را بزند. حال مردد است. باب اورا به نشستن دعوت می‌کند. لقمـه را فرو می‌دهـد و می‌پرسـد: «چـه کـار می‌توانـم برایت بکنـم؟» پرسشی رسمی و خـالی از صمیمیت. همـان جملـه‌ای کـه در دهان همـه کارکنـان این کشـور مثل آدامس جویـده می‌شود. به محض آن که کسی به آن‌ها نزدیـک می شود، این پرسش مثل ماشین کوکی از دهانشان بیرون می‌آید. گویی پیش از آن کـه زبان باز کنند، آن را آموخته‌اند.

وا می‌رود. نه آن که پرسش سرد ورسمی باب اورا دلسرد کرده باشد. چهره بی‌اعتنا و اداری‌اش دل اورا خالی می‌کند. انگار نه انگار که سالی است اورا می‌شناسد. و هروقت در راهرو و یا اتاقی اورا می‌دیده، باهم سـلام وعلیکی می‌کردند. یکی دوجملـه در بـاره آب و هـوا رد وبـدل می‌کردند. موضوع صحبت همه ساکنان این کشور. می‌خواهد با همـان آب و هوا شـروع کند. امّا در اتاق باب که پنجره‌ای به پشـت سـاختمان دارد، از آسمان خبری نیست. پیدا نیست که امروز ابر است، باد است، باران است، برف است، و چه زهر ماری از آسمان می‌بارد. گفتگو در باره آب و هوا را بی‌معنی می‌بیند.

زبان در دهانش نمی‌چرخد. نمی‌تواند هم نیامده برگردد. بـاب در بـاره او چه فکر می‌کند؟ دیوانه شده است؟ یا اورا مسخره کرده است؟ بـاب جرعه‌ای از آب پرتقال می‌نوشد. محتویات شیشه را سرمی‌کشد. لبخند می‌زند. لبخندی که وسیله ارتباطش با کارکنان بیمارستان است. وقتی کلمه در او گم می‌شود، و جمله در ذهنش شکل نمی‌گیرد، فقـط لبخند می‌زند. با همه تلاشی که ازقبل کرده است، کلمـات مثل دود به هـوا می‌روند و مفهوم خود را از دست می‌دهند. کلهاش از انگلیسی و فارسی

خالی می‌شود. نگاهی به بسته‌ای که در دست داردو با کاغذ کادویی پیچیده شده است می‌کند. آن را روی میز می‌گذارد.

باب با همان خونسردی که لقمه را فرو می‌دهد، می‌پرسد:

«برای چه؟»

«تشکّر.»

همچنان بی‌اعتنا می‌گوید: «لازم نبود.»

برای لحظه‌ای ازذهنش می‌گذرد که هیچ نگوید. هدیه را که روی میز گذاشته است، برخیزد و برود. باب اورا به خود می‌آورد.

«امروز روز پایان کارت است؟»

«نه هفته دیگر.»

دیگر مجال نمی‌دهد باب چیزی بگوید.

«باب.»

در آهنگ کلامش تضرع است. بغض گلویش را می‌فشارد. دلش نمی‌خواهد به کسی التماس کند. صالح به او گفته است سعی کند کارش را تمدید کند. اوّل تقاضای کار بهتری کند، واگر نشد، همین راهم نگه دارد بازهم خوب است. دلش می‌خواهد با خبر خوب به خانه برود.

باب نگاهش می‌کند. انگار برای اوّلین بار است اورا می‌بیند.

«بله؟»

«می‌توانم تقاضا کنم که بیمارستان به من کار خودم را بدهد. من مدرک پرستاری‌ام را تا دوماه دیگر می‌گیرم. نامه صلاحیت کار هم دارم. من در ایران پانزده سال پرستار بوده‌ام.»

ازسخن باز می‌ماند، ازخود تعّجب می‌کند که چطور توانسته است جمله به آن درازی را زبان بیاورد. آن چه به زبان آورده، چیزی نبوده که در ذهن ساخته و پرداخته بوده است. می‌خواسته اوّل از تجربیات

خود بگوید، از بخش‌های بیمارستان که کار کرده، از نوع کارش، پزشکانی که در خارج از کشور تحصیل کرده بودند و او زیر دستشان کار کرده است. می‌خواسته از نیازش به کار بگوید. که او تنها نان‌آور خانه است. شوهرش دارد دوره معاملات املاک می‌بیند. به این زودی نمی‌تواند کار کند. که دو بچّه داردو باید اجاره خانه بدهد. امّا همه این حرف‌ها دود شده است و به آسمان رفته است.

سکوت می‌کند. سرخ می‌شود. اشک در دیدگانش حلقه می‌زند. باب چشم در چشم او می‌دوزد. نگاه پر از تحقیر او را روی خود می‌بیند.

باب می‌گوید: «شما شاید نمی‌دانید که استخدام دست من نیست. بیمارستان اداره کارگزینی دارد. باید به آنجا مراجعه کنی و تقاضانامه بنویسی. در حال حاضر بیمارستان پرستار استخدام نمی‌کند. حتی بیرون می‌کند. شانس استخدامت خیلی کم است.»

«کار خودم چی؟ نمی‌شود آن را تمدید کرد؟»

باب به خشکی می‌گوید: «نه. و اگر بشود، من کاره‌ای نیستم.»

می‌پرسد: «پس چه کار کنم؟»

«باید به بنگاه‌های کاریابی مراجعه کنی. پرستارهای موقتی را بیمارستان از بنگاه‌ها می‌گیرد.»

پایش را که از دفتر باب بیرون می‌گذارد، اشک مثل سیل مجال نمی‌دهد. خود را به نزدیکترین دستشویی می‌رساند. به اتاقک دستشویی می‌رود. بغض و تحقیر را همراه اشک بیرون می‌فرستد. دارد هق‌هق گریه می‌کند که به خود می‌آید. تصمیم می‌گیرد، برود و دیگر نماند. امّا باز به خود نهیب می‌زند که چی؟ اصلا چرا گریه می‌کنی؟ مگر آسمان به زمین آمده؟ خودت از پیش می‌دانستی که دوباره استخدامت نمی‌کنند. بهتر. این که کار نبود، فلاکت بود. از اتاقک مستراح بیرون می‌آید. به صورت خود آب می‌زند. دوباره به کار مشغول می‌شود. عصر که وارد خیابان

می‌شود. سرمای زیر صفر به صورتش شلاق می‌زند. مردم را می‌بیند که در ایستگاه‌های قطار و اتوبوس همچنان در رفت وآمد هستند. قطارها پر وخالی می‌شوند. خود نیز یکی از آنهاست که مثل یک شن‌ریزه در ته اقیانوسی بزرگ است. بود و نبودش یکسان است. به خانه می‌اندیشد. به بچّه‌ها، به صالح. دلش بیشتر می‌گیرد. خود را از آنان هم دور می‌بیند.

مثل همیشه به شام پختن و جمع و جور خانه مشغول می‌شود. گویی که هیچ اتفاقی نیفتاده است. سعید وآرزو سریال‌های خالی از محتوی تلویزیونی را تماشا می‌کنند. صدای خنده شان با قهقهه آدم‌های تلویزیون قاطی می‌شود. صالح به خانه می‌آید. شامش را می‌خورد. روی راحتی یله می‌دهد. هربار که اورا نگاه می‌کند، پی نمی‌برد که چه در خود فرو رفته و خاموش است.

آخرهای شب، آرزو و سعید خواب هستند. تلویزیون خاموش است. ظرف‌ها را شسته است. می‌خواهد زودتر به رختخواب برود. چندین بار می‌خواهد از روزی که گذرانده است، بگوید. چهره بی‌اعتنای صالح که توجّهی به او ندارد، حرف را دراو می‌کشد. اگر می‌خواهد چیزی بگوید، فقط به آن جهت که ازاثر درد بکاهد و تسلی بجوید. با شناختی که از صالح دارد می‌داند، به جای تسلی اورا سرزنش خواهد کرد. پس بهتر می‌بیند که سکوت کند. اگر در رفتن به بستر مردد است ترسش از آن است که صالح بخواهد با او بخوابد. می‌خواهد بخوابد و فراموش کند. روی راحتی دراز می‌کشد. ژاکت خود را روی پاها می‌اندازد.

«چرا نمی‌روی سرجایت بخوابی؟»

جواب نمی‌دهد؟

«چی شده؟ کشتی‌هایت غرق شده‌اند؟»

میل به حرف زدن مثل نیرویی پر توان اورا بلند می‌کند و می‌نشاند.

«امروز با باب حرف زدم.»

«خوب، چی شد؟»

«هیچی، مرا نمی‌خواهند.»

«برای پرستاری؟.»

«برای هیچ کاری.»

«چرا؟ مگر از کارت راضی نبودند؟»

جواب نمی‌دهد. می‌خواسته از گفتگویش با باب بگوید. نمی‌گوید. به صالح نگاه می‌کند. نمی‌تواند از آنچه بر او گذشته است، از احساس حقارتش، از گریه بی‌امانی که در اتاقک مستراح کرده است و ازاین که خود را هیچ شمرده بوده، بگوید.

«پس چه کار باید کرد، پولمان دارد تمام می‌شود.»

برای چندهزارمین بار این جمله را می‌شنود. فریادی درگلویش گره خورده است و رها نمی‌شود. سر را روی بالش می‌گذارد و چشمان خود را می‌بندد. می‌خواهد که کسی کاری به کار او نداشته باشد واو بتواند بخوابد. هرگز بیدار نشود. به تنهایی نیاز دارد. صالح با او بیگانه است یا بیگانه شده است. سعی می‌کند به یاد آورد، در ایران با هم چگونه بوده‌اند. به یاد ندارد برای درد وغمش به صالح رو آورده باشد. همیشه ناهید بوده است. یا خاله گوهر که فقط چند سالی از او بزرگتر است. باهم رابطه نزدیکی داشته‌اند و دوستانش. ملیحه، که سال‌ها می‌شناخته. اینجا نه دوستی دارد و نه خواهر وخاله‌ای. با فرزانه نزدیک است. امّا فرزانه آنقدر گرفتار دنیای خود است، که به او توجّهی ندارد. همیشه هم به او می‌گوید، خوشا به حالت. تو خوشبختی. شوهرو بچّه‌هایت را داری. حرف را در اومی‌کشد. از غم خود با فرزانه حرف نمی‌زند. غم‌هایی که به زبان نمی‌آیند. اگر به زبان آیند، به نظر فرزانه زیاد مهم نیستند.

«زیادی سخت نگیر. تلاش کن خودت را بالا بکشی. نباید خودت را دست کم بگیری. چاره‌ای نداری باید کار کنی. امّا باید بهشان نشان بدهی که قابلیت بیش از این‌هاست. این همه کم رو نباش.»

۱۰

اختر از ونکور تلفن زد و گفت که برای عید نوروز به کانادا آمده و مهین را هم با خود آورده است. اختر که به خاطر زن گرفتن غلامحسین خان مجبور شد به ایران برگردد، مهین را هم با خود برد. نخواست دختر را که سال یازده دبیرستان بود و به قول اختر احتیاج به سرپرست داشت، در اینجا تنها بگذارد. می‌ترسید، مثل یوسف که یک دوست دختر هنگ کنگی داشت او نیز به دنبال دوست پسر گرفتن برود. آن زمان که در تورونتو بودند، مهین دوران بلوغ را می‌گذراند. اختر همیشه نگرانش بود. رفت و آمدش را کنترل می‌کرد و بی‌اجازه نمی‌گذاشت جایی برود. یوسف که از دانشگاه ونکوور پذیرش گرفت، دوست دختررا رها کرد و رفت. اختر هم زمستان‌های طولانی و سرمای کشنده‌را بهانه کرد با مهین و کاوه به ونکور رفتند. در تلفن‌هایی که با او و مریم داشت، می‌گفت که درس‌های زیاد دانشکده فرصت دوست دختر داشتن را از یوسف گرفته، و هر بار از نمره‌های درخشانش می‌گفت. و از مهین گله داشت که زیاد سربه زیر نیست و باید چهار چشمی مواظبش باشد. بعد که مجبور شد به ایران برود، کاوه را که سال اوّل دبیرستان بود، نزد یوسف گذاشت و مهین را با خود به ایران برد. مهین دیپلمش را در ایران گرفت. در امتحانات دانشگاه شرکت کرد و قبول نشد. و یا به قول اختر آن رشته‌ای که دوست داشت، قبول نشد. حالا همراه اختر به کانادا آمده بود. صالح حدس زد، شاید می‌خواهد در اینجا به دانشگاه برود و برای همین اختر آمده است که همراه او بماند. زبان تند و تیز اختر را می شناخت. می‌دانست ، وقتی بیاید، اوّل حال اورا با نیش‌ها و کنایه‌هایش جا می‌آورد. از آنجا که اختر

خواهر بزرگتر بود و از آنجا که پسر جوانش را در روزهای اوّل جنگ از دست داده بود و داغ فرزند مثل یک ناباوری هنوز با او بود، نمی‌توانست و نمی‌خواست به او تندی کند. همان‌طور که سر مریم داد می‌زد و با کلمات توهین آمیز اورا وادار به سکوت می‌کرد، اورا هم سرجای خود بنشاند. سفر اختر به تورنتو نه فقط برایش خالی از هیجان و جذبه بود، مریم هم نبود تا همه وسایل آسایش اورا فراهم کند. سفر سرشکستگی هم به همراه داشت و پیشاپیش از آن دلخور بود.

از فرودگاه تا خانه تقریبا ساکت بودند. شور وشوقی در کلام و دیدارشان نبود. اگر اختر چیزی می‌پرسید، صالح مختصر و کوتاه جواب می‌داد. اختر نیزجواب صالح را به سردی می‌داد. سایه‌ای بینشان نشسته بود. اختر به یاد جدایی سال‌های اوّل زندگی صالح و مریم افتاده بود. بی آن که از چند وچون آن بداند.، تقصیر را به پای صالح می‌نوشت. چون نمی‌توانست اورا رودررو سرزنش کند، در رفتار و کلامش نشان می‌داد. شاید هم می‌خواست دق دلی‌اش را نسبت به غلامحسین و زن گرفتنش بر سر صالح خالی کند. چند بار به زبانش آمد، بگوید، «ها، تو هم زیر سرت بلند شده و توی پیری عشق جوانی به سرت زده است؟» حرف را خورد. اختر به خوبی دید که صالح برادر سابق نبود. زبان‌بازی و خنده پروسروصدایش فروکش کرده بود. عدم حضور مریم چیزی را در او خرد کرده بود.

مریم را می‌شناخت. بارها به او گفته بود، ترا من بهتر از خودت می‌شناسم. تو آدم دست وپا دار و دریده‌ای نیستی. تو خیلی زودرنجی. تو الهای تو بله‌ای. با این حرف‌ها جایی در دل مریم برای خود باز کرده بود. کم اتفاق افتاده بود که مریم از زندگی خود، و از اختلافاتی که با صالح داشت، با اختر حرف بزند. گاه که زبان به شکایت گشوده بود، اختر پندش داده بود:

«زیاد لی‌لی به لالاش نگذار. مرد جماعت را نمی‌شود زیاد روداد. باید با سیاست باش رفتار کنی. مکر زنانه پس به چه درد می‌خورد؟»

خنده بلندی سر می‌داد و می‌گفت، «خودم با اش حرف می‌زنم و گوشش را می‌کشم.» در فرصتی که پیش می‌آمد، با کنایه وحرف‌های دوپهلو به صالح می‌فهماند که قدر زنش را بداندو زیادی دوربرندارد. چه اگر تمام دنیا را بگردد نمی‌تواند خرخوبی مثل مریم گیر بیاورد. مریم می‌شنید و به روی خود نمی‌آورد. امّا حرف هفته‌ها سردلش می‌ماند و توان تلافی کردن در خود نمی‌دید. اختر، هم یار و یاور او بودو هم اورا می‌آزرد. رابطه‌شان هم صمیمی بود و هم حدو حدودی داشت که بیشتر مریم این حدّ و حدود را نگاه می‌داشت. اختر با مریم راحت بود. حرف دل خود را می‌زد. از مسائل رختخواب خود می‌گفت. وقتی مریم نگاهش می‌کرد و هیچ نمی‌گفت. قهقهه خنده را سرمی‌داد ومی‌گفت، چرا این‌طور نگاهم می‌کنی؟ مگر خودت مریم باکره‌ای؟ یقین داشت که مریم حرف اورا جایی بازگو نخواهد کرد. ولی مریم با اختر همیشه جانب احتیاط را نگاه می‌داشت. از نقطه ضعف‌های خود رنج می‌برد و چیزی نمی‌گفت. چه بارها گفته بود و بعد اختر آن را جلوی دیگران بازگو کرده بود ویا صالح آن را به رویش زده بود.

در آن جدایی سال‌های پیش، اختر بیش از هرکس دیگری جانب مریم را گرفت و برای بازگرداندش قدم جلو گذاشت. صالح را سرزنش کرد که چرا لگدپرانی می‌کنی. چه انتظاری از زن داری؟ نجیب و سربه زیر نیست، که هست. خانواده دار نیست، که هست. تحصیل‌کرده نیست، که هست. درحد خودش خوشگل نیست که هست. دیگر چه می‌خواهی؟ دختر شاه پریان را می‌خواستی به زنی بگیری؟

در شاهراه به سمت شرق می‌راندند. آسمان آبی ماه مارس جلوی رویشان گسترده بود. حرف در دهان اختر گره خورده بود. صالح نیز

مثل کسی که خطایی از سر سهل‌انگاری مرتکب شده باشد، احساس گناه و پشیمانی می‌کرد. با اختر راحت نبود. ماجرای زن گرفتن غلامحسین را وقتی اختر در ونکور بود، شنید. گریه‌های اختر را در تلفن به یاد داشت. فحش‌ها و بدو بیراه‌هایی که نثار غلامحسین می‌کرد. «مرتیکه الدنگ، حرمت پسر شهیدش را هم نگه نداشته است. تا دوروز چشم مرا دور دیده، عشق جوانی به سرش زده و زنی به خانه آورده که می‌تواند جای بچّه‌اش باشد. خانه‌ای را که با خون دل درست کرده به دست دیگری سپرده...»

همین فکرها زبان صالح را بسته بود. خواهر زخمی از تحقیر در دل داشت. بعد که شنید اختر زن را از خانه رانده است و دیگر نمی‌خواهد به کانادا برگردد، به مریم گفت:

«از اختر خوشم می‌آید. خواهر خلف من است. اجازه نمی‌دهد کسی حقش را بخورد. آدم‌هایی مثل غلامحسین را باید این جوری ادب کرد.»

حال که اختر در کنارش نشسته بود. صالح آن حرف‌ها را به یاد می‌آورد و نمی‌خواست بیشتر پرس و جو کند. ماجرای طاهره به پایان رسیده بود. و از آن فقط سرشکستگی برای غلامحسین خان باقی مانده بود. صالح دوست نداشت آن ماجرا را به یاد آورد و از آن حرف بزند. این توهم در او بود که اختر نیز در باره او چنان فکر می‌کند. ناگفته می‌توانست آن را در رفتار سرد و کلام خشک او بخواند. خواست بگوید:

«نه خواهر، اشتباه نکن. این بار زن من زیر سرش بلندشده است.»

چون به توهمات خود یقین نداشت، نمی‌توانست از آن بگوید. شاید اگر اختر پرس و جوی بیشتری می‌کرد، صالح نیز از درد دل خود می‌گفت. اختر نیز حرف‌های بسیار در دل داشت. بیش از یک سال بود

که به ایران رفته بود. لابد در ایران خبرهایی بود که صالح هنوز نشنیده بود. رغبت چندانی هم به شنیدن نداشت. او گرفتار درد خود بود. کاری به دیگران و دنیا نداشت.

خانه با سکوت و دل‌مردگی‌اش اختر را بیشتر آزرد. صالح آپارتمان را تمیز کرده، ظرفی پر از میوه روی میز گذاشته بود. جای خالی مریم در همه جای خانه محسوس بود. گویی بود. همانجا روی راحتی نشسته بود. کنار درآشپزخانه ایستاده بود. از اتاق خواب می‌آمد، لبخند می‌زد. مثل همیشه ساکت و با مهربانی ازاو استقبال می‌کرد. گوش به حرف اختر می‌داد که پایان نداشت. یک ریز می‌گفت. از اینجاو آنجا، هنوز مطلبی را تمام نکرده، یکی دیگر را شروع می‌کرد. حرف توی حرف می‌آورد. مریم با اشتیاق گوش می‌کرد. لبخند می‌زد. گاه سایه غمی بر نگاهش می‌نشست. اشک در چشمانش حلقه می‌زد. مریم بود. اختر اورا حس می‌کرد. زن چنان حضوری ضروری و دل‌چسب در خانه داشت که حال غیبتش ملموس بود. گویی رفته بود و سایه خود را به جای خود گذاشته بود.

صالح چمدان اختر را در اتاق خواب آرزو گذاشت. می‌رفت و می‌آمد. به کار مشغول بود. سابق براین همیشه روی راحتی لم می‌داد. مریم بود که آرام نمی‌گرفت. کار پذیرایی را انجام می‌داد. نوعی دست‌پاچگی در صالح بود که اختر به خوبی آن را دید. مثل پسر نوجوانی که تازه می‌خواهد کار کردن یاد بگیرد، کتری را سرچراغ گذاشت. بعد یادش آمد که زیر آن را روشن نکرده است. میوه و پسته تعارف کرد. سرسختانه از حرف زدن در باره مریم خودداری می‌کرد. سعید هم خانه نبود. وقتی اختر پرسید، گفت، لابد مدرسه است. یا رفته سینما. از این که پسر می‌خواهد سینما بخواند، نیز چیزی نگفت. آن نیز خفتی بود که در دل نگه داشته بود. یوسف در مهندسی کامپیوتر

لیسانس گرفته بود. درشرکت بزرگی کار می‌کرد. خیال داشت سال بعد برای فوق لیسانس تقاضاکند وادامه تحصیل دهد. صالح از آن با مریم و سعید طوری حرف می‌زدکه گویی یوسف فرزند دیگر او بود. می‌خواست که عقل و خرد و مال‌اندیشی پسر را به رخ دیگران بکشد. حال که اختر را روبروی خود می‌دید، یوسف دیگر فرزند او نبود. فرزند اختر بود. می‌توانست با غرور از او حرف بزند وصالح را سرزنش کند.

کتری جوش آمد. صدای سوتش خانه را پر کرد. صالح انگار نمی‌شنید. داشت پرتقال پوست می‌کند. اختر اورا به خود آورد. چای دم کرد و بی‌آن که بگذارد دم بکشد، در فنجان ریخت و به اتاق آورد. وقتی فنجان را جلوی اختر گرفت، سرریز کرد و نعلبکی را هم پر کرد. خواست برگرداند، اختر گفت، مهم نیست. تقصیر مریم بود که این کارها را یادت نداد.

لبخندی زد. مثل بچّه‌ای که گناهش بخشیده شده باشد، گفت:

«من هم همین را می‌گویم، امّا اینجا مگر کسی به حرف آدم گوش می‌کند. زن‌های اینجا همه‌شان فمیینست شده‌اند.»

«فمیینست؟ فمینیست دیگر چه صیغه‌ای است؟»

صالح شرح کشافی در باره فمینیست‌ها و نقطه‌نظرهایشان داد. که همه‌شان دشمن مرد هستند و نمی‌خواهند که سر به تن یک مرد در دنیا باشد. غلو و اغراقی که در گفته‌هایش بود، اختر را دچار شک کرد. یقین کرد که همه‌اش ساخته و پرداخته ذهن اوست. باشناختی که از مریم داشت، نمی‌توانست باور کند که او دارای چنان عقایدی باشد و به چنان راهی رفته باشد. حرف‌ها با همه تند وتیزی زود فروکش کردند واثری از خود بر جای نگذاشتند.

سعید به خانه آمد. اختر از همان اوّلین نگاه، پی برد که پسر نیز عوض شده است. دوسه سالی بود که اورا ندیده بود. در این فاصله پسر بزرگ

شده بود. بالغ شده بود. به قدوقواره همان سعید دوسه سال پیش بود. امّا در چهره‌اش و در حرکاتش تغییر چشم گیری بود. با عمه روبوسی کرد و بی حرف کناری نشست. هرچه را اختر پرسید، مختصر و کوتاه جواب داد. وقتی شنید که سال آخر دبیرستان است، پرسید، خیال دارد چه درسی بخواند. سعید ابتدا من ومن کرد و بعد جواب داد که می‌خواهد سینما بخواند. اختر باور نکرد. خیال کرد سعید اورا دست انداخته است. رو به صالح پرسید:

«چه می گوید.»

صالح گفت، از خودش بپرس. سعید با لبخندی که به لب داشت، به اختر نگاه کرد و هیچ نگفت. پیدا بود که زبانش به توضیح واضحات نمی‌چرخد.

«سینما هم درس است؟»

سعید جواب نداد. اختر از صالح پرسید: «ها؟ تو چه می گویی. من که نشنیده بودم سینما درس خواندن داشته باشد. هنرپیشه فقط باید خوشگل و خوش هیکل باشد.»

خنده را سر داد و گفت: «ماشاء اللّه هزار ماشاء اللّهَ، بزنم به تخته. سعید هم که در خوشگلی و خوش هیکلی دست کمی از فردین ندارد.»

سعید پرسید: «فردین کیه؟»

اختر برایش توضیح داد که فردین هنرپیشه مورد علاقه جوانی او بوده است. همه فیلم‌هایش را دیده و حالا هم تمام ویدیوهایش را در خانه دارد.»

بحث در باره سینما ادامه داشت که سعید به اتاق خود رفت و در را بست. اختر گفت:

«پس چرا این‌طور شد؟ چه کار کردی که زندگیت از هم پاشید. زن و دخترت را از خانه فراری دادی و پسر را هم داری می‌فرستی دنبال

مطربی. ناسلامتی توی ایران که بودی جذبه‌ای داشتی. هیچ کس جرأت نمی‌کرد بالای حرفت حرفی بزند. اینجا چطور شد رشته کار از دست در آمد؟ نکند توهم مثل غلامحسین نم کرده‌ای داری؟»

صالح حرف‌های تند اختر را شنید. اگر فرزانه چنان گستاخی به خرج می‌داد، جواب دندان شکنی به او می‌داد. و دهانش را می‌بست. امّا با اختر چنان جرأتی نداشت. خشم را فروخورد و گفت:

«تو هم خواهر هرچه دلت می‌خواهد بار من کن. زن ما که اینجا دم درآورد و فمینیست شد و گذاشت و رفت. آن بچّه را هم با خود برده میان یک مشت زن بدکاره و لزبین....»

«به حق چیزهای نشنیده. لزبین دیگر چی است؟»

«من چه می‌دانم چیست. همان همجنس بازها هستند. گفتم که این‌ها همه‌شان دشمن مرد هستند. عشق‌بازی‌شان را هم با هم می‌کنند و احتیاجی به مرد ندارند.»

حرف‌ها دوباره سایه شک و ناباوری بینشان انداخت. با گزافه گویی‌اش از قبل آشنایی داشت. لابد حالا هم داشت یک کلاغ چهل کلاغ می‌کرد. با پشداوری که از زندگی مریم و صالح داشت و با تجربه جدایی سال‌های اوّل زندگیشان، پیشاپیش صالح را مقصر می‌شناخت. شاید اگر غلامحسین چنان کاری نکرده بود، گناه را به گردن مریم می‌انداخت. امّا حال مثل آدم مارگزیده، هرریسمان سیاه و سپیدی را مار می‌پنداشت. اگر محبت خواهر وبرادری بینشان نبود، اورا آشکارا با حرف‌های درشت سرزنش می‌کرد. امّا به اینجا آمده بود که مثل گذشته پلی بین زن و شوهر بزند. یقین داشت وقتی مریم را ببیند و از درد دل او آگاه شود، می تواند اورا مجاب کند که به سر خانه و زندگیش برگردد. می‌خواست از پیش دم صالح را قیچی کند. مجال داد وفریاد را از او بگیرد. چه خوب می‌دانست که برادر مثل خود او زبان

بی چفت وبستی دارد. شاید هم در غیاب او ودر غیاب کسان مریم، میدان را برای تاخت و تاز خالی دیده و زن را چزانده. او نیز راهی جز فرار از خانه نداشته است. دلش می‌خواست صالح نبود و از زبان سعید به کم و کیف ماجرا پی می‌برد. امّا پسر نیز با چیرهایی که از او در باره سینما شنید، از او دل‌خور شد و خود را در اتاقش پنهان کرد.

به خوبی پیدا بود که خللی در بنیان خانواده پدید آمده است. ترکی عمیق که اختر به وسعت آن پی برد. در دل به خود نوید داد که کارها را رو به راه خواهد کرد. می‌خواست هرچه زودتر مریم را ببیند و پی به چگونگی ماجرا ببرد. می‌دانست که صالح تنها به قاضی آمده است. نمی‌خواست این تنها به قاضی آمده را خوشحال برگرداند. در دل گفت:

«دور برندار. خیال کردی با بچّه طرفی. برادرم هم که باشی، باز مردی. من شما مردها را خوب می‌شناسم. مثل بچّه دوساله هستید. ریش و سبیل‌تان هم پیش من پشمی ندارد. باید مریم را بنیم و بفهمم عیب از کجا ست. بعد به تو خواهم گفت که چه باید کرد.»

۱۱

در را فرهاد بـه رویـش بـاز کـرد. شـعله وشـراره بـا او و آرزو روبوسـی کردند. گلدان گل را روی میز نهار خـوری گذاشـت. فکـر کـرد شـاید فرزانه در خانـه نیسـت. نشسـت. چنـد دقیقـه بـه حرف‌هـای معمولـی و احوال‌پرسی گذشت. فرزانه ازاتاق خواب بیرون آمد. از دیدنـش تعّجـب کرد. گفت که مشغول درس بوده. نفهمیده او کـی آمـده اسـت. فرهـاد وشعله کار پذیرایی را انجام می‌دادند. شراره به اشـاره فرزانـه آرزو را بـه اتاق خواب برد. صدای تلویزیون را شنید. نگاهی به تلویزیـون کـرد کـه سرجای همیشگی‌اش بـود. فرزانـه گفـت: «مـن برایشـان خریـدم. هدیـه ورودشان.»

یاد گفته چند روز پیشش افتاد، «نمی‌توانـم بااشـان بمـانم. وقتـی بـرای نقش مادر بازی کردن ندارم.» و حال...

فرهاد چای را جلو او گرفـت. شـعله ظرفـی بیسـکویت و ظرفـی میـوه روی میز گذاشت. زیردستی‌هارا جلویشان چید و با اجازه فرزانـه رفـت. فرهاد از سفرش گفت. بیش از هروقت دیگـری حـرف زد. سـابق برایـن هروقت مریم تنهایی به دیدارشان می‌رفت، فرهاد خود را کنار می‌کشید. این بار تغییری در او دید. چیزی انگار از درون او به بیرون نشـت کـرده بود. سکوت وبه هم رفتگی‌اش جای خود را به یک نوع سرخوشی داده بود. سرخوشی‌اش را می‌خواست به دیگران نیز سـرایت دهـد. بـا فرزانـه شوخی می‌کرد. فرزانـه امّـا زبـان در کـام کشـیده بـود. گـاه پوزخنـدی می‌زد. میدان سخن در دست فرهاد بود. فکر کـرد شـاید فرزانـه تصمیـم خود را عوض کرده است و از آن با فرهاد حرف زده است. می‌دانسـت که فرهاد چه وابستگی شدیدی به او پیدا کرده است. شبی که در خانـه

آنان میهمان بودند، جلوی چند نفر گفت که با فرزانه عمر دوباره یافته است. مریم با حسرتی در دل به یاد آورد که صالح برای هیچ چیز از او قدردانی نمی‌کرد. وقتی فرزانه تازه با فرهاد آشنا شده بود، چندبار کارشان به جدایی کشید. هربار فرهاد بود که اصرار به ادامه دوستی داشت. نمی‌گذاشت رابطه‌شان به کلی قطع شود. مریم همیشه به فرهاد به چشم یک میهمان در زندگی فرزانه نگاه می‌کرد. تصوری که خود فرزانه به او داده بود. یک بار به او گفت، «خیال نکن زندگی من و او هیچ اشکالی ندارد. هروقت حس کنم نمی‌توانم تحملش کنم، از سربازش می‌کنم.»

مریم به خود جرأت داد و پرسید: «چطور می‌توانی؟ تو با این چیزهایی که از او تعریف می‌کنی. بعلاوه او وابسته توست.»

چنان پیدا بود که فرهاد جایگاه خود را باز یافته است. با داشتن دو دختر بالغ در کنار خود، مثل درختی بود که ریشه‌اش در زمین محکم شده بود. هراس از باد و طوفان نداشت. شاید اگر چهار سال پیش بود. وقتی که کار ثابتی نداشت. مجبور بود با کارهایی مثل تاکسی‌رانی و پیتزا دلیوری روزگار بگذراند. روحیه‌ای خراب و ناامید داشت، آمدن دخترها بیشتربراو فشار می‌آورد. امّا حال با کاری که توانسته بود در یک شرکت معتبر دارویی بگیرد، با در آمد خوبی که داشت، آمدن بچّه‌ها نیز دل‌خوشی دیگر زندگیش بود. دخترها زیبا و سالم بودند ورفتاری معقول داشتند. به نظر می‌رسید، بیش از سن خود می‌فهمند.

فرهاد گفت: «وقتی بچّه‌ها را دیدم، باور نکردم دخترهای خودم باشند. هشت ساله و شش ساله بودند که از ایران بیرون آمدم. در این مدّت هم فقط عکس آنان را دیده بودم.»

با غروری در کلام گفت: «یک دفعه صاحب دو دختر خوشگل و فهمیده شدم. کم چیزی نیست.»

بی‌آن که فکر کند که حرف برای فرزانه ممکن است دردناک باشد، همچنان از بچّه‌هایش می‌گفت. از نخستین برخورد با آنان، از حجب بی‌اندازه‌شان، در مقایسه با جوانان اینجا. از لباس‌هایی که برایشان خریده، از گفتگوهایی که در این مدّت با هم داشته‌اند. مرد هویت تازه‌ای یافته بود. از مادر بچّه‌ها نیز به راحتی نام می‌برد و هیچ نفرتی در کلامش نبود. فرزانه در سکوت گوش می‌کرد. پیدا بود او نیز شیفته تغییر رفتار فرهاد و شادی نوظهورش شده است. مرد انگار به کشف جدیدی نائل آمده بود. فرهاد گفت:

«داشت یادم می‌رفت که بچّه هم دارم. وقتی دیدمشان، مثل این که از آسمان برایم نازل شده باشند. تا روز آخر دل توی دلم نبود که مادرشان پشیمان نشود و آنان را برنگرداند.»

شعله که در آن موقع به اتاق آمده بود که استکان‌های خالی را جمع کند، گفت:

«ولی ما بر نمی‌گشتیم. بالاخره نوبتی هم باشد، نوبت شما بود. مامان که می‌خواهد ازدواج کند و آن آقا هم خودش دوتا بچّه دارد.»

فرهاد نگاهی به قد وبالای شعله کرد. دختر کم و بیش شبیه پدر بود. همان قد بلند و هیکل درشت را داشت. موهای صاف و قهوه‌ای روشنش روی شانه‌ها ریخته بود. چشمان درشت قهوه‌ای‌اش در پوست پریده رنگش اورا به کانادایی‌های اروپایی شبیه می‌کرد. خنده‌اش شیرین و دلنشین بود. فرزانه در مقابل او شکسته به نطر می‌رسید. نمی توانست جای مادرش باشد. امّا زیاد هم با مادر بودن تفاوت نداشت. شاید همان نامادری بودنش، خود به خود نقش مادر را به او می‌داد. پیدا بود که فرزانه در مقابل بچّه‌ها جا خالی کرده است. معلوم نبود پشت سکوت و چهره به ظاهر آرام و راضی‌اش چه نهفته است. خانه ناگهان پر ازسرو صدا شده بود. صدای تلویزیون از اتاق خواب بچّه‌ها تا توی

نشیمن می‌آمد. فرزانه به شعله گفت که صدایش را کم کنند. فرهاد بی‌وقفه حرف می‌زد و مهلت به کسی نمی‌داد. سابق براین خانه فرزانه مثل کتابخانه دانشگاه ساکت بود. فرزانه حتی تلویزیون و رادیو روشن نمی‌کرد که تمرکز فکرش را از دست ندهد.

در فرصتی که پیش آمد، مریم از درس و دانشکده پرسید. فرزانه گفت که امتحانات ترم شروع شده و او باید بخواند و گرنه نمره قبولی برای فوق لیسانس نمی‌آورد. فرهاد وسط حرفش دوید که تمام روز را در کتابخانه بوده. عصر که می‌دانست شما می‌آیید به خانه آمده است. تا وقتی که شما بیایید خودش راتوی اتاق زندانی کرده بوده و درس می‌خوانده. فرزانه نگاه کجی به او کرد و گفت: «منظورت چیست؟ نباید درس بخوانم؟»

فرهاد بی توجّه به سردی کلام فرزانه گفت: «چند روزی می‌شود، به خودت استراحت بده. لااقل به خاطر بچّه‌ها. نمی‌دانی چه ذوقی برای دیدار مامان جدیدشان داشتند.»

دل توی دل مریم نبود که فرزانه با حرف درشتی جواب فرهاد را ندهد. امّا فرزانه به لبخندی بسنده کرد. انگار می‌گفت: «صبر کن. نشانت خواهم داد. حالا تا می‌توانی دور بردار. بعد نوبت من خواهد رسید.»

برای مریم شگفت‌آور بود که فرهاد دیگر در مقابل او خاموش ومطیع نمی‌ماند. سابق بر این طوری رفتار می‌کرد که انگار برده حلقه به گوش اوست. گاه این اطاعت توی ذوق می‌زد. به نظر می‌رسید که مرد هیچ اراده‌ای از خود ندارد. فرزانه می‌گفت، زندگی اینجا اورا له و لورده کرده است. دوبار در امتحانات پزشکی شرکت کرده وقبول نشده است. مجبور شده به هرکاری تن دردهد که بتواند خرج زن و بچه‌اش را در ایران تأمین کند. بعدها هم که توانست کار خوبی گیر بیاورد، باز

همچنان گوشه گیربود. در همه موارد تصمیم گیری و عمل را به عهده فرزانه می‌گذاشت.

برای شام تعارفش کردند که بماند. وقتی فرزانه هم اصرار کرد بماند، ماند. گرچه از قبل تصمیم داشت فقط برای عصر آنجا باشد. می‌دانست فرزانه درس دارد و وقت برای او ندارد. امّا یکی دوساعتی که با آنها گذراند، به دلش نشست. پس از مدّت‌ها از محیط نامانوس و بیگانه شلتر بیرون آمده بود. حرف، حرف صالح و مشکل او نبود. گرچه فرزانه صحبت از آمدن اختر کرد. امّا فرهاد حرف را برگرداند. آمدن بچّه‌ها مثل حادثه‌ای در زندگی فرهاد بود که می‌خواست آن‌را با رنگ و جلایی که خود بدان می‌داد، به همه اعلام کند. همه را در خوشبختی نوظهوری که بدان دست یافته بود، سهیم کند.

فرهاد به آشپزخانه رفت. دخترها را صدا زد، آمدند. فرزانه، شراره وآرزو را به اتاق خودشان فرستاد. گفت که زیادی شلوغش نکنید. شعله و باباش کافی هستند. کلمه «باباش» را چنان غلیظ تلفظ کرد که فرهاد برگشت و گفت: «هنوز از گرد راه نرسیده، اسمم را از قلم انداختی. تازه دوهفته است که بابا شدم. قبل ازآن برای تو چیز دیگری بودم.»

فرزانه گفت: «چنان از بابا شدن ذوق‌زده شده‌ای که دلم نیامد آن را ازت بگیرم.»

«ولی من برای تو بابا نیستم.»

«امیدوارم هیچ وقت نباشی. چون من هر بدبختی کشیدم، از دست بابام کشیدم.»

شعله در آستانه در آشپزخانه ایستاده بود و به حرف‌هایشان گوش می‌کرد. فرزانه با کلامی تند و سرد گفت:

«به چی داری گوش می‌کنی؟ این حرف‌ها به درد تو نمی‌خورد.»

فرهاد بوسه‌ای بر گونه دختر زد ودست بـر پشـتش گذاشـت و اورا بـه درون آشپزخانه برد.

مریم نگاهی به فرزانه کرد کـه پیدا بـود دچـار سـرگردانی اسـت. هـم شیفته و هم شاد بود. گاه به فکر فرو می‌رفت. برای آن که چیزی گفتـه باشد، گفت: «بچّه‌های خوبی به نظر می‌رسند.»

فرزانـه نگـاه خیره‌اش را بـه او دوخـت. گویـا نشـنید. مریـم خواسـت بگوید، ولشان نکن. نگفت. آدم پند وانـدرز نبـود. رفتـار فرزانـه برایـش گیج کننده بود. همان روز هم در دانشگاه رک وصریح نگفت کـه چـه می خواهد بکند. حال نیز می‌شد فهمید که تصمیم خود را نگرفته است. زندگی در کنار فرهاد حتی با بودن دخترها راحـت بـود. مریـم آن را در همان ساعات کمی که با آنها بود، حس کرد. مـرد هیـچ نـوع غـرور و خودخواهی کاذب که بسیاری از مردان دچارش بودند، نداشـت. فرزانـه می‌گفت، بیش از حدّ انتظارم به من توجّـه می‌کنـد. حـال نیـز بـا آن کـه آمدن بچّه‌ها مثل حادثه‌ای درزندگیش بود، ازتوجّه به فرزانه غـافل نبـود. تاسکوت فرزانه بـه درازا می‌کشید، می‌پرسید، چیـه؟ نگرانـی؟ درسـت می‌شـود. آنقـدر غصـه درس را نخـور. می‌خواهـی مـدرک بگـیری کــه بگذاری در کوزه آبش رابخوری. توی این مملکت به اندازه کافی دکترا وفوق لیسانس ریخته. توهم یک سال و دوسـال دیرتـر مـدرک بگـیری، کارخانجات کامپیوترسازی معطل نمی‌مانند.

طنز و سرخوشی که قبلا در کلام فرزانـه بـود، اینـک بـه گفتـار فرهـاد سرایت کرده بود. مریم خواست برای کمک به فرهاد به آشپزخانه برود. فرزانه اورا نشاند وگفت:

«بنشین بابا، وقتی هم که کسی مجبـورت نمی‌کنـد، خـودت پیش‌قـدم می‌شوی. معلوم می‌شود، کرم از خود درخت است.»

«آخر درست نیست که ما بنشینیم و آنها کار کنند.»

«چرا درست نیست؟ وقتی شام حاضر شد، می‌بینی که درست است.»

«اقلا خودت کمک کن.»

«من تمام روز درس خواندم. آنقدر خسته‌ام که حال تکان خوردن ندارم. بعلاوه بچّه‌ها باید از همین اوّل یاد بگیرند. والا...»

خواست بپرسد، والا چی؟ ترکشان می‌کنی که فرهاد به اتاق آمد.

شام در میان خنده و گفتگو صرف شد. آرزو نیز از این که هم صحبتی داشت، خوشحال بود. برخلاف همیشه که خاموش بود، از مدرسه‌اش می‌گفت. لهجه فارسی‌اش شعله وشراره را می‌خنداند. شعله گفت که لهجه آرزو اورا یاد دوست ارمنی‌اش می‌اندازد.

فرزانه گفت: «صبر کنید. دوسال دیگر شما هم به لهجه ارمنی که چه عرض کنم، به لهجه کانادایی فارسی حرف می‌زنید.»

وقت ظرف شستن. مریم مثل همیشه پیش‌قدم شد. تا فرهاد و فرزانه بجنبند، پیش‌بند بسته بود ودست‌کش به دست کرده بود. فرزانه نیز به ناچار کنارش ایستاد. مریم ظرف‌ها را با مایع ظرف‌شویی می‌شست و فرزانه آب می‌کشید. فرهاد هم در آشپزخانه بود و جمع و جور می‌کرد. فرزانه گفت:

«تو دیگر چرا اینجا هستی؟ نمی‌توانی یک دقیقه آرام بگیری؟»

فرهاد بی‌آن که جواب بدهد، از آشپزخانه بیرون رفت. مریم گفت:

«چرا این جور حرف می‌زنی؟ من هیچ وقت نمی‌توانم...»

«اگر می‌توانستی که حالا توی آن...»

و حرف را برید. لابد می‌خواست بگوید طویله . حرف ناگفته بر سر دل مریم سنگینی کرد. زبان بست. فرزانه گفت:

«حالا می‌فهمم چرا کارت به آنجا کشید. تو همیشه در خدمت کردن پیش‌قدم بوده‌ای. خوب معلوم است آن دیگری هم سود می‌برد. فرق

نمی‌کند، شوهرت باشد. بچّه‌ات باشد، مادرت باشد، هرکس می‌خواهـد باشد. وقتی که تو کوتاه بیایی.»

و چون مریم هیچ نگفت، ادامه داد: «من اگر جای تو بودم، خـودم را عوض می‌کردم. امشب دیدی فرهاد چموش چه زبانی باز کرده بود. خوب می‌بینـد کـه وزنـه‌اش دارد سنگین می‌شـود. حـالا بـرای خـودش خانواده‌ای دارد. می‌فهمی، خانواده. خیلی مهم است که آدم در ایـن دیار غربت پشت و پناهی داشته باشد. خـانواده‌ای داشته باشد کـه دوستش داشته باشند. تو با دست خودت خانواده‌ات را از هم پاشیدی.»

«تو خوب می‌دانی که من برای دل خود این کار را نکردم. من مجبـور شدم.»

«مریم من چیزی نمی‌دانم. تو همـه‌اش می‌گویی بـاهم تفاهـم نداشـتید. ولی کدام زن و شوهری با هم تفاهم دارند؟ بعلاوه تفاهم را باید بوجـود آورد. همه چیز آماده و حاضر از آسمان برای آدم نازل نمی‌شـود. بـرای به دست آوردن هرچیز باید تلاش کرد. خراب کردن خیلی آسان است. ما هم فقط یاد گرفته‌ایم که خراب کنیم. فرهاد را دیدی که امشب چـه بلبل زبانی می‌کرد و روی زمین بند نبود. برای آن که خوشبختی‌اش به قول خودش از آسمان برایش نازل شـده است. حـالا چنـد وقـت دیگـر به‌ات خواهم گفت. بگذار بچّه‌ها با کمی مشکل روبرو شوند. آن وقت همین آقا را با هفت من عسل نمی‌شود خورد. من خـوب می‌شناسمش. می‌دانم چقدر آسیب پذیر است. برای آن که مالیخولیایی است. همیشـه یکی را لازم دارد که مثل لله تر و خشکش کند. همیشه من باید...»

مریم وسط حرفش دوید: «ولی این‌طور که من می‌بینم او بیشتر ترا تر و خشک می‌کند. خـودت بارهـا گفتی کـه اگـر کمـک او نبـود، تـو نمی‌توانستی درس بخوانی و نمره‌های خوب بگیری.»

فرزانه آخرین ظرف را آب کشید و روی انبوه ظرف‌های شسته شده گذاشت و گفت:

«زندگی فقط درس خواندن نیست. به نظر من درس خواندن آسان‌ترین کاراست. البته اگر علاقه و هدف داشته باشی. این فرهادی که من می‌شناسم، از یک برخورد ساده هراس دارد. انگار همه شهامتش را از دست داده است. شادی امشبش هم فقط از روی مالخولیاهایی است که برای خودش درست کرده است.»

مریم نمی‌توانست همه گفته‌های فرزانه را قبول کند. با شناختی که او از فرهاد داشت با آنچه که فرزانه در باره او گفته بود، تفاوت داشت. گاه فکر می‌کرد که شاید نه فرزانه را شناخته و نه فرهاد را. گاه بی آن که خود بخواهد فرهاد را با دکتر همتی مقایسه می‌کرد. گرچه دو مرد از لحاظ ظاهر هیچ شباهتی به هم نداشتند. امّا طبع شاعرانه و ساکت، و به قول فرزانه مالخولیایی‌اش شباهت‌هایی به دکتر همتی داشت. آنچه در باره او در روزنامه‌ها خوانده بود که رفته بوده یک چریک زخمی را نجات دهد که گلوله می‌خورد و کشته می‌شود. به یاد شبی می‌افتاد که به بیمارستان آمده بودو به عشق خود اعتراف کرد و او با حرف‌های درشت از خود راندش.

دیروقت بود که فرهاد مریم و آرزو را تا دم در شلتر رساند. فرزانه خستگی را بهانه کرد ودر خانه ماند. بچّه‌ها نیز باید می‌خوابیدند تا فردا صبح برای نام نویسی به مدرسه بروند.

در خیابان‌های خلوت راندند. آرزو در صندلی عقب خواب رفته بود. فرهاد دیگر از بچّه‌ها نمی‌گفت. گویی انرژی‌اش به پایان رسیده بود. سکوت بینشان آزار دهنده بود. مریم نمی‌دانست از چه بگوید. همیشه در پیش کشیدن حرف‌های معمولی ناتوان بود. می‌گذاشت که طرف باب سخن را بگشاید. چند جمله‌ای در باره آب وهوا گفتند. همان

چیزی که همیشه سرحرف را می‌شد با آن باز کرد. امّا آن نیز جذابیتی نداشت. مریم می‌خواست از کتابی که می‌خواند بگوید که منصرف شد. به نزدیکی‌های شلتر رسیده بودند. در این فاصله بیش از یکی دوجمله بینشان ردو بدل نشده بود. مریم به خوبی حس می‌کرد حرف‌های ناگفته‌ای هست که فضا را سنگین کرده است. چند بار خواست از صالح بگوید. امّا در آن لحظه خود را از صالح هم دور می‌دید. گویی سال‌ها از جدایی‌اش می‌گذشت. فرهاد نگاهش کرد و پرسید:

«از سعید خبر دارید؟»

«گاه می‌بینمش.»

«در این میان جانب که را می‌گیرد؟»

«نتوانستم بفهمم.»

به در شلتر رسیده بودند. مریم تشکّر کرد. خواست پیاده شود، فرهاد گفت:

«من شما را ستایش می‌کنم. به فرزانه هم گفتم. شما از خیلی نظرها استثنا هستید. خودتان را دست کم نگیرید. نگران نباشید. گاهی جدایی بهتر از ادامه رابطه است. بعضی رابطه‌ها سرنوشتی جز جدایی ندارند. باید هرچه زودتر بریده شوند. من وقتی فکر می‌کنم اگر از زنم جدا نشده بودم، هیچ وقت با فرزانه آشنا نمی‌شدم، در زندگیم چیزی کم داشتم. به نظر من زندگی مثل رودخانه است. ماهم موجودات شناور بر این رودخانه هستیم. باید آنقدر بگردیم وبا جریان آب به این سوی و آن سوی رانده شویم تا آدم دل‌خواه خود را پیدا کنیم.»

مریم زیر لب گفت: «آدم دل‌خواه.»

فرهاد نگاهش کرد. دم در شلتر در اتومبیل نشسته بودند. مریم مردد بود که پیاده شود یا بماند. حرف‌های زیادی در دلش بود و نمی‌دانست

چطور و از کجا شروع کند. مرد با طرفداری از او و با تأیید کارش نوعی اطمینان به نفس به او داده بود ودلش می‌خواست بیشتر حرف بزند. حرف‌هایی که حتی با فرزانه هم در میان نگذاشته یود. امّا سال‌ها سکوت و سرپوش گذاشتن بر آنچه در درونش می‌گذشت، کلام را در او گره زده یود.

فرهاد اتومبیل را توی دنده گذاشت و راند.

«دوست دارید جایی بنشینم و حرف بزنیم. من حس می‌کنم شما با فرزانه راحت نیستید. چطور بگویم فرزانه شاید شما را...»

مریم گفت: «من و فرزانه دیدگاه‌های مختلفی داریم.»

رسیده بودند به یک چهار راه که در نبش آن یک دوناتی بود.

«می‌خواهید به آن دوناتی برویم؟»

مریم نگاهی به صندلی عقب کرد و گفت:

«نه، بهتر است من برگردم. می‌بینید که آرزو خوابیده.»

فرهاد راند. مریم نمی‌دانست به کجا و به کدام سمت می‌راند. می‌خواست که لحظات بیشتری با فرهاد باشد. او تنها کسی بود که در این مدّت اورا به خاطر این جدایی سرزنش نکرده بود. حال نیز با همدردی که برایش بی‌سابقه بود، با او حرف می‌زد.

فرهاد گفت: «می‌فهمم . شما و فرزانه خیلی باهم فرق دارید.»

مریم گفت: «دلم می‌خواست مثل او بودم. او آدم مصمم و با اراده‌ای است. به دنبال چیزی است که می‌خواهد و من...»

«لازم نیست همه آدم‌ها مثل هم باشند. شما هم از خیلی نظرها قابل ستایش هستید. گفتم که خودنان را دست کم نگیرید.»

«می‌بیبند که. وقتی که آدم بخواهد بگوید من هم هستم، دیگران...»

«کاری به کار دیگران نداشته باشید. مطمئن باشید آسمان به زمین نخواهد آمد و زندگی روال عادی خود را دنبال می‌کند. مگر من هشت نه سال از بچّه‌هایم دور نبودم، خوب؟»

«شما فرق می‌کنید.»

«چه فرقی؟ این شما هستید که فکر می‌کنید که ما مردها با شما زن‌ها فرق داریم. ماهم به نوعی بنده گرفتاری‌های خود هستیم.»

«ولی توقعی که از ما می‌رود...»

این توقع را خودتان از خودتان دارید. چرا فرزانه چنان توقعی از خود ندارد.»

«او توقعات دیگری دارد.»

«شما هم می‌توانید.»

«گفتم که ما با هم فرق داریم.»

به خیابان خلوتی رسیده بودند که در دوطرفش خانه‌های یک طبقه و دوطبقه بزرگ حکایت از رفاه مردمان درون آن می‌کرد. درختان لخت کنار خیابان در پرتو چراغهای جیوه‌ای به مجسمه‌هایی ساکت شبیه بودند که در خاموشی شب به فکر فرو رفته بودند. فرهاد اتومبیل را کنار خیابان نگه داشت. این بار مستقیما در چشمان مریم نگریست. مریم دست‌پاچه ازنگاه او چشم به پنجره خانه‌ای دوخت که روشنایی ملایمی از پشت پنجره آن می‌تابید.

فرهاد گفت: «دلم می‌خواست می‌توانستم کمکی کنم. امّا خوب، این حرف کمی مسخره است. کمک من و دیگران نقش چندانی ندارد. خود شما هستید که باید تصمیم بگیرید وقوی باشید. من به فرزانه هم گفتم. گفتم که اصلا و ابدا در زندگی شما، منظورم تصمیم شما دخالت نکند. ولی اوکه می‌دانید چه اخلاقی دارد. محبتش را نمی‌تواند پنهان کند. از این که شما در چنان جایی زندگی می‌کنید، خیلی

ناراحت است. حتماً به خودتان هم گفته، نمی‌فهمد چرا نخواستید به خانه ما بیایید. ولی من می‌فهمم. شما می‌خواهید استقلال خودتان را داشته باشید. ولی نگران نباشید. بالاخره این دوره هم تمام می‌شود. بعلاوه خانه ما همیشه در اختیار شما هست. مرا برادر خود بدانید.»

مریم گفت: «متشکّرم.»

تعّجب کرد که هیچ اشکی در او نبود. با فرهاد راحت بود. انگار سال‌ها بود که او را می‌شناخت. درست مثل برادری که سال‌های درازی باهم زیسته باشند. احساسی از صمیمت و یک‌رنگی با او داشت.

گرچه در این فاصله یکی دو جمله بیشتر برزبان نرانده بود، امّا حس می‌کرد همه آنچه فرهاد گفت، چیزهایی بود که نیاز به شنیدن داشت. ازاین که فرهاد اختلاف بین او و فرزانه را حس کرده بود، خوشحال بود. چیزی بود که همیشه می‌خواست به فرهاد تفهیم کند و فرصتش را به دست نمی‌آورد. می‌خواست بگوید، من برده این زندگی و زرق وبرق آن نیستم. من نیز چون تو شیفته ظواهر زندگی نیستم وبه دنبال چیزهای باارزش‌تری هستم. مثل تو طبعی وارسته و درویش مسلک و بی نیاز دارم. این حرف‌ها شاید هیچ وقت گفته نمی‌شد، امّا حال مریم حس می‌کرد که فرهاد اورا همان گونه که بود، می‌شناخته و سکوتش در مقابل او دلیل بر آن نبوده است که اورا هم زنی چون فرزانه و یا دیگران به حساب می‌آورده است.

نفهمید کی دوباره به شلتر رسیدند. در این فاصله همچنان که به حرف‌های پراکنده فرهاد گوش می‌کرد، گویی دنیای جدیدی به رویش گشوده می‌شد. مثل کسی بود که سال‌ها حرف زده بود و کسی نه حرفش را شنیده بود و نه به آن توجّهی کرده بود. حال دوباره کشف می‌شد. و این کشف برای خودش هم تازگی داشت. وقتی می خواست پیاده شود به روی فرهاد لبخند زد و گفت:

«متشکّرم. شما امشب مرا دوباره زنده کردید.»

«دوباره؟»

«آره، مدّت‌ها بود که حس می‌کردم دارم جان می‌دهم. درحال مردنم...»

«نه این حرف را نزنید. در هرحال خوشحالم که چند جمله من شمارا...»

کارتی از جیبش درآورد و گفت: «این هم شماره تلفن محل کارمن. اگر کاری داشتید.»

مریم کارت را گرفت. آرزو را بیدارکرد. دست دور بدن دخترک حلقه کرد و اورا به درون برد. در روشنایی راهرو به کارت که همچنان در دستش بود، نگاه کرد. شماره تلفن را از نظر گذراند. اعداد تقارنی مانوس داشتند و در ذهن او حک شدند.

• • • • •

از اتاق نشیمن گذشت که به طبقه بالا برود و آرزو را بخواباند. ساعت هنوز یازده نشده بود. ماریان تنها روی راحتی یله داده بود وکتاب می‌خواند. اورا که دید، پرسید:

«کجاها هستی، پیدایت نیست.»

مریم جواب کوتاهی داد. هروقت از دیدن آشنایان خود به شلتر برمی‌گشت، بیگانگی و عدم تجانسش با این خانه و ساکنانش را بیشتر حس می‌کرد. ماریان گفت که اگر خیال خواب نداری، برگرد پایین. مریم خواست بپرسد، چه شده؟ نپرسید. سکوت سایه افکنده بر اتاق نشیمن تازگی داشت. معمولا شلتر درساعات بعد از نیمه شب خاموشی می‌گرفت. دراین وقت شب، زنانی بودند که پس از خواباندن بچّه‌هایشان، خود به تماشای تلویزیون و فیلم‌های ویدیویی و یا گپ زدن

می‌نشستند. سلینا و سوزان که هردو گویا از یک کشور بودند، مشتری دایم فیلم‌های آخر شب تلویزیون بودند. مریم به اتاق خود رفت. آرزو را واداشت، مسواک بزند. بچّه کج خلقی می‌کرد و زیر بار حرف مادر نمی‌رفت. فکر کرد حتماً او هم همان احساس مادر را دارد. از زندگی در این خانه به ستوه آمده است. گاه می‌گفت که شلتر را دوست دارد. با دخترهای ژانت که تقریبا همسن و سال او بودند، دوست شده بود. گاه نیز بنای بدخلقی را می‌گذاشت. دلش برای اتاق خودش، برای سعید و برای پدرش تنگ می‌شد. اصرار می‌کرد که برگردند. از مریم که دلخور می‌شد، دلتنگی‌اش را آشکارا برای پدر نشان می‌داد.

مجبور شد سر آرزو داد بزند. در دلش دردی کبره بسته بود. چند ساعتی را که در خانه فرزانه گذرانده بود، و گفت‌وگویی که با فرهاد داشت، مثل یک رویای خوش با او بود. حال خود را از این رویا دور می‌دید. دیگران به نوعی زندگی را برای خود می‌ساختند. او آن را ویران کرده بود. فقط حرف‌های فرهاد به او شادی مختصری می‌داد. «رابطه‌ای که باید بریده شود» بریده شده بود. «مرا برادر خود بدانید.» آهی کشید و زیر لب تکرار کرد: «برادر!»

آرزو مسواکش را زد و با قهر به رختخواب رفت. در جواب بوسه مریم نیز اعتنایی نکرد. آن نیز بر دردش افزود. چه گونه بود که محبت او رنگ نداشت. فرزانه با آن نخوت و سردی که در رفتارش بود، بچّه‌ها هنوز نیامده دست بوسش بودند. یاد ماریان افتاد. نخواست به طبقه پایین برود. چه می‌خواهد بگوید؟ لابد باز می‌خواهد از مایک حرف بزند. حال تنها ماندن هم نداشت. دلش می‌خواست حرف بزند. از خود بگوید. از فرزانه بگوید. از فرهاد بگوید. نه، نباید از فرهاد بگوید. این یک را باید برای خود نگه می‌داشت. به احساس خود اطمینان نداشت. و اگر داشت چه می‌توانست بکند. نباید از آن با ماریان حرف بزند.

ماریان نمی‌فهمید. با این همه نیاز به حرف زدن داشت. امّا با چه کسی؟ ماریان هم از دور بود. با اوهم باید انگلیسی حرف می‌زد. ماریان درهمین کشور به دنیا آمده بود. انگلیسی رابا لهجه غلیظ کانادایی حرف می‌زد. در ابتدای ورودش مریم در فهم گفته‌اش مشکل داشت. هنوز نیز اگر دقّت و تمرکز کافی نمی‌کرد، بعضی کلماتش را نمی‌فهمید. حرف زدن با او همیشه با کلنجاری درونی همراه بود. آن نیز سبب می‌شد که کمتر بگوید و بیشتر گوش کند. ماریان نیز اورا شناخته بود. دوگوش مجانی گیر آورده بود. هرحادثه‌ای را با آب وتاب برایش شرح می‌داد که گاه مریم رشته مطلب را از دست می‌داد.

به دیدن مریم سر از کتاب برداشت. مریم به آشپزخانه رفت و ازماریان پرسید، چایی می‌خورد. ماریان باسر جواب داد که می‌خورد. تا وقتی در آشپزخانه به انتظار چای ایستاده بود، حرف‌های فرهاد و رفتار امشبش از نظرش دور نمی‌شد. اندوهی گم بردلش نشسته بود. با دولیوان چای به نزد ماریان برگشت. ماریان بلند شدو نشست. تکه کاغذی لای کتابش گذاشت. چشمانش در اثر زیاد خواندن، خسته به نظر می‌رسید. مریم چای را جلوی او گذاشت و نشست. سکوت و دلمردگی شلتر را از یاد برده بود. درحال و هوای خود بود. غمی که بر چهره‌اش نشسته بود، بر ماریان پوشیده نماند. پرسید:

«چته؟ اتفاقی افتاده؟»

«نه، اتفاق بد که نه. شاید هم خوب. آره دوستم که برایت گفته بودم، شوهرش (همیشه از فرهاد به نام شوهر یاد می‌کرد) رفته بود بچّه‌هایش را ببیند، برگشته و بچّه‌هایش را هم آورده. امشب آنجا بودم. همه‌شان خیلی خوشحال بودند.»

«پس تو چرا گرفته‌ای؟»

جواب نداد. به لبخندی بسنده کرد. غم همیشه هاله‌ای بر چهره‌اش می‌نشاند که هر که با او آشنایی داشت، می‌توانست به وضوح آن را ببیند.

«خبرداری چه شده؟»

دل مریم ریخت. دوشب بود که ازخانه خبر نداشت. قلبش سنگین و سخت به سینه‌اش کوبید. رنگ از رویش پرید. پرسید: «چی شده؟»

«چرا نگران شدی؟ به تو ربطی ندارد. شوهر نادیا خودش را کشته؟»

«نادیا؟»

«نادیا نه. شوهرش. گویا این بار چندم بوده که این کار را می‌کرده. هربار نجاتش می‌دادند. این بار دیر رسیدند و شاید هم گذاشتند کار از کار بگذرد تا دیگر هوس خودکشی به سرش نزند.»

قلبش همچنان گرپ گرپ به سینه‌اش می‌کوبید. رنگ و رویش پریده بود. چای نیم خورده، جلویش مانده بود.

«شوهر تو که نبود. چرا خودت را باختی. به فرض هم که بود، تقصیر تو چیست؟ تو که مجبورش نکردی. زندگی خودش است. هر کار دلش می‌خواهد با آن بکند.»

«چه راحت از آن حرف می‌زنی.»

«پس می‌گویی چه کار کنم؟ عزا بگیرم؟»

«اگر شوهر تو بود، چه می‌کردی؟»

چشمان ماریان گشاد شد. سایه ترسی بر صورتش نشست و گفت:

«نه. او این کار را نمی‌کند. من می‌دانم که او تا چه حدّ عاشق زندگی است. گفتم که او هنرمند است. عاشق کارش است. آدم عاشق هیچ وقت خودش را نمی‌کشد.»

دل مریم آرام گرفت. اندیشید، صالح هم این کار را نمی‌کند. او هم عاشق خودش است. عاشق زنده بودن است. عاشق کارش و عاشق غرورش.

خواست همه آنها را برای ماریان بگوید، حوصله‌اش را نداشت. اصلا از پایین آمدن و حرف زدن با ماریان پشیمان شده بود. خبرهرچه بود، اورا دگرگون کرد. نادیا دوسه روزی بود که به شلتر آمده بود. هروقت اورا دیده بود، گوشی به دست نشسته بود و به زبان غریبی حرف می‌زد و می‌گریست. پسری چهارساله و دختری هفت ساله داشت. هردو چهره‌هایی به رنگ ذغال و چشمان سیاه گردی داشتند. شباهتشان به هم، و زیبایی‌شان مریم را شگفت زده کرد. بچّه‌های آرامی بودند. پسرک اغلب با دوچرخه پلاستیکی بازی می‌کرد. دختر نیز به دنبال اوبود. مادر موهای فرفری‌اش را با تعداد زیادی گل سر رنگین زینت داده بود. مریم را یاد چراغانی‌های عید مذهبی نیمه شعبان می‌انداخت.

نیم ساعتی کنار ماریان نشست. در تمام مدّت گیج وهراسان، دلش پر ازترس بود. حال اخبار تماشاکردن هم نداشت. ماریان نیز مثل همیشه شاد وبگو بخند نبود. خیلی زود بذله‌گویی‌اش خاموشی گرفت. مریم زودتراز او بلند شد و شب بخیر گفت و برای خواب رفت. در اتاق خود احساس غریبی شدیدی به او هجوم آورد. او را به هق‌هق انداخت. انگار دملی را در قلبش نیشتر زدند. اشک به جای خون و چرک از چشمانش سرریز کرد. گریه‌اش از بی‌پناهی و ترس بود. امشب یقین کرد که بیراهه راهی در زندگی انتخاب کرده است. راهی در لبه پرتگاه. هرلحظه امکان آن بود که خود یا فرزندانش به دره عمیقی سقوط کنند. به آرزو نگاه کرد که خوابیده بود. قطره اشکی روی بینی‌اش خشک شده بود. کودک را به کجا آورده بود؟

خود را از زندگی سرشب، ازخانه فرزانه، ازفرهاد، از شعله وشراره دور می‌دید. خود را از خانه خود، از صالح و از سعید نیز دور می‌دید. با این خانه و مردمش نیز بیگانه بود. با ماریان، با نادیا، با سلیما، با ژانت و گلوریاو سان جو و فدیا که روزی آن همه خود را وابسته او

می‌دید، با مددکارها که دیگر نام همه‌شان را یاد گرفته بود، باهمه بیگانه بود. چه شد که به این گوشه دنیا پرت شد. تایکی دوماه پیش خانه خودش را داشت. شوهری داشت که هر شب به خانه می‌آمد. بچّه‌هایش را در کنار خود داشت. اگر نیم ساعت دیر می‌کردند، دلش شور می‌زد. حال نزدیک دوماه بود که نمی دانست سعید چگونه روزگار می گذراند. چه کسی و چه چیزی این همه خرابی به بار آورد. روزی فرزانه به زندگی او حسرت می‌خورد. بارها به او گفت، خوشا به حالت بچّه‌هایت در کنارت هستند وشوهرت...

و شوهر...دلش پر از کینه شد. مرد زندگی خود را داشت. خانه‌اش را داشت. سعید هم در کنار او بود. اگر آرزو را هم ول می‌کرد، می‌رفت و با پدر زندگی می‌کرد. او در اینجا، در این خانه که هیچ وابستگی به آن نداشت. خانه‌ای که قرار بود به او بدهند. به قول فدیا آپارتمانی ارزان قیمت برای زنان آزاردیده. او از هیئت یک زن که جایگاهی برای خود داشت به هیئت یک زن آزار دیده و قابل ترحم در آمده بود. چرا این‌جور شد؟ چرا ناگهان طوفان شدو فقط خانه اورا خراب کرد.

فرزانه جایگاه خود را به دست آورده بود. ای بسا که چندی بعد پسرانش را هم به اینجا بیاورد. دلش پر از حسرت شد. چرا هیچ کس از او قدردانی نمی‌کرد. مگر او درحق صالح کوتاهی کرده بود؟ چرا همیشه اورا نادیده گرفت. فرزانه می‌گفت:

«خودت باید برای خودت ارزش قائل باشی. نباید خودت را دست کم بگیری. وقتی خودت....»

فرزانه بلد بود خود را دست کم نگیرد. خیلی هم به خود می‌بالید. پس چرا او نتوانسته بود. چرا نتواتسته بود؟ نفهمید کی خوابش برد. صبح وقتی از خواب بیدار شد، دلش همچنان گرفته بود. از پشت پنجره صدای حرف می‌آمد. در این مدّت به ندرت اتفاق می‌افتاد که پرده را

کنار بزند. خانه خرابه حال او را می‌گرفت. هر وقت می‌خواست آسمان پشت پنجره را تماشا کند به راهرو می‌رفت و از آنجا تماشا می‌کرد. پرده را کنار زد. کارگرانی با کلاه‌های ایمنی بر بام و پشت پنجره‌ای که رو به اتاق او بود، دید. مرد دستی برای او تکان داد و چیزی گفت. لحظاتی بعد صدای چکش و دیلم که بر تخته‌ها و بام خانه می‌کوبیدند، نشان از آن بود، که خانه را خراب می‌کنند. لابد می‌خواستند خانه جدیدی به جای آن بسازند. یاد حرف فرهاد افتاد. «شما هم از خیلی نظرها قابل ستایش هستید.» صبح را همیشه با امید شروع می‌کرد.

۱۲

اختر روزی چندبار به شلتر تلفن می‌زد و می‌خواست مریم را ببیند. در لفافه به او می گفت، سختی‌های زندگی در غربت را نتوانسته تحمل کند وپی عشق و خوش‌گذرانی رفته، به جایی که مجانی ازش پذیرایی کنند. بعد هم از مزایای زن تنها استفاده کند. هرماه مقرری از دولت بگیرد و کار نکند. گاه به زبان خوش و گاه با تندی و حرف‌های درشت و دوپهلو پند واندرز می‌داد که دست از لج‌بازی بردارد. مریم هم اصرار داشت که اختر را به شلتر بیاورد و بهش نشان دهد که از چه مزایایی استفاده می کند. زندگی در شلتر که روزهای اوّل در ابهام وسرگردانی گذشته بود، پس از دوماه کلافه کننده شده بود. برای گرفتن خانه و دورشدن از این محیط روزشماری می کرد. برای آرزو نگران بود که مرتب سرما می‌خورد. وجود کودکان بسیار، و عدم رعابت بهداشت ازجانب بعضی از زنان، بیماری را خیلی زود شایع می کرد. خود نیز چندبار دچار آنفلونزا شد و در رختخواب ماند. دیده بود که سوزان، صبح‌ها دست وروی را در همان ظرف‌شویی که درآن ظرف‌های نشسته بود، می‌شست و در آن تف می‌ریخت. یا سان جو بچّه بی‌شلوارش را روی همان پیشخوانی که زنان گوشت و سبزی خرد می‌کردند، یا برای بچّه‌هایشان ساندویج درست می کردند، می گذاشت. اگر اعتراض می کرد، اورا زنی خرده‌گیر و افاده‌ای به حساب می‌آوردند. چون بیشتر مواقع در اتاقش بود و کمتر با زنان دیگر می‌جوشید، به گفته‌هایش وقعی نمی‌نهادند.

سه روز از آمدن اختر می گذشت و هنوز نتوانسته بود مریم را ببیند. بهانه می‌آورد که تورنتو را خوب نمی‌شناسد ویا راه شلتر تا خانه صالح

دور است. مریم پی برد که نمی‌تواند اورا به شلتر بیاورد. قرار شد در یکی از مراکز خرید سرپوشیده همدیگر را ببینند.

به محوطه غذاخوری رسید و اثری از اختر ندید. اختر لابد مثل صالح وقت‌شناسی را فقط برای آنان که مهمتر بودند، رعایت می‌کرد. در محوطه دور زد و اختر را دریکی از فروشگاه‌های لباس یافت. پیراهن‌های مردانه را نگاه می‌کرد. دم در مغازه ماند تا اختر پیراهنی را انتخاب کرد و پول آن را پرداخت و بیرون آمد. در نیمه راه چشمش به او افتاد. باهم روبوسی کردند. طوری چشم به مریم دوخت، که انگار اورا برای اوّلین بار می‌دید. شگفتی‌ای که نشان داد برای مریم اغراق‌آمیز آمد. اختر را خوب می‌شناخت. می‌دانست تا چه حدّ بلد است نقش بازی کند. گاه به او می‌گفت، کاش هنرپیشه تاتر می‌شدی. قری به کمر می‌داد و می‌گفت، لابد باید در تاترهای لاله‌زار می‌رقصیدم.

در مقابل چهره شگفت زده اختر بی‌تفاوت ماند. از حال غلامحسین خان و بچّه‌ها پرسید. از طاهره نپرسید. نخواست که درد اختر را تازه کند. آن روزهایی که اختر در ونکور بود، شایعه زن گرفتن غلامحسین خان دبگر شایعه نبود. به گوش اختر هم رسیده بود. به یاد داشت که چطور در مکالمات تلفنی خشم وغضبش را از راه دور سر غلامحسین خالی می‌کرد. خط ونشان می‌کشید که چه به روزگارش خواهد آورد. مریم کنجکاو بود، بداند اخترچه کرده وچه گفته که زن را از خانه رانده است. شنیده بود طاهره هم زیباست وهم جوان، و غلامحسین اورا عقدکرده بوده است. هیچ نپرسید. ناهید برایش نوشت که یکی دوماه پس از برگشت اختربه ایران، غلامحسین طاهره را طلاق داده و بعد با اختر به مشهد رفتند. غلامحسین توبه کرده که دیگر دست از پا خطا نکند. اختر هم اورا بخشیده است. به قول خودش استفراغ را دوباره نوش جان کرده است. این طعنه‌ای بود که بارها از زبان اختر شنید. نه

آن که طرف خطابش به او باشد. امّا آن را در حضور او به کار برد. مریم نیش آن را حس کرد. در آن جدایی سال‌های اوّل زندگی، اختر در برگرداندن او بیش از هرکسی قدم جلو گذاشت و اصرار کرد. همیشه می‌گفت، قضیه تو با دیگران فرق دارد. تو که طلاق نگرفتی. چند وقتی به قهر به خانه پدرت رفتی و برگشتی. شنیدن حرف‌های دوپهلو از صالح و اختر و مادرشان تا وقتی زنده بود، مریم را بارها آزرده بود. هیچ وقت هم نتوانسته بود، جواب دندان شکنی به آنان بدهد و دهانشان را ببندد. چند روزی نیش کلام با او بود و او را می‌آزرد. با خود دربگو مگو بود. صدتا جواب در ذهن پیدا می‌کرد که یکیش هم گفته نمی‌شد. بعد از چند روز به خود می‌گفت: «چه کار کنم؟ نه می‌توانم آنان را عوض کنم و نه خودم را.»

قهوه و دونات گرفتند. مریم دست به کیف برد که اختر دست روی دستش گذاشت. این خصلت را هم با برادر مشترک بود. او نیز همیشه در پرداخت‌ها پیشقدم می‌شد و آن را نوعی تشخّص می‌دانست.

پشت میزی نشستند. در فاصله مغازه تا قهوه فروشی فقط اختر حرف زد. درواقع فقط پرسیده بود. پرسش‌هایی که چاشنی آن شگفتی و حیرت بود. قبل از هرچیز از دیدن مریم شگفت زده شد. که چه تغییر کرده، چه پیر شده، چه افسرده شده، و چه ناراحتی دارد؟ بعد از آرزو پرسید و بازدچار شگفتی شد که چرا او را با خود نیاورده است. مریم گفت که مدرسه است و باز پرسید، مدرسه؟ یعنی مدرسه از دیدن او مهم‌تر است. بعد هم سرگله‌گی‌هایش باز شد که برای دیدارت باید وقت گرفت و نوبت ایستاد.

پشت میزی نشستند. مریم شکر و شیر در قهوه ریخت و به‌هم زد و جرعه‌ای نوشید. لبخندی به لب داشت و ساکت بود. اختر طاقت از دست داد و گفت:

«چرا هیچ نمی‌گویی؟»

«چه بگویم؟»

«چطور شد آخر؟ من که شنیدم نزدیک بود شاخ در بیاورم. عرق تنم خشک نشده، چمدانم را باز نکرده، آمدم ببینم چه اتفاق افتاده.»

مریم باز هیچ نگفت. اختر را خوب می‌شناخت. می‌دانست اهل منطق و شنیدن حرف حساب نیست. در آن جدایی اوّل نیز هروقت دهان باز کرد که از رفتار صالح بگوید، وسط حرفش دوید:

«دست بردار. این حرف‌ها مال دخترهای تی‌تیش مامانی است. مال همان‌ها که از زن بودن فقط یاد گرفته‌اند خودشان هفت قلم آرایش کنند و پرو پاچه‌شان را بیرون بریزند.»

مریم نمی‌توانست بفهمد، بین احترام متقابل که زن و شوهر حداقل باید در حضور دیگران رعایت کنند و آن تی‌تیش مامانی‌ها چه رابطه‌ای برقرار است. هروقت گفت که من از توهین‌های صالح رنج می‌برم، جوابش داد که ای بابا، دست خودش نیست. منظوری ندارد. این جوری بار آمده است. زبانش بی چفت و بست است، مثل من. و قهقهه خنده را سر داد.

اگر اختر زبان بی‌چفت و بستی داشت، غلامحسین نیز به همان گونه بود. مریم بارها شاهد بگومگوی زن و شوهر بود. دیده بود که چگونه فحش‌های رکیک به هم می‌دهند. برای مرده و زنده یکدیگر احترام قائل نیستند. چند دقیقه بعد هم به روی هم می‌خندند. مریم نتوانسته بود و نخواسته بود همانند آنان باشد. هروقت کوچک‌ترین توهین و حرف زشتی به خود و خانواده خود از صالح شنید، روزها و هفته‌ها سردلش ماند. با صالح تندی و بداخلاقی کرد و به خود اجازه نداد، همان توهین را به او برگرداند. در قاموس او حرف معنا داشت. توهین به دیگری را نوعی توهین به خود می‌دانست. بارها از پدرش شنیده بود، حرف زدن

هر آدمی تعیین کننده ارزش انسانی اوست. کلمه مشخصه انسان بـود. شاید آن ارزشی که برای کلمه قائل بود، به او اجازه نمی‌داد که فحش و بد وبیراه بر زبان جاری کند. به صالح نیز اجازه نداده بود، جلـوی روی بچّه‌ها حرف‌های رکیک بر زبان آورد. به خود می‌بالید که پس از این همه سال زندگی مشترک با صالح و رفت وآمد با اختر وغلامحسین‌خان تحت تاثیر آنان قرارنگرفته بود وحرمت کلام را نگه داشته بود. نتوانسته بود، روی آنان اثربگذارد وعفت کلام را به آنان بیاموزد. خواهر و برادر خصلتی تجاوزگر وتندخو داشتند. مریم با کناره جویی و سلطه‌پذیری‌اش به آنان میدان عمل داده بود. سکوت کرده بـود. سکوت او به طرف میدان تـاخت وتاز داده بـود. اعـتـراضش در برابر رفتـار ناهنجـار و حرف‌های درشت صالح واختر گریز و کناره‌گیری بود. اختر به روی خود نمی‌آورد. وقتی مریم چند روز تلفن نمی‌کرد، می‌فهمید، که بـا حرف تندی اورا رنجانده است. به جای پوزش، دست پیش می‌گرفت. گله می‌کرد که اورا از یاد برده و داخل آدم به حساب نمـی‌آورد. کتاب‌هایش نمی‌گذارد که او دور و بر خود نگاهی بیاندازد. علاقه‌اش به کتاب از نظر اختر نیز نوعی ضعف بود. آن را از او پنهان می‌کرد. صالح باهمه نیش‌هایی که در این مورد به او زده بود، نتوانسته بود این عشق و علاقه را از او بگیرد.

کنجکاوی‌هـای اختر کـه تمـام شـد، سکـوت کـرد و منتظـر مـاند. نگاهشـان به هـم خیره شـد. مریـم چشـم از اختر گرفت. به اطراف نگریست. باز دوباره چشمش به چشم او افتاد که همچنـان به او خیره شده بود. می‌خواست آن سوی وجود اورا بکاود. از سکوت مریم به تنگ آمد و با لحنی تند گفت:

«آخر توهم چیزی بگو. جان مرا به لبم رساندی.»

مریم با همان خونسردی گفت: «چه بگویم. لابد صالح همه چیز را گفته.»

«پس راست است؟»

«که چی؟»

«که تو...»

حرف را خورد. مریم فهمید که می‌خواهد از چه بگوید. تنش داغ شد ولی هیچ نگفت. زبان در دهانش قفل شد. پس هنوز آن تصور کاذب را در مورد او داشت و همه جا آن را پخش می‌کرد.

«من که باور نمی‌کنم. من ترا طور دیگری می‌دیدم. درست است که اینجا آزادی هست. ولی هیچ فکر کرده‌ای که این آزادی...»

صدا در گلویش شکست.

«هیچ نمی‌فهمم از چه حرف می‌زنید. چرا رک و راست به‌ام نمی‌گویید که به دنبال عشق جدیدی رفته‌ام.»

صدا را بلند کرد و گفت: «کاش رفته بودم. کاش هنوز قلبی در سینه داشتم که می‌توانستم عاشق بشوم. ولی می‌دانید برادر محترم شما با من چه کرد؟»

بعض زورآور شد و اشک صورتش را شست. اختر به بی‌اعتنایی نگاهش کرد. همیشه همان‌جور بود. مثل صالح. وقتی اورا شکست خورده و ضعیف می‌دید، نادیده‌اش می‌گرفت. همان رفتار مریم را بیشتر له و لورده می‌کرد. حس می‌کرد هیچ شده وجز گریه پناهی ندارد. آنقدر می‌گریست تا دیگر اشکی در او باقی نمی‌ماند. حال نمی‌خواست کار به آنجا بکشد. نمی‌خواست خود را در مقابل اختر شکست خورده ببیند. به خود گفت:

«یادت باشد، این اختر، اختر سابق نیست. باید در مقابلش ایستاد.»

سکوت کرد. همان سلاح همیشگی. دیگر خوب می‌دانست اگر تافردا صبح هم همانجا بنشیند و هزار دلیل بیاورد که اگر از خانه بیرون رفته، تنها و تنها به دلیل رفتار غیر انسانی صالح بوده است، اختر مجاب نخواهد شد وآخر سر به حرف‌هایش می‌خندد ومی گوید:

«پس این جور؟ برای این چیزهای کوچک زندگی خودت و بچّه‌ها را به نابودی کشاندی؟»

اختر گفت: «می‌دانستم. من ترا خوب می‌شناسم.»

دردل گفت، تو اصلا مرا نمی‌شناسی. نه تو، نه صالح. هیچ کدام مرا نمی‌شناسید ونخواستید بشناسید. ولی به زبان ساکت بود. حرف در کله‌اش می‌جوشید. در این چند روز که اختر اصرار به دیدنش داشت، سرش مثل دیگ جوشان پراز حرف قل قل می‌کرد.

چشم به اختر دوخت. بغض در او پس نشسته بود. به خود اطمینان یافت. تصمیم گرفت که هیچ نگوید. اختر گفت:

«داری بچّه‌گی می‌کنی. مثل همان سال‌ها. امّا آن سال‌ها جوان بودی. هنوز همدیگر را خوب نمی‌شناختید. گرچه تو زیاد هم جوان نبودی. با صالح هم که رفت وآمد داشتی. به قول معروف تن هم را وجب کرده بودید.»

همان چیزهایی که آن موقع هم به مریم گفت و سرکوفتش زد که ندیده و نشناخته با صالح ازدواج نکرده. حال جواب آن حرف‌ها را داشت. امّا هیچ کلامی به زبانش نمی‌آمد. اختر گفت:

«من نمی‌فهمم. شما درایران مسئله‌ای نداشتید. شما زن و شوهر نمونه بودید. آخر چطور شد؟»

«ایران با اینجا فرق می‌کرد.»

«چه فرقی؟ مگر صالح اینجا شاخ ودم درآورده؟»

شاید انتظار داشت مریم بـه گفتـه‌اش بخنـدد. امّـا مریـم حـال خندیـدن نداشت.

گفـت: «شـاخ و دم در نیـاورده. گسـتاخ شـده. اینجـا دیگـر حجـابی نیست.»

«چطـور؟ حجـاب دیگـر چی‌اسـت؟ ایـران کـه مجبـور بـودی حجـاب بگذاری.»

«منظورم آن حجاب نیست. حجاب بیـن زن و شـوهر. در اینجـا مـن و صالح برهنه در مقابل هم ایستادیم. او دیگر هیچ حجابی بین خود و مـن نمی‌بیند و به خود اجازه می‌دهـد هرطـور دلـش می‌خواهـد بـا مـن رفتـار کند.»

«مگر در ایران فرق می‌کرد؟»

«آره، درایـران حجاب‌هـای بسیاری بیـن مـا بـود کـه نمی‌گذاشـت گستاخی را از حدّ بگذراند. مثلا خانواده من. جامعه. و خود تو. امّـا در اینجا من هیچ کس را ندارم. وقتی هم که کارم را از دست دادم...»

«کار؟ خوب توی ایران هم که صالح نگذاشت کار کنی.»

«آره وقتی که درآمد شرکتش به اندازه کافی زیاد شد کـه حقـوق مـن در برابر آن هیچ شد. والا اوّل زندگیمان روی کار من حساب می‌شد.»

اختر به شوخی گفت: «خوب زبان باز کردی.»

«مریم بی درنگ جواب داد: «شما زبانم را باز کردید.»

«شما؟ منظورت از شما کی‌ها هستند؟»

«می‌بخشید. منظورم شما نیستید. منظورم صالح است.»

فضای رابطه سنگین شد. اختر باهمه تلاشی کـه می‌کـرد، نمی‌توانسـت مریم را به چنگ آورد. هرآنجه می‌خواهد بگوید. مریم یا باسکوت و یـا بـا تـأییدش بـه او میـدان دهـد. رنـگ کـلام را عـوض کـرد. مهربـانی را چاشنی کلام کرد و گفت:

«من نمی‌دانم تو چه کم و کسری داشتی؟ اوائل که زندگی‌تان سخت‌تر بود. تو به قول خودت کارت را دوست نداشتی. صالح بی‌کار بود و اعصاب همه را خرد می‌کرد. حالا که بحمدالله کار و کاسبی صالح خوب است. تو هم که دیگر کار نمی‌کنی. صالح می‌گفت، در دانشگاه درس می‌خوانی. همان درسی که درجوانی پدر خدابیامرزت نگذاشت بخوانی، خوب پس دیگر چه کم و کسری داشتی؟»

هیچ نگفت. پیش بینی چنین پرسشی را داشت. جوابش را هم داشت. اگر می‌گفت، زندگی که فقط به ظواهر آن نیست. چطور برابت توضیح دهم که صالح با تحقیر وتوهین به من و با نادیده گرفتن من، راه نفس کشیدن را بر من می‌بست.

می‌دانست اگرچنان بگوید، اختر جوابش می‌دهد که ای بابا، توهم چقدر نازک نارنجی هستی. اگر فحش می‌دهد، تو هم فحش بده. اگر بی‌اعتنایی می‌کند، توهم بی‌اعتنایی بکن. کتک که نمی‌زند. جرأت نمی‌کند. می‌داند که در اینجا کتک زدن زن جرم است.

از نشستن و گوش کردن به حرف‌های اختر حوصله‌اش سر رفت. سرنصیحتش باز شده بود. آخرسر از مکر زنانه گفت و با آب وتاب شرح داد که چطور طاهره را از خانه بیرون کرده و بعد گفت:

«اگر جای من بودی، چه می‌کردی؟»

«جای شما؟»

برای لحظه‌ای خود را در جای اختر تصور کرد. زندگی در کنار غلامحسین! رنگی ازنفرت بر چهره‌اش نشست که بر اختر پوشیده نماند. مثل مار زخمی آماده نیش زدن شد.

«مریم خانم باید بهات بگویم که خودت را گم کردی. نکند پایت به دانشگاه بازشده، دیگر خودت را نمی‌شناسی. هیچ می‌دانی داری چه کار می‌کنی؟»

«چه کار می‌کنم؟»

«هیچ از خودت پرسیده‌ای؟»

«شما فکر می‌کنید که نپرسیده‌ام.»

«من که فکر نمی‌کنم پرسیده باشی. تو خیال می‌کنی هنوز دختر هفده هیجده ساله هستی. گوآن که وقتی هم که زن صالح شدی، هفده هیجده ساله نبودی. خیلی سال از وقت شوهر کردنت گذشته بود. هم سن و سال‌های تو دوسه تا بچّه داشتند.»

مریم وسط حرفش دوید: «خوب، که چی؟»

اختر جاخورده زبان را نرم کرد و گفت: «می‌خواستم بگویم وقت بچّه‌گی کردن گذشته، تو داری دستی دستی خانواده‌ات را از هم می‌پاشی. شوهر وپسرت را به امید خدا رها کردی. آن زبان بسته را هم معلوم نیست کجا برده‌ای.»

«به اتان که گفتم، بیایید و ببینید کجاست.»

«چرا باید می‌آمدم. مرا چه به آن عشرت‌کده.»

آنچه اختر گفت مثل نیش سوزن به قلبش فرورفت. به زبانش آمد که بگوید خفه شو و بلند شود وبرود. سکوت کرد. امّا برافروختگی چهره‌اش بر اختر پوشیده نماند. پی برد که زیادی تند رفته است. گفت:

«ببین مریم جان. من بدی ترا نمی‌خواهم...»

مریم مجال نداد. به میان حرفش دوید:

«خواهش می‌کنم. من نیازی به دل‌سوزی وترحم ندارم. می‌دانم شما بد مرا نمی‌خواهید. هیچ کس بد مرا نمی‌خواهد. امّا حرف اینجاست که هیچ کس هم نمی‌داند بد وخوب من در چیست. منظورم این است که هیچ کس جز خودم نمی‌داند.»

«پس تو فکر می‌کنی باید جدا بشوی.»

«جواب نداد. دراین باره حتی فکر نکرده بود. اوفقط می‌خواست که ازخانه دور باشد. خانه‌ای که دیگر برای او آرامش نداشت. خانه‌ای که تماماّ تحت تسلط صالح بود. او شاید جزیی از اثاثیه آن خانه به حساب می‌آمد. شاید هیچ به وجودش نیاز بود چون خانه را راه می‌برد. خود را از آن خانه دور می‌دید. حتی به یاد نمی‌آورد ترتیب چیدن اثاثیه درآن چگونه بود.

«ها؟ چرا جواب نمی‌دهی؟ نمی‌شود که همان طور خانه وزندگیت را ول کنی وبروی.»

و چون مریم جواب نداد ودر خیال خود بود، بی حوصله گفت:

«آخر چیزی بگو. حرفی بزن. تو آدم را کلافه می کنی.»

به اختر نگاه کرد. چقدر از او دور بود. اوّل بار که چشمش به او افتاد به نظرش آمد، جوان شده است. موهای سرش را خرمایی کرده بود. پالتو کرم رنگ خوش دوختی پوشیده بود. پوست صورتش شفاف و سالم می‌نمود.

گفت: «من فکر می کنم وقتی دونفر نخواهند همدیگر را بفهمند وخود را مجبور کنند در کنار هم زندگی کنند، نه فقط خود راگول می‌زنند، بلکه به دیگران نیز، به بخصوص به بچّه‌های خودشان هم دروغ می گویند. من و صالح هیچ تفاهمی باهم نداشتیم. فقط بالاجبار باهم زندگی می کردیم. برای همین من فکر کردم، بهتر است خودم را از این زندگی بیرون بکشم. ولی چون من این کار را کردم. یعنی به خود شهامت دادم و پیش‌قدم شدم، به آقا برخورده است.»

و پس از مکثی بی‌آن که اجازه دهد اختر زبان باز کند، ادامه داد:

«من مطمئنم اگر برگردم و زندگی را با صالح ادامه دهم، وضع بدترخواهد شد. من این تجربه را دارم. در همین جا یکی دوبار به اجبار از خانه بیرون رفتم و بعد برگشتم. یعنی همان که شما می گویید، یادلم

برای بچّه‌ها سوخت یا به اساس خانواده فکر کردم. نخواستم آن را از هم بپاشم. آنچه به دست آوردم، توهین بیشتر، گستاخی بیشتر بود. نه این که فکر کنید او فقط توهین می‌کرد. من هم این کار را می‌کردم. کارد که به استخوانم می‌رسید، نمی‌توانستم ساکت بمانم. بعد حس کردم که زندگی‌مان بوی گند گرفته. بچّه‌ها دارند توی کثافت زندگی می‌کنند. من دیگر نتوانستم تحمل کنم. باور کنید.»

حرفها به دل اختر سنگینی کرد. رابطه‌اش با غلامحسین شبیه آن چیزی بود که مریم از آن به گند و گه نام برد. شاید هم در خیال خود زندگی خودش را با گفته‌های مریم مقایسه می‌کرد. شاید به همان دلیل سکوت کرده بود.

مریم گفت: «من فکر می‌کنم این جدایی، هم به نفع هردوماست، هم به نفع بچّه‌هاست.»

اختر سنگینی حرفها را از ذهن خود راند و گفت:

«شاید به نفع توست ولی به نفع صالح و سعید نیست. من این چند روز شاهد زندگی‌شان بودم. صالح غرورش اجازه نمی‌دهد که قدم جلو بگذارد و ازت التماس کند که برگردی. حتی من بدون اطلاع او به دیدن تو آمدم. راستش را بگویم خیلی از دستت عصبانی است. ولی از چهره‌اش می‌شود فهمید که جای خالی تو چقدر عذابش می‌دهد. حالا از صالح بگذریم. به قول معروف پسر دیگری است. امّا سعید چی؟ من دیدم که چقدر عصبی و کج خلق شده است. پسرت دارد از دست می‌رود. مریم اگر نجنبی...»

مریم یکه خورده پرسید: «مگر چه شده؟ من هفته پیش دیدمش. حالش خوب بود.»

«پس خبر نداری.»

«که چی؟»

«می‌خواهد مطرب بشود.»

مریم خندید و هیچ نگفت. همان برداشتی که صالح از سینما داشت. اختر گفت:

«برایت اهمیت ندارد؟ پیداست که تو از آنان دست کشیده‌ای.»

مریم باز هیچ نگفت. حال می‌دید که چه فاصله‌ای بین او واختر وجود دارد. سابق بر این هم این فاصله را حس کرده بود، ولی از آنجا که اجبار زندگی و رابطه با اورا داشت، نمی‌خواست به وجود این فاصله بیاندیشد. امروز بیگانگی مثل حسی آشکار بینشان نشسته بود. اختر حرف‌های تند و دوپهلو می‌زدو مریم با همه تلاشی که می‌کرد، حرمت اورا نگاه دارد، گاه از کوره در می‌رفت وکلامش تند می‌شد. اگر اختر این همه در دیدن او اصرار نمی‌کرد، مریم هیچ رغبتی به این دیدار نداشت. خود از پیش به نتیجه آن آگاه بود. اختر امّا دست از سماجت برنمی‌داشت. تا می‌دید، مریم پا پس کشیده و مهر سکوت بر لب زده است، رنگ کلام را عوض می‌کرد و از در دیگری وارد می‌شد. گفت:

«واللّه چه بگویم مریم، تو به نظر من عوض شدی. دلم نمی‌خواهد باور کنم. امّا شدی. پس صالح حق داشت که می‌گفت، تو فامین (نتوانست کلمه فمینیست را به زبان بیاورد)....»

«صالح حق دارد. من که به شما گفتم، همه گناه‌ها به گردن من است. چون من پایم را از زندگی صالح کنار کشیدم.»

«پس گناهی به گردن تو نیست؟»

«چرا هست. قبول می‌کنم. وقتی هیچ کس نمی‌خواهد به گفته‌های من گوش کند، من هم چاره‌ای ندارم که گناه راه به گردن بگیرم.»

اختر تند گفت: ولی می‌شود گناه را جبران کرد. برگرد سر خانه و زندگیت.»

مریم بی حوصله گفت: «خواهش می‌کنم این حرف را تکرار نکنید.»

«پس نمی‌خواهی برگردی؟»

«نه.»

«حرف آخرت را زدی؟»

«شوخی که ندارم.»

آنچه مریم گفت وآنچه درکلام و نگاهش نشسته بود، بر اختر گران آمد. انتظار نداشت راه به این درازی را بیاید. آن همه برای دیدار مریم پافشاری کند و حال با این خشکی و سردی رانده شود. جواب سربالا بشنود. رک وراست در چشمانش نگاه کند و بگوید، نه. برنمی‌گردم. بی‌آن که دلیل واقعی خود را از این جدایی بگوید. بی‌آن که او را در جزییات زندگی خود بگذارد، تا بتواند راه چاره بیابد. فقط بگوید که بهتر است از هم جدا شوند وصلاح صالح هم در آن است که این جدایی را بپذیرد. پس شاید هرآنچه صالح می‌گفت، درست بود. شاید زن به دنبال عشق دیگری رفته بود. دیگر هیچ محبتی نسبت به او نداشت. مثل یک بیگانه در مقابلش نشسته بود ولب فروبسته بود. در تمام این یکی دوساعت هم چند جمله بیشتر نگفت. چه خوددار شده بود، اشک را هم در خود کشت. نه، این مریم، مریم سابق نبود. زنی که به جای حرف زدن اشک تحویل می‌داد. زنی که همیشه مطیع بود. گفته طرف را راست یا دروغ قبول می‌کرد.

نفرتی که در اختر بود به صورت کلامی تلخ به زبان آمد. مثل همیشه نگذاشت حرف سردلش بماند. همانجا زهر خود را بر مریم خالی کرد. گفته مریم را به خود مریم برگرداند. اوائل که به خارج آمده بودند، مریم گاه به اختر می‌گفت، هروقت از اوضاع ایران می‌شنود، احساس گناه می‌کند. اختر گفت که حق دارد از خود شرم کند. آدم‌هایی مثل او اگر انقلاب نمی‌کردند، و مملکت را به باد نمی‌دادند، شاید روزگار بهتری داشتیم. بچّه‌مان را مفت ازدست نمی‌دادیم. زن شلخته‌ای مثل

طاهره خانه‌مان را صاحب نمی‌شد. از بهرام گفت و اشک به چشم آورد که پسر جوانش خیر از دنیا ندیده فدا شد. از پسرهای ملیحه گفت که مریم خود از آنها با اختر حرف زده بود، که هردو را باهم اعدام کرده بودند. گفت که وقتی ایران بوده به سراغ ملیحه رفته. نمی‌خواسته نام او را بشنود. مریم شنید. بسیاری از آنچه را اختر گفت، باور نکرد. او خود با ملیحه مکاتبه داشت. گرچه فاصله نامه‌ها هربار بیشتر می‌شد. یاد حرف ملیحه افتاد، وقتی که داشت وسایلش را می‌فروخت که به خارج بیاید ودل توی دلش نبود که مانع خروج سعید شوند. ملیحه از قصد رفتنش خبر نداشت. مریم جرأت نکرده بود، از آن با او بگوید. وقتی فهمید، گفت، انقلابتان را برای ما می‌گذارید می‌روید. مریم به یادش نیاورد که خود آتش تندتری ازاو داشت. همیشه او بود که تلفن می‌کرد و خبر سخن‌رانی‌ها راه‌پیمایی‌ها را می‌داد.

اختر به خوبی دید که حرف‌ها با مریم چه کرد. زن مثل جادو شده‌ها سکوت کرده بود. هیچ عکس‌العملی از خود نشان نداد. اختر نیز از آمدن به خارج جز سرشکستگی چیزی نصیبش نشده بود. ماجرای زن گرفتن غلامحسین تمام شده بود، امّا درد خفت آن هنوز با او بود. اختر همیشه ادّعا داشت که غلامحسین بی اجازه او آب نمی‌خورد. به مریم پند می‌داد که مرد را باید با سیاست در چنگ گرفت، نه با آن کتاب‌هایی که تو می‌خوانی.

چهره فلک زده مریم اختر را هم پریشان کرد. از گفته خود پشیمان شد. حتی پشیمان ازدیدار مریم. بلند شد و قصد رفتن کرد. گفت که دیرش شده است. مریم نفهمید برای چه کاری دیرش شده است. به ساعت خود نگاه کرد. نزدیک سه بعد از ظهر بود. باید به شلتر بر می‌گشت. آرزو تا نیم ساعت دیگر از مدرسه بر می‌گشت. بلندشد. بی یک کلمه حرف با اختر تا ایستگاه قطار با او رفت. اختربه چشمان مریم

نگاه نمی‌کرد. مریم گیج بود. اوّل قطار جنوب آمد که مریم باید سوار می‌شد. سوار نشد. وقتی قطار شمال آمد، اختر بازویش را گرفت و گفت، برویم. مریم به خود آمد و پرسید، کجا؟

بازویش را رها کرد. اختر سوار شد. برایش دست تکان داد. با صدای بلند گفت به امید دیدار. مریم شنید یا نشنید. اختر ندانست. مریم از ایستگاه بیرون آمد. آسمان گرفته بود و هوا تیره و تار بود. از چهارراه گذشت. اتومبیلی به سرعت و با بوق ممتدی از پشت سرش گذشت و او را از جای پراند. از چراغ قرمز گذشته بود. باد به صورتش شلاق زد. خیابان روبرو را پیش گرفت و رفت. درختان لخت کنار خیابان در باد خش خش می‌کردند. عابری دیده نمی‌شد. تک و توک اتومبیلی با پنجره‌های بسته به سرعت می‌گذشت. برف شروع به باریدن کرد. اوائل ماه مارس بود. هنوز هیچ خبری از پایان زمستان نبود. بوران برف به صورتش می‌خورد. در دلش انگار شعله‌ای زبانه می‌کشید. تنش از گفته‌های اختر می‌سوخت. شرم و سرشکستگی مثل حکم مرگ با او بود. می‌خواست لباس از تن بکند و پوست داغ و سوزانش را در معرض طوفان برف بگذارد. می‌خواست که شعله‌ها او را خاکستر کند.

حس کرد دارد کور می‌شود. پرده سفیدی جلوی چشمانش کشیده شده بود. دست به صورت برد. عینکش را برف پوشانده بود. عینک را از چشم برداشت. باد و بوران جلوی دید او را می‌گرفت. به اطراف نگاه کرد. نمی‌دانست کجاست. خیابان خلوت مثل گورستانی خالی از زندگی بود. در جان‌پناه ساختمانی ایستاد. بر افکار خود مسلط شد. کابوسی که ذهن او را پر کرده بود، کم کمک رنگ باخت. باد و بوران او را به خود آورد. به ساعتش نگاه کرد. بیست دقیقه به چهار بود. چه مدّت در طوفان راه رفته بود؟ به شلتر فکر کرد، به آرزو. راه برگشت را بلد نبود. کجای شهر بود؟ به خاطر نمی‌آورد که چطور به آن خیابان

خلوت راه یافته است. نمی‌دانست کدام راه را برود تا به ایستگاه قطار برسد. اگر زنی از ساختمان بیرون نمی‌آمد و باتعّجب و حتی ترس هیکل سراپاپوشیده از برفش را نمی‌دید وراه رسیدن به قطار را نشانش نمی‌داد، نمی‌دانست چه مدّت همانجا می‌ایستاد. در افکار تیره و تار خود خیره می‌ماند.

زن اورا سوار اتومبیل خود کرد. در خیابان اصلی روبروی ایستگاه قطار پیاده کرد. اصرار داشت اورا به خانه‌اش برساند. نام خانه لرزشی در دلش ایجاد کرد. گفت، که حالش خوب است وبه خانه نمی‌رود. زن نپرسید که به کجا می‌رود. اگر می‌پرسید، جواب نمی‌داد. نمی‌خواست بگوید، به شلتر می‌رود. در آن صورت حتماً اورا سئوال پیچ می‌کرد و از او تصویر زن آزار دیده را در ذهن تداعی می‌کرد. نه. او زن آزار دیده نبود. زنی بود که جایگاه خود را یافته بود. از همان جهت مورد تاخت وتاز اختر قرار گرفته بود.

در قطار به یاد فرهاد افتاد. شبی که اورا به شلتر رساند. آن حرف‌ها و شماره تلفنش را که در کیف داشت. در ایستگاه بعدی پیاده شد. به ساعت خود نگاه کرد. نزدیک پنج بعد ازظهر بود. مردم زیادی که از کار روزانه برمی‌گشتند، در ایستگاه قطار در رفت وآمد بودند. قطارهای شمال و جنوب با سرو صدای زیادتوقف می‌کردند. مردم پیاده وسوار می‌شدند. مریم در کنار دستگاه تلفن ایستاده بود و گیج و پریشان به دنبال شماره تلفن در کیف خود می‌گشت و آن را نمی‌یافت. لحظاتی همچنان کنار دستگاه تلفن ماند. انگار کسی از او پرسید، چرا می‌خواهی به فرهاد تلفن بزنی. و او جوابی برای این پرسش نداشت. مثل گناهکاری بود که نیاز به اعتراف داشت. می‌خواست که از گناه خود بگوید واو تسلی‌اش دهد. نیاز به تسلی داشت. می‌دانست اگر بافرزانه از

درون خود بگوید، یا گوش نمی‌کند و یا به تمسخر به او خواهد خندید و خواهد گفت:

«تو یاد گرفته‌ای خودت را آزار دهی.» و اورا مازوخیست بخواند. بی هیچ دلیلی فکر می‌کرد که فرهاد تنها کسی است که درد او را می‌فهمد. فرزانه به او گفته بود که فرهاد به خاطر درگیری سیاسی از ایران گریخته است و هنوز از گریختن خود در رنج است. همچنان در کیف خود به کند و کاو مشغول بود. صداهای گوش‌خراش قطارها که می‌آمدند و می‌رفتند، مثل چکشی که بر دیواره آهنی کوبیده شود، بر اعصاب او کوبیده می‌شد. حس می‌کرد چیزی در درونش در حال انفجار است. ناگهان کیف را وارونه کرد وهمه آنچه در درونش بود، بیرون ریخت و شماره تلفن را نیافت. زنی در کنارش خم شد. به خیال آن که کیف از دستش افتاده، اورا کمک کرد و آنچه را روی زمین بود، جمع کرد و به درون کیف ریخت. عکسی از صالح از لای کیف کوچکش بیرون افتاد. زن دست دراز کرد، آن را بردارد. مردی پای برآن نهاد. عکس به کف کفش مرد چسبید و با اورفت.

زن به روی مریم خندید و گفت: «شوهرتان بود؟»

مریم گیج نگاهش کرد و گفت: «بود.»

از پله برقی بالا رفت. سوز سردی در راهرو به صورتش خورد واورا تا مغز استخوان لرزاند. در محوطه دوری زد و دستگاه تلفنی نزدیک در خروجی نظرش را جلب کرد. دوباره به سمت تلفن رفت. سکه‌ای را که از قبل در مشت داشت، درون تلفن انداخت و شماره‌های تلفن را نگاه کرد. بی‌اختیار انگشتانش روی شماره‌ها لغزید. گویی آن‌ها در صفحه ذهن خود می‌خواند. وقتی صدای فرهاد را از آن سوی خط شنید، باور نکرد که خودش باشد. هیچ کلامی به زبانش نیامد. گوشی را گذاشت. لحظاتی همچنان گیج کنار تلفن ماند. دوباره شماره گرفت. این بار

صدای فرهاد را در دستگاه پیام‌گیر شنید. پیغامی کوتاه برایش گذاشت که می‌خواهد اورا ببیند. تلفن را قطع کرد و همان آن از کرده خود پشیمان شد. بی‌آن که بداند کجا می‌رود، از از ایستگاه قطار بیرون آمد. اتوبوسی منتظر بود. سوار شد. روی یک صندلی خالی کنار پنجره نشست و چشم به بیرون دوخت. خیابان زیر شلاق طوفان نفس نفس می‌زد.

وقتی به شلتر رسید، ساعت از شش بعد از ظهر گذشته بود. دوبار اتوبوس اشتباهی سوار شده بود، تا آخر خط رفته بود. آرزو به دیدن او گریست. گفت که دیگر نمی‌خواهد در شلتر بماند. گفت، می‌خواهد به خانه پدر برود و عمه اختر را ببنید. گفت، عمه اختر تلفن کرده و می‌خواهد دوباره ترا ببیند. مریم در اتاق خود ماند. برای شام به طبقه پایین نرفت. ماریان به دیدنش آمد، اورا از دم در راند. گفت که حالش خوب نیست. با لباس بیرون به رختخواب رفت. تا صبح فردا خوابید. آرزو بیدارش کرد که ساندویجش را درست کند. مثل کسی که ضربه‌ای ناگهانی براو وارد شده باشد، گیج بود. ضربه زخمی عمیق در دلش به وجود آورده بود. زق زق دردناک زخم رهایش نمی‌کرد. آرزو را به مدرسه فرستاد. لختی پشت پنجره اتاق نشیمن ماند. آفتاب درخشانی به درون می‌تابید. از برف و بوران روز پیش آثار کمی در گوشه وکنار دیوارها باقی مانده بود. آسمان رنگ آبی دل‌انگیزی داشت و آمدن بهار را نوید می‌داد. دور وبرش پر از سر وصدا بود. و او مثل بیگانه‌ای، نه زبانشان را می‌فهمید و نه با دنیایشان قرابت داشت. اورسولا را در کنار خود دید. دست روی شانه‌اش گذاشت و پرسید:

«چی‌چی را تماشا می‌کنی که چنان شیفته شدی؟»

نیمی از حرف‌هایش را نشنید. نگاهش کرد. اورا ندید ویا از پشت پرده‌ای از مه دید. بی‌آن که جوابی به او بدهد، به اتاق خود رفت. در به

روی خود بست. به رختخواب رفت. خوابی سنگین مثل مرگ او را از خود بی‌خود کرد.

وقتی بیدار شد، آرزو کنارش نشسته بود.

«چی شده مامان؟ اورسولا می‌گوید، اگر مریضی برایت دکتر بیاورند.»

آرزو را بغل کرد و های‌های گریست.

۱۳

آن شب اختر دوبار تلفن کرد و هر بار مریم از گفتگـو بـا او خـودداری کرد. در فاصله یکی دو روزی که از دیدارشان گذشته بود، اختر چندین بار تلفن کرده بود خواسته بود، بـا مریـم حـرف بزنـد. ایـن بـار آرزو را خواست. مریم می‌دانست که اختر اصرار خواهد کـرد کـه آرزو گوشـی را به دست او بدهد، به اتاق خود رفت. آرزو به اتاق آمد و همـان طـور که مریم پیش بینی کرده بود، گفت که عمه بـا او دوکـلام حـرف دارد. مریم به اوقات تلخی گفت که برو بهش بگو مادرم حمّام است.

آرزو به تندی جواب داد: «چرا دروغ می‌گویی؟»

مریم حوله‌اش را برداشت و به حمّام رفت. در را از درون بسـت. ربـع ساعتی آنجا ماند.و خود را با کشتن سوسک‌ها سرگرم کرد. چند بار به در حمّام زدند، مجبور شد بیرون بیاید. به اتاق خودرفـت. در ایـن چنـد روز مثل کودک گناه‌کاری خود را از دیگران پنهان می‌کرد. هربـار کـه ماریان به اتاقش آمد و حالش را پرسید، اورا از خود رانـد. پشـت میـزش می‌نشست وصفحات زیادی را سـیاه می‌کـرد. بعـد کـه می‌خوانـد، پـاره می‌کرد و دور می‌ریخت. کتاب نیز اورا به خود نمی‌کشید. روی تخـت دراز می‌کشید و به خواب عمیقـی فـرو می‌رفـت. گویـی کـاری سـنگین انجام داده باشد، همه اعضا بدنش خسته و کرخ بودند.

آرزو برگشت. لختی ساکت کنار مادر ایستاد. حرف‌های عمه که بـا زبانی خوش و قربان صدقه از او خواسته بود که از مادر اجـازه بگـیرد و به دیدار او برود، با او بود. پیدا بـود کـه جـرأت بـه زبـان آوردنشـان را نداشت. روزهـای اوّل اقـامت در شـلتر، آرزو بـر مـادر مسلط بـود. بـا گریه‌ها و بهانه‌های جا وبیجایش مادر را خلع سـلاح می‌کـرد. اقامتشـان

که در شلتر طولانی شد، کم کمک تسلط خود را بر مادر از دست داد. مریم بیش از گذشته به او محبت می‌کرد وپی دلش بالا می‌رفت، امّا زیر بار حرف او نمی‌رفت. هم مریم و هم آرزو پی برده بودند که رابطه‌شان عوض شده است. آرزو خواسته و ناخواسته از مریم حساب می‌برد.

مادر پشت میزش نشسته بود. حرف نمی‌زد. حتی نپرسید، عمه چه گفت، این دوسه روز زیادی تلخ شده بود. تلخی‌اش فقط با او نبود. با ماریان و مددکارها و سایر زنان نیز به همان گونه بود. در اتاق خود می‌ماند. دیگران نیز با احتیاط با او رفتار می‌کردند. ماریان به آرزو گفت که مواظب مادرش باشد. حتماً از چیزی رنج می‌برد. چون ژانت هم رفته بود و دخترانش را برده بود، آرزو در شلتر تنها بود. خود را با بچّه‌های کوچکتر سرگرم می‌کرد. گاه بهانه خانه را می‌گرفت. مریم گاه با زبان خوش، گاه با تندی جوابش می‌داد که فعلا باید همین‌جا بمانیم تا خانه‌ای به امان بدهند. آرزو به خانه‌ای که باید بگیرند، فکر نمی‌کرد. او به خانه پدر و زندگی در کنار او وبرادر فکر می‌کرد. روزها و هفته‌های اوّل به خود جرأت می‌داد ومی‌پرسید کی برمی‌گردیم. چون چندبار جواب تند شنید، دیگر حرف از برگشت نمی‌زد. در برزخ زندگی می‌کرد. از بعضی از بچّه‌ها می‌شنید که نزد پدرشان برمی‌گردند. او نیز امید داشت که زندگی سابق را از سر بگیرند. آرزو پدر را دوست داشت. پدر بیش ازمریم به او محبت می‌کرد. و دست نوازش برسرش می‌کشید. هنوز به چشم کودک به او نگاه می‌کرد. اگر مریم سرش داد می‌زد که باید اتاقش را جمع کند. لباس‌ها و لوازمش را هرجا رها نکند. صالح به طرفداری او برمی‌خاست وزبان مریم را می‌بست. امّا در اینجا دیگر پدری نبود. مریم به قهر و بداخلاقی‌اش اعتنایی نمی‌کرد. همان روزهای اوّل فدیا بهش گفت، دخترت خیلی نازنازی است. حرف بر مریم گران آمد. به خود گفت، آدمش می‌کنم.

آرزو روی تخت نشسته بود. منتظر فرصتی بود که چیزی بگوید. مریم در حال و هوای خود بود. دفتر نوشته‌هایش را ورق می‌زد. سر بلند کرد و آرزو را دید که به او خیره شده است. بی‌اختیار پرسید:

«چیزی می‌خواستی؟»

«اجازه می‌دهی بروم عمه‌ام را ببینم.»

«کجا؟»

«خانه بابا.»

خانه بابا! پس آن خانه، خانه بابا بود. خانه او نبود. حتی خانه «ما» نبود. «خانه خودمان» هم نبود. خانه بابا بود. چه زود اورا از مالکیت محروم کرده بودند. خانه‌ای که به قول فرزانه از هیچ ساخت و پرداخت وتحویل دیگری داد و بیرون آمد. همان طور گیج افکار خود بود و آرزو رانگاه می‌کرد، امّا انگار اورا نمی‌دید.

«اجازه می‌دهی؟ خواهش می‌کنم.»

«نه.»

«چرا؟»

«همان که گفتم.» و با نفرت ادامه داد: «خانه بابا!»

آرزو گریه را سرداد. مریم سرش داد کشید که خفه شود. و خود از اتاق بیرون رفت. توی راهرو طبقه دوم پشت پنجره ایستاد. خیابان را تماشا کرد. غروب بر شهر می‌نشست. آسمان صاف بود و آرام آرام رنگ می‌باخت. چیزی به عید نوروز نمانده بود. هرسال این موقع گندم‌ها را برای سبز شدن در بشقاب‌ها ریخته بود. درفکر تدارک شب عید بود. گو این که عید فقط به همان سال تحویل بسنده می‌شد. در این چند سال سعی کرده بود، آن را از یاد نبرد. با دوستانش که همیشه فرزانه جز آنها بود، سر می‌کرد.و امسال... بدان فکر نکرد. هیچ کس هم حرفی از عید به میان نمی‌آورد. اگر درخانه بود، لابد عید را با اختر

می‌گذراند. مثل همان سال اوّلی که به تورنتو آمده بود. اختر و بچّه‌هاهم در اینجابودند. و یاد عیدهای ایران را درخاطرش زنده کرد. فکر کردن به عید برایش غریب می‌نمود. چند بار از آن با ماریان و اورسولا و سایر مددکارها حرف زد، امّا نتوانست شور وحال آن رفت وآمدهاو دیده بوسی‌ها و جنب و جوش قبل از عید و آن حس غریبی که در فضا بود وآمدن بهار را خبر می‌داد، به آنان منتقل کند. همان گونه که ماریان ازبعضی از مراسم‌شان می‌گفت و او تصویر مبهمی ازآن در ذهن خود می‌گرفت.

در افکارخود غرق بود. شب آرام آرام بر همه جا گسترده می‌شد. چراغ خانه‌ها و خیابان روشن می‌شد. روشنایی کم‌رنگ و سرگردان غروب، جای خود را به تاریکی دل‌چسب شب داد. نور مهتابی چراغ‌های خیابان زیبایی فریبنده‌ای بدان می‌داد. دستی به شانه‌اش خورد و اورا از جای جهاند.

«ترسیدی؟»

فدیا بود. دلش ناگهان لرزید. یاد روزهای اوّل اقامتش در شلترافتاد. فدیا مثل خواهری مهربان به او تسلی می‌داد. اورا در آغوش کشیدو به گرمی بوسید. اشک گونه‌اش راشست. فدیا نگاهش کرد وپرسید:

«چی شده؟ چقدر عوض شدی.»

مریم اشک را ازگونه پاک کرد. گفت: «هیچ. از خوشحالی است. باورکن.»

«ولی تو انگار مریضی.»

«نه مریض نیستم. حالم خوب است.»

اورا به اتاق برد. آرزو روی تخت، خوابش برده بود. مریم لحاف را رویش انداخت. فدیا گفت که بهتر است به طبقه پایین بروند. مریم نمی‌خواست. می‌دانست در آنجا همه به ویژه ماریان که این چند روز با

او سرسنگین شده بود، به کنجکاوی نگاهش خواهد کرد. باید به همه جواب بدهد. روی تخت مریم نشستند. فدیا گفت:

«خوب تعریف کن ببینم. می‌دانی.. تو خیلی عوض شدی. به نظر مریض می‌آیی.»

«نه، نیستم. باور کن. فقط کمی...»

«خسته‌ای؟»

«آره خسته‌ام. از اینجا خسته شده‌ام.»

«از شوهرت خبری نشده؟ هیچ پیغامی... می‌دانی... ازت نخواسته که برگردی؟ ازت معذرت نخواسته؟»

«من که نمی‌خواهم برگردم.»

«پس چرا خوشحال نیستی؟»

هیچ نگفت. حس کرد، با فدیا هم بیگانه است. نتوانست یک کلمه از آنچه در درونش می‌گذشت با او درمیان بگذارد. چه باید می‌گفت. فدیا مگر انقلاب آنان را می‌شناخت؟ به قول خودش نام ایران را با نام سلمان رشدی شنیده بود. چگونه می‌توانست، از آنچه پشت سر گذاشته و از آنچه اختر گفته بود و آتش به جانش زده بود، با فدیا بگوید. نه زبانش را داشت ونه حوصله‌اش را. فدیا را از خود دور می‌دید. زن که از شلتر رفته بود، یگانگی‌اش را هم با او برده بود. اینک فدیای دیگری روبروی خود می‌دید که با او درد مشترک نداشت.

برای فرار از نگاه پر از پرسش فدیا پرسید:

«توچطوری؟ زندگی مستقل وخالی ازدغدغه به مزاجت خوش است؟»

فدیا خنده‌ای کرد وگفت: «حق داری چنان بگویی. آدم تا وقتی در این خانه زندگی می‌کند، هر زندگی دیگری برایش خالی از دغدغه است، ولی من ... می‌دانی...»

لختی ماند. مریم هنوز در حال وهوای خودبود. به آرزونگاه کرد که

دمـر خوابیـده بـود. اشـک روی گونـه‌اش شیار زده بـود. دلـش بـرای اوسوخت. پشیمان شد که چرا با بچّه تندی کرده است. به خود گفت، اگر عمه‌اش دوباره تلفن کرد، اورا به دیدارش خواهم فرستاد.

فدیا اورا به خود آورد و گفت: «آمده‌ام به‌ات بگویم کـه مـن بـه خانـه خودم برگشتم.»

«خانه خودت؟»

«می‌دانی... منظورم خانه سابقم است. من باشوهرم آشتی کردم.»

«چطور؟ تو که می‌گفتی...»

فدیا خنده‌ای کرد و گفت: «می‌دانی... آدم‌ها عـوض می‌شـوند. مـن و او که باهم مسئله‌ای نداشتیم. تا آن پتیاره... می‌دانی... داسـتانش را کـه گفته بودم. حـالا هـم بیا برویـم پایین. مـن یک کیک بـزرگ آوردم. عروسی دوباره... می‌دانی...»

به صدای بلند خندید. آرزو چشم باز کرد. وقتی فدیـا را دیـد، دوبـاره چشمان خود را بست.

فدیا دولاشد واورا بوسیدو گفت: «حالا چه وقت خوابیدن است؟ لابد زیادی بازی کردی و خسته شدی. پاشو برویم پایین کیک بخوریم.»

مریم آرزو را بوسید و دست اورا گرفت و با هم به طبقه پایین رفتند.

* * * * *

سرشب بود و شلتر شلوغ بود. آمـدن فدیـا و خبر برگشـتش بـه خانـه شوهر، در میان زنان موجی از شادی وخنده وگفتگو بوجود آورده بـود. هرکس به نوعی آن را تفسیر می‌کرد. در چهره بسیاری از زنان رنگی از حسـرت و انـدوه نشسـته بـود. مریـم حـال خـود را نمی‌فهمیـد. دلـش نمی‌خواست جای فدیا باشد. در این شرایطی هم کـه بـود، خوش‌آینـدش نبود. نه آینده برایش روشن بود، نه گذشته اورا می‌فریفـت. ماریـان بیـش

از همه اظهار خوشحالی می‌کرد. به صدای بلند گفت که او هم وقتی برگردد، کیک بزرگتری خواهد خریدو به شلتر می‌آورد. تا عروسی دوباره‌اش را جشن بگیرد. فدیا از او پرسید، مگر خبری شده؟

ماریان گفت، هر روز منتظر است که شوهر از او معذرت بخواهد و او به خانه‌اش برگردد. مریم را نشان داد که همچنان ساکت وبی حرف نشسته بود ولب از لب نمی‌گشود، وادامه داد که این خانم یادم داد، مثل دفعات پیش سرم را نیاندازم پایین و بی معذرت خواهی برگردم.

مریم به خود آمد وگفت: «من؟ من که حرفی نزدم.»

«حرفی نزدی ولی رفتارت.... توغرور داری. از غرورت خوشم می‌آید. تو سختی‌های زندگی را تحمل می‌کنی و دم برنمی‌آوری. تو خیلی قوی هستی.»

مریم تعّجب کرد. او خود چنان نظری در باره خود نداشت. شاید فقط یک گفته ماریان درست بود. سختی‌هارا تحمل می‌کرد و دم بر نمی‌آورد. دیگر نمی‌خواست چنین کند.

ماریان ادامه داد: «باورم نمی‌شود سه هفته در اینجا دوام آورده باشم. دفعات پیش به هفته نکشیده، مثل پرنده عاشق به سویش پرواز می‌کردم.»

فدیا پرسید: «شوهرت چی؟ ازت نخواسته که برگردی؟»

«خواسته که برگردم. امّا معذرت نخواسته. می‌دانی.. فکر می‌کند که من مقصرم. امّا من مقصر نیستم. او دست روی من بلند کرده، او به من توهین کرده. حالا من باید ازش معذرت بخواهم. درست نیست.»

فدیا گفت: «آره، می‌دانی... درست نیست.»

مریم به سکوت به حرف‌هایشان گوش کرد. آنچه ماریان گفت، اورا به خود آورد. شادی کم‌رنگی به دلش نشاند و از شدت دردش کاست.

فدیا هنوز نرفته بود که باز اورا پای تلفن خواستند. مریم به آرزو گفت

که جواب بدهد. فرزانه بود. وقتی مریم گوشی را گرفت، فرزانه مهلت سلام و احوال‌پرسی هم به او نداد.

«چیه بابا؟ توی آن قصردرب و داغان بست نشسته‌ای. برای دسترسی به تو به کدام دربار باید عریضه نوشت؟»

آنقدر گفت و گفت که مریم خسته از نگه‌داشتن گوشی، آن را به دست دیگر داد. هربار زبان باز کرد، چیزی بگوید، فرزانه بی‌اعتنا به او همچنان گله کرد. هیچ اشاره‌ای به دیدار او و واختر نکرد. مریم پی برد که اختر از شاهکار خود با فرزانه هیچ نگفته است. پس از مدّتی گله‌گزاری و سفسطه و مغلطه که لازمه مکالمات تلفنی فرزانه بود و گاه حوصله اورا سر می‌برد، گفت: «تلفن زدم که بگویم تو و آرزو برای فرداشب شام بیایید خانه ما.»

مریم پرسید: «کی‌ها هستند؟»

فرزانه وانمود کرد که از این حرف رنجیده است. مریم گفت که مگر در پرسشش توهینی بوده که اورا رنجانده است. فرزانه جواب داد، پس از این همه مدّت دوستی هنوز به او اعتماد ندارد و آخر سر گفت که صالح وسعید واختر را دعوت کرده است. اختر همین روزها به ونکور برمی‌گردد که عید با بچّه‌هایش باشد وپرسید، خبر دارد که برای او و صالح وسعید و آرزو هم بلیط گرفته که عید را میهمان او باشند. مریم گفت که از هیچ چیز خبر ندارد. تعّجب کرد که چطور شده خانم غلامحسین‌خان از کیسه خلیفه خرج می‌کند. فرزانه گفت، مگر خبر نداری که غلامحسین در ونکور دفتر معاملات ارز باز کرده و پول کلان به جیب می‌زند. این خاصه خرجی‌ها به گوشه قبایش بر نمی‌خورد. وقتی تلفن را قطع کرد، به آرزو که کنارش نشسته بود، گفت:

«فردا عصر می‌برمت خانه فرزانه که عمه‌ات را ببینی.»

جمعه بعد از ظهر، آرزو که از مدرسه برگشت، چیزی به او خوراند. اورا به حمّام فرستاد یک دست لباس اضافه و و لباس خواب و حوله و مسواکش را درساکی گذاشت. باهم به خانه فرزانه رفتند. بیش از دوهفته از آمدن بچّه‌ها می‌گذشت. در این مدّت فرزانه دیگر اشاره‌ای به قطع رابطه با فرهاد نکرده بود. همان روزهای اوّل به او گفته بود، مدّتی بااشان زندگی می‌کنم، تا ببینم چه پیش می‌آید. اگر توانستند با من کنار بیایند، خوب، والا...

مریم دیگر چیزی نپرسیده بود تا از چگونگی رابطه‌شان باخبر شود. هروقت صحبت از بچّه‌ها شده بود، فرزانه گفت:

«فعلا که فرشته‌اند.»

ساعت چهار و ربع از شلتر بیرون آمد. هوا آفتابی بود و روزهای آخر زمستان و قبل از عید را در ایران تداعی می‌کرد. تعطیلات ماه مارس شروع شده بود. آدم‌های زیادی در خیابان دیده می‌شدند. گویی که اینان نیز در تدارک آمدن بهار و سال نو بودند. در دل مریم نیز شوری بود. گویی او نیز به میهمانی می‌رفت. پیشاپیش شب خوش و پر ازخنده و گفتگویی را در ذهن مزه‌مزه می‌کرد.

در را فرهاد به رویش باز کرد. دستکش لاستیکی به دست داشت. پیدا بود که در آشپزخانه به کار مشغول بود. از دیدن او تعّجب کرد. این وقت روز باید سر کار می‌بود. فکر کرد، لابد مرخصی گرفته که میهمانی امشب را برگزار کند. آرزو را جلوتر از خود به داخل فرستاد. خود دم در ماند. گفت که باید برود. فرهاد اورا به چای دعوت کرد. چشم مریم به دنبال فرزانه بود. سراغش را گرفت. فرهاد گفت که

دراتاق خواب بست نشسته. درس می‌خواند. طوری از فرزانه حرف زد که انگار کودکی بیش نیست و باید از او مراقبت کرد. از آشپزخانه صدای حرف می‌آمد. لابد شعله وشراره بودند. در رفتار فرهاد همان سرخوشی و شادمانی شب ورودش را دید. فرهاد شراره را صدا زد. دخترک آمد و دست آرزو را گرفت که باخود ببرد. مریم مانده بود، برود یا بماند. گفت، نمی‌خواهم مزاحم بشوم. می‌بینم که همه‌تان گرفتارید. خواست بگوید، کاری هم از دست من برمی‌آید، که نگفت. فقط مانده بود که برای پذیرایی از صالح و اختر دست به کارشود.

به آرزو گوشزد کرد، دختر خوبی باشد و یکشنبه بعدازظهر، آماده باشد که بیاید واورا برگرداند. صدای فرزانه را شنید. از اتاق خواب بیرون آمد. خسته به نظر می‌رسید. خسته وراضی. مثل رئیسی که همه کارمندان زیر دستش به خوبی از عهده کارها برآیند. خود نیز مسئولیت سنگینی داشته باشد. خستگی کار و مسئولیت را می‌شد در نگاهش دید. رسمی و سرد با مریم برخورد کرد. تعارفش به دل مریم ننشست. شاید هم سرسختی مریم اورا از رو برده بود. در نگاه فرزانه نیز نوعی شادی نوظهور دید، نوعی اطمینان به خود. خود را از آنان دورتر و بیگانه‌تر دید. فرهاد همچنان چشم به او دوخته بود. مریم ازنگاه او دستپاچه می‌شد. در نگاه فرهاد ترحمی آشکار بود که بغض را در گلوی او گره کرد. مریم نیز با فرزانه خشک و خالی از محبت حرف زد و نتوانست بماند. در راهرو منتظر آسانسور بود، فرهاد دم در ماند، تا آسانسور رسید. فرزانه رفته بود. این جابه جایی در رابطه با او هم اورا شگفت زده کرد وهم دل‌چرکین. سابق براین، فرهاد خود را از گفتگوی آن دو کنار می‌کشید. بی‌آن که خود حرف چندانی بزنند، حضورش همیشه با نوعی اجبار همراه بود. اغلب خود را در اتاق خواب به کاری مشغول می‌کرد. امروز فرهاد گویی برای جبران رفتار سرد

وخالی از محبت فرزانه با مریم گرم گرفت. به او چون حیوان زخم خورده‌ای نگاه می‌کرد که نیاز به دلسوزی دارد. وقتی در آسانسور تنها شد، اشک در چشمانش نشست. امّا به خوبی می‌دانست که گریه‌اش برای هیچ است. به خودگفت: «چـه انتظـار داری؟ از این چیزهـا پیـش می‌آید.. باید تحمل کنی..»

از ساختمان بیـرون آمـد. وارد خیابان شـد. بـرای لحظـاتی حسـرت زندگی فرزانه و خانه پر از سروصدا و گرمش دلش را پر کرد. خود آدمی سرگردان و بی‌خانمان بود. یاد شلتر و شب را میان آن بیگانگان سپری کردن، و یا خـود را در آن اتـاق دنگـال زندانی کـردن، دلـش را فشرد. کاش می‌توانست به شلتر نرود. کـاش خواهـری، خالـه‌ای، قوم و خویش دوری داشت و به سراغ او می‌رفت. از هیـچ چیـز حـرف نمی‌زد. فراموش می‌کرد که چه برسرش آمده است. یا به قول فرزانه چـه بر سر خود آورده است. فقط جایی می‌رفت که مجبور نبود، دوبـاره مسـائل و بدبختی‌های خود را مطرح کند. طرف راه چاره جلـوی پایش بگذارد. کاش غار سیاهی بود و او به درون آن می‌رفت، آدمی دیگر از آن بیـرون می‌آمد. کاش جهان یک باره زیر ورو می‌شد. او همـه دردهـای خود را فراموش می‌کرد.

عصر دل‌انگیز ماه مارس بود. دلش می‌خواست در خیابان قدم بزند کـه دراین نواحی خلوت و خاموش بود. به یاد آورد که در آن نزدیکی مرکز خرید سرپوشیده بزرگی است. فکر کرد، چند ساعتی در آنجا بگذراند و شب دیرتر به شلتر برگردد. پیاده به راه افتاد. باید نیم‌ساعتی راه می‌رفت، تا بدان‌جا می‌رسید.

مرکـز خریـد، مثـل همـه جمعه‌شب‌هـا شـلوغ بـود. جمعیـت در آن ول می‌خورد. شروع تعطیلات ماه مارس نیز خود دلیلی بر شلوغی مرکز بود. در فروشگاه‌های بـزرگ، لبـاس‌های پسـرانه و دخترانـه را نگـاه

می‌کرد. قیمت‌ها را مقایسه می‌کرد. باید برای سعید و آرزو چیزی می‌خرید. امّا با مختصر مقرری که شلتر به او می‌داد، نمی‌توانست آنچه را دوست دارد، برای بچّه‌ها بخرد. مقرری شلتر اغلب خرج ضروریات و نیازهای آرزو ویا گاه که شنبه‌ها با سعید بیرون می‌رفتند، می‌شد.

دستی به شانه‌اش خورد. برگشت. نگاه کرد. فهیمه بود. با پسرش به خرید آمده بود. همدیگر را در آغوش کشیدند و بوسیدند. مدّتی بود که اورا ندیده بود. در این فاصله پسر بزرگ شده و قد کشیده بود. فهیمه گفت قبل از آن که به ایران برود، به دنبالش بوده و چندبار هم به خانه‌اش زنگ زده و سراغش را گرفته. جواب درست نشنیده.

مریم گفت: «رفته بودی که بمانی؟»

«تصمیم داشتم بمانم. امّا نتوانستم. برگشت آسان نیست. اینجا هم که هستم، می‌بینی راحت نیستم. همیشه فکر می‌کنم پشت سر همان چیزها بوده که قبلا تجربه کرده‌ام. یک چیزی مرا به جلو می‌راند. نمی‌دانم، شاید زندگی و سرنوشت پسرم باشد. او به این جامعه گره خورده. کندنش از اینجا آسان نیست. مثل درختی است که اینجا پیوند زده شده و ریشه کرده. منم به این بچّه وابسته‌ام. نمی‌توانم رهایش کنم و بروم. از آنجا هم نمی‌توانم کاملا ببرم. همین طور شب را به روز می‌رسانم و روز را به شب. همیشه فکر می‌کنم که اتفاقی در شرف وقوع است. دلشوره عجیبی رهایم نمی‌کند. انگار دایم یکی به‌ام می‌گوید. برو، برو. فقط در رفتن است که آرامش می‌یابم. شاید دارم به سوی مرگ پیش می‌روم.»

خندید و گفت: «چشم بسته غیب گفتم. همه ما به سوی مرگ پیش می‌رویم.»

فهیمه از همان روزهای اوّل آشنایی تاثیر خاصی روی مریم گذاشت. دوستی بی‌غل و غشی بینشان برقرار شد. بعدها نیز در مکالمات تلفنی

طولانی، از مسائل زیادی حرف زدند. مریم بیشتر اورا شناخت. فهیمه زنی معاشرتی، رک گو وبی پروا بود. آنچه که مریم در او پسندید، دیدگاهش نسبت به زن و ارزش‌هایی بود که به زن می‌داد. چشم مریم را باز کرد. باعث شد که بر بسیاری از پیش‌داوری‌های خود خط بطلان بکشد. انگار پوسته‌ای را کنار می‌زد. چهره واقعی خود را از پس این پوسته می‌دید. به خود می‌گفت، من هم چنین هستم. من هم همان گونه به مسائل نگاه می‌کردم. من هم نجابت و پاکدامنی را فقط برای زن ضروری می‌دانم.

جرأت نمی‌کرد از احساس و اندیشه خود با فهیمه حرف بزند. امّا گفته‌های اورا قبول داشت. با فرزانه نیز گاه مباحثی در این زمینه داشت. او دیدگاه دیگری داشت. می‌گفت، مرا با مردم چه کار؟ هرکس باید خودش بتواند مشکلات خود را حل کند. او به خود اطمینان داشت. ارزش‌های زنانه ومردانه حرف مفتی بیش نمی‌دانست. از مارگارت تاچر نام می‌برد که بر کشوری حکومت می‌کرد وبه قول او از صدتا مرد هم مردتر بود.

مریم فهیمه را به قهوه دعوت کرد. فهیمه گفت که پسرش می‌خواهد کفش بخرد. بعد می‌خواهند شام بخورند. مریم هم بدش نمی‌آمد، با آنان باشد. همانطور که پسر بین انبوه کفش‌ها که تنوع رنگ و نوعشان مریم را کلافه می‌کرد، سرگردان بود ونمی‌توانست تصمیم بگیرد؛ فهیمه و مریم با هم حرف می‌زدند. فهیمه از سختی زندگی می‌گفت. مریم ساکت بود. وقتی نوبت او رسید، از جدایی‌اش گفت. فهیمه لختی ماند. تعّجب کرد که هیچ تفسیری بر زبان نراند و در چهره‌اش آثار دلسوزی ظاهر نشد.

ساعت حدود نه شب بود که از مرکز خرید بیرون آمدند. فهیمه اورا به خانه‌اش دعوت کرد. مریم پذیرفت.

«راستش ازخدا فقط چنین چیزی می‌خواستم. هیچ حوصله شلتر را ندارم.»

«می‌فهمم. من در این شلترها کارکردم. می‌دانم چه جور جایی است.»

مریم گفت: «باز جای شکرش باقی است که چنین جاهایی هست.»

با فهیمه به خانه‌اش رفت. تلفن زد که شب به شلتر نمی‌آید. فردا عصر وقتی فهیمه اصرار کرد، بماند. باز هم ماند. دوباره به شلتر زنگ زد که مریض شده و نمی‌تواند از خانه بیرون بیاید. مثل کسی که حرف در دلش تل‌انبار شده باشد، زبان باز کرد. از درون خود گفت. آخرسر ازاختر گفت. از حرف‌هایی که زده بود واورا دگرگون کرده بود. از گناهی که تن اورا می‌گداخت. از این که نمی‌تواند خود را ببخشد. فهیمه حرف‌هایش را به سکوت شنید وگفت:

«من برای گناهت دلیلی نمی‌بینم.»

«دست خودم نیست. نه فقط به دلیل حرف‌های اختر، قبلا هم برایت گفته بودم، من از این احساس رنج می‌برم. چه بسیار مواقع فکر می‌کنم، من فقط به فکر جان خود وبچّه‌هایم بوده‌ام. چطور بگویم، انگار از مسئولیب خود فرار کرده‌ام. گاه از عذاب وجدان رنج می‌برم.»

«اگر بخواهیم این طوری به مسئله نگاه کنیم، همه مسئولند. همه باید مثل تو دچار عذاب وجدان بشوند. حتی آنها که در ایران ماندند. حتی آنان که جانشان را از دست داده‌اند.»

«چه داری می‌گویی؟ آنان که بر سر ایمان خود جان باختند.»

«ایمان! آره، همه خودرا پشت ایمان پنهان کرده‌اند. حتی شیطان هم ایمان پروپا قرصی دارد. هر کار می‌کند، به نام ایمان می‌کند.»

گفت و گویشان تا ساعت‌ها پس از نیمه شب ادامه یافت. هردو از چیزهایی گفتند که سابق بر این کمتر در آن باره حرف زده بودند.

«نمی‌دانم چه‌اش است. آرام وقرار ندارد. مثل این که چیزی ازش کنده شده. تنها دل‌خوشی‌اش رفتن به سر قبر مرجان است. ولی خوب که چی؟ مرده پرستی هم حدی دارد. نمی‌دانم خودش را گناه‌کار می‌داند. خوب، آره. منم گناه‌کارم. ولی این احساس گناه را باید یک جوری جبران کرد. هنوز با همان خیالات خوش است. می‌خواهد دنیا را عوض کند. چندبار سر قبر بچّه درگیری پیدا کرده. چند نفر پیدا می‌کند، شروع می‌کند به سخن‌رانی. یکی دوبار گرفته‌اندش. بعد که فهمیدند هیچ کاره است. فقط حرف می‌زند، ولش کرده‌اند. من نمی‌توانم دامون را ول کنم و به دنبال او بروم. همه‌اش می‌گوید، مرجان به ما نیاز دارد. او نمرده. منتظر است ما کاری بکنیم. خوب، چه کاری؟ مگر به ثمر رساندن دامون کارنیست؟ مگر ادامه زندگی کار نیست؟ خیال می‌کند من اینجا راحتم. خودش به چشم خود دید که من چطور زندگی می‌کنم. با این کارهایی که مجبورم بکنم. فکر می‌کنی آسان است؟ من هم برای خودم آدمی بودم. ناظم دبیرستان بودم. حالا نگاهم کن. بهترین کاری که در این مدّت توانستم پیدا کنم، کار در این دوناتی است. راه بردن زندگی مگر آسان است؟ می‌گوید برو درس بخوان. که چه بشود؟ مگر حال و حوصله هم برایم مانده؟ خواندم که. یکی دوتا کورس هم گذراندم. گفتم که چی؟ گیریم که یک مدرک دکترا هم گرفتم. به چه دردم می‌خورد؟ این همه فوق لیسانس و دکترای بیکار هست، کافی نیست؟ نه حوصله‌اش را دارم، نه چنان کششی در خود می‌بینم. نمی‌دانم چه‌ام شده. انگار زندگی جاذبه‌اش را ازدست داده است. شاید هم تقصیر بهمن است. بسکه نامه‌های تلخ می‌نویسد. همه‌اش از مرگ می‌گوید. از مرجان. انگار که مرجان زنده است. انگار نه انگار که بچّه دیگری هم دارد. من هم خسته شده‌ام. شب و روز مرجان را جلوی چشمم می بینم. تقصیر خودمان شد. آنقدر که جلوی بچّه از قهرمان

حرف زدیم و قهرمان پرستی کردیم، تا اورا مثل یک کبوتر بی‌گناه به دم تیغ فرستادیم. حالا هرچه هم برایش نوحه سرایی کنیم، فایده ندارد. مرده پرستی انگار در خون ماست. اوایل جواب نامه‌هایش را می‌دادم. خوب، می‌خواستم تشویقش کنم بیاید اینجا. زندگیش را بکند. امّا حالا دیگر جوابش را نمی‌دهم. حرفی ندارم که بااش بزنم. همانقدر که روح و ذهن مرا آشفته می‌کند، کافی نیست؟ من بالاخره مجبور بودم انتخاب کنم. انتخاب کردم که بمانم دامون را به سر و سامان برسانم. این که زنده است و نیاز به حمایت و محبت دارد. آن یکی که از دست رفت. اوهم انتخاب کرده با قبر مرجان خوش باشد. برایش نوشتم، دست از سر من بردار. من دیگر نمی‌توانم دنیا را عوض کنم. تو خودت تنهایی این کار را بکن.»

وقتی فهیمه از سخن بازماند. نوبت مریم بود. او نیز مثل کسی که گره‌های بسیاری در درونش بود واورا می‌آزرد، سر حرف را باز کرد. چنان بود که گویی برای خود می‌گفت و فهیمه را نمی‌دید. گاه حضور اورا از یاد می‌برد. غرق اندیشه‌های خود چیزهایی برزبان می‌راند که بعد هر چه فکر کرد نتوانست به یاد بیاورد از چه گفته است.

«هرکس برای خود دردهایی دارد که حرف زدن در باره آنها آسان نیست. یعنی با هرکسی نمی‌شود حرف زد. چیزهایی که شاید خودت هم خیال می‌کنی، فقط خیال است. امّا هرچه هست ترا از درون می‌کاهد. می‌دانی، من آدم ترسویی هستم. نه این که از خطر می‌ترسم. نه. من از برخورد با آدمها می‌ترسم. فکرمی‌کنم، نکند حرفی بزنم و یا کاری بکنم که دیگری را بیازارم. همیشه احساسی از گناه با من است. مثل کسی که خطایی برزگ ازش سرزده و باید جبران کند. نمی‌دانم این احساس گناه از کی در دلم ریشه کرده است. ولی هرچه هست رنجم می‌دهد. نمی‌توانم از آن با کسی حرف بزنم. شاید اصلا حرف زدن در

باره آن خنده‌دار باشد. یعنی هر کس بشنود به‌ام بخندد. یا نفهمد چه می‌گویم. همین احساس گناه جرأت عمل را از من می‌گیرد. فکر می‌کنم دست به هر کاری بزنم، یا نتیجه نمی‌گیرم، یا کار را خراب می‌کنم. چون جرأت عمل ندارم، به رویا پناه می‌برم. اگر رویاهایم را از زندگیم جدا کنند دیگر هیچ دلخوشی برای زیستن ندارم. زندگی روزمره جذابیتی برایم ندارد. می‌دانی، وقتی فکر می‌کنم، آدم‌ها عمری را به گذران شب به روز و روز به شب بسنده می‌کنند و من هم یکی از آنها هستم، احساسی از خفت و هیچ بودن به‌ام دست می‌دهد. فکر می‌کنم زندگی آدمی باید مفهومی جدا از این چیزها داشته باشد. همیشه به انسان‌هایی می‌اندیشم که کاری در زندگیشان کردند تا خودشان را جاودانی کردند. خوب، می‌دانم به من خواهی خندید. فکر می‌کنی در پی نام و شهرت هستم. شاید هم باشم. نمی‌دانم. امّا نام و شهرت نیست که مرا شیفته می‌کند. نه اصلا آن نیست. من بیشتر به لحظه‌های زندگی خودم فکر می‌کنم. لحظه‌هایی که می‌گذرند. فکرش را بکن. بیست سال دیگر، سی سال دیگر، پنجاه سال دیگر، چه کسی نام مرا به یاد خواهد داشت؟ اصلا به دنیا آمدم که چه کنم. چه مقصد و منظوری از به دنیا آمدنم بود؟ آره، می‌دانم، من در به دنیا آمدن خود نقشی نداشتم. دیگران مرا به این جهان آوردند. ولی وقتی بزرگ شدم، وقتی عقل و شعور پیدا کردم و برای خودم آدمی شدم. می‌گویند سرنوشت هر کس دست خودش است. خوب، من اراده و قدرت عمل دارم. می‌توانم زندگیم را آنطور که می‌خواهم بسازم. ولی چرا نتوانستم. دیگران چطور می‌توانند. چرا مثل دیگران نیستم. مثلا مثل فرزانه. می‌شناسی‌اش که. دارد کامپیوتر می‌خواند. فکر و ذکری جز این ندارد که یک دکترا بگیرد. برای خود جا و مقامی در جامعه پیدا کند. خوب، آره آنهم یک نوع بلندپروازی است. ولی من چیزی ماورای این بلندپروازی‌ها

می‌جویم. چیزی که به تو لذت زیستن بدهد. می‌توانم برایت قسم بخورم که در طول چهل وچهار سال زندگی هرگز معنی لذت را نفهمیده‌ام. آنچه بیش از هرچیز رنجم می‌دهد، پوچی و بیهودگی است که برزندگیم سایه افکنده است. چیزی که آن را در زندگی بیشتر آدم‌ها می‌بینم. برای همین زندگی با آدم‌ها برایم تحمل ناپذیر می‌شود.

گاه حسرت کسانی را می‌خورم که عاشق هستند. می‌توانند با همه وجودشان کسی را دوست داشته باشند. من حتی عاشق هم نشدم. عشق را هیچ وقت تجربه نکردم. سال‌های جوانی عاشق پسری شدم. امّا جرأت نکردم دوکلمه باش حرف بزنم. پدر ومادرم مرا از او منع کردند. در واقع اورا از سر راهم دور کردند و من هیچ اعتراضی نکردم. شاید هم اصلا دوستش نداشتم. امّا نه این طور نیست. فرصت عاشق شدن پیدانکردم. با شوهری که انتخاب کردم. واقعّیت را بگویم. خودم انتخابش کردم. یعنی اوّل او به طرف من آمد. بعدها دیدم که اصلا باهم جور نیستیم. دوتا آدم کاملا متفاوت بودیم. امّا جرأت نکردم رابطه‌ام را قطع کنم. ترسیدم. آره همیشه ترسیدم. ترس توی وجودم لانه کرده و قدرت عمل را از من گرفته است. حالا که دست به عمل زدم و از خانه بیرون آمدم، نگرانم. فکر می‌کنم، اشتباه کرده‌ام. خودم را سرزنش می‌کنم. نمی‌دانم چگونه می‌توانم ازاین احساس گناه رهایی یابم.

گاهی فکر می‌کنم، شاید تقصیر پدرم شد که من این جوری شدم. پدرم را هم دوست داشتم وهم ازش می‌ترسیدم. وهم.... چطور بگویم ازش بیزار بودم. آخر می‌دانی، همیشه می‌خواست خواسته خودش را به من بقبولاند. پدرم بود که زیبایی زندگی را به من شناساند. شعر و ادبیّات را.

وقتی بچّه بودم، یادم می‌آید دوست داشتم به صدای شعر خواندنش گوش کنم. مثنوی و حافظ می‌خواند. گاه زمزمه می‌کرد. از همان زمان

بود که به طرف شعر کشیده شدم. حافظ وباباطاهر و خیام می‌خواندم. شاید چیز زیادی دستگیرم نمی‌شد. امّا زیبایی آهنگ کلام، صدای غم گرفته پدرم در جان و روحم می‌نشست. شعر را با او شناختم. پدر برایم حالت قدیس پیدا کرد. می‌خواستم همانی باشم که او می‌خواهد. بزرگتر که شدم. وقتی به‌ام گفت که باید پزشک شوم، خود را از او دور دیدم. در واقع او بود که از من دور بود. هیچ وقت از من نپرسید، چه دوست دارم و چه می‌خواهم. مادرم هم همان‌طور. او دنیای کوچکی داشت که از آشپزخانه و حیاط آن سوتر نمی‌رفت. ترس شدیدی هم از خدا داشت. طوری خدا را تصویر می‌کرد که انگار شمشیر به دست بالای سر ما ایستاده است، تا خطایی از ما سر بزند و او بی‌درنگ‌ سر از تنمان جدا کند.

دنیای کودکیم در فضایی از ترس و ابهام و جذبه وعشق گذشت. تنها چیزی که از کودکیم در ذهنم نقش بسته، همان شیفتگی به شعر بود. بعدها که بزرگتر شدم، تبدیل به عشق به کتاب شد. سال‌های آخر دبیرستان بود که اندیشه نوشتن در دلم جوانه زد. می‌نوشتم و پاره می‌کردم. کسی را نداشتم که بدهم بخواند. چطور بگویم این عشق مثل دانه‌ای در دلم کاشته شدو فضای رشد نیافت. این همه سال با من بود، آن را مثل چیزی گران‌بها با خود داشتم. فقط در باره آن خیال و رویا بافتم. در واقع همان خیالات بود که به زندگیم رنگ و جلا می‌داد. یکی از دلایل از خانه بیرون آمدنم جامه عمل پوشاندن به این رویا بوده است. امّا واقعّیت این است که هنوز نمی‌دانم می‌توانم این کار را بکنم یانه. هنوز تردید رهایم نمی‌کند. عشق به نوشتن در دلم هست. امّا زندگی نیز چهره دیگری دارد. نمی‌توانم آن را نادیده بگیرم. مثل آدمی هستم که ساختمانی نیمه تمام را خراب کرده و حال نمی‌داند به جای آن چه بسازد. در این خرابی به بچّه‌هایم آسیب رسیده، به شوهرم آسیب

رسیده واین همه مرا رنج می‌دهد. هیچ دلم نمی‌خواست کار به اینجا بکشد. امّا کشید. من درمانده‌ام که چه بکنم. فکر برگشت هم آزارم می‌دهد، هم نمی‌توانم آن را نادیده بگیرم. خودم را از شوهرم دور می‌بینم. انگار نه انگار که هیجده نوزده سال با او زندگی کردم. اگر احساس گناه راحتم بگذارد، اصلا به اش فکر نمی‌کنم. تنها احساس گناه هم نیست. مسئولیت هم هست. نمی‌توانم نادیده‌اش بگیرم.

حالا حس می‌کنم دارم عوض می‌شوم. انگار چیزی، کسی، آدم دیگری در من دارد رشد می‌کند. انگار آبستنم. جنین روز به روز بزرگ‌تر می‌شود. خودم را در آستانه دوباره زاییده شدن می‌بینم. این آدم هم اکنون در من هست. یعنی گاه‌گاهی هست. خودی نشان می‌دهد. وقتی او یعنی این آدم تازه در من جلوه می‌نماید، خودم را طور دیگری می‌بینم. زنی که زندگی رادوست دارد. آدم‌ها را دوست دارد. ترس را در خود کشته است. قدرت عمل پیدا کرده است. زنی که قلبی عاشق دارد. در این مواقع دلم می‌خواهد تا ابد زنده باشم. شعر و قصّه درمن می‌جوشد. ساعت‌ها می‌نشینم و می‌نویسم. صفحات زیادی را سیاه می‌کنم. نمی‌توانم بگویم همه آنچه را می‌نویسم می‌پسندم. هنوز جرأت ندارم خودم را نویسنده بدانم. امّا این آرزوی نهایی من است. عشقی است که مرا به سوی خود می‌کشد. آری عشق بزرگ زندگی من است. من آن را یافته‌ام.»

نزدیکی‌های صبح بود که به بستر رفتند و تا ظهر خوابیدند. در طول روز هیچ کدام از آنچه شب پیش برای هم گفته بودند، حرفی به میان نیاوردند. گویی همه آن‌ها را خواب دیده بودند. مریم در نگاه فهیمه چیزی می‌دید که برایش تازگی داشت. انگار می‌خواست اورا از ورای حرف‌های دیشبش بشناسد. هیچ نمی‌گفت. مریم هم حرفی از آن به زبان نمی‌آورد. برای اوّلین بار از خود گفته بود. از چیزهایی حرف زده

بود که برای خودش مفهوم روشنی نداشت. به درستی آنچه گفته بود نیز باور نداشت. حرف‌ها باعث شد که یقین کند، حتی برای خود نیز پیچده و غیرقابل درک است.

عصروقتی از فهیمه خداحافظی کرد و از خانه‌اش بیرون رفت، نمی‌دانست چه مقدار از آن چه به زبان آورده، واقعیّت داشته، و چه مقدار ساخته و پرداخته ذهن خیال پرور خود بوده است. آن حرف‌ها فقط اورا سبک کرده بودند. شادی نوظهوری در دلش بود که خود نمی‌دانست نتیجه آن حرف‌هاست یا از دیدار وبودن با فهیمه. خوشحال شد که فهیمه را پیدا کرده است.

• • • • •

قبل از آن که در بزند، لختی پشت در ماند و گوش کرد. از درون آپارتمان هیچ صدایی به گوش نمی‌رسید. فکر کرد، لابد فرزانه درس می‌خواند وبچّه‌ها هم در اتاق خودشان هستند. دوضربه به در زد. چند لحظه بعد، فرهاد در را به رویش باز کرد. سکوت خانه از همان لحظه ورود، محسوس بود. به درون رفت. پالتو و کفش کند. فرهاد پالتویش را در اشکاف لباس توی راهرو آویزان کرد. اورا دعوت به نشستن کرد. مریم نشست.

پرسید: «کسی نیست؟»

«نه. فرزانه خیلی خسته بود، با بچّه‌ها رفت دوری بزند.»

روبروی مریم نشست. خنده‌ای کرد وگفت:

«از درس زیاد. به اش گفتم برود هوایی بخورد. من ماندم چون می‌دانستم شما می‌آیید.»

«پس بچّه‌ها؟»

«بچّه‌ها را هم با خود برد. آنها هم تمام روز توی خانه بودند، حوصله‌شان سر رفته بود.»

«آرزو را چرا برد؟»

«آرزو را نبرد. آرزو، مگر خبر ندارید؟»

دل مریم ریخت. رنگ از رویش پرید. زبان در دهانش نمی‌چرخید. قلبش گرپ گرپ به سینه‌اش کوبید. دست وپایش یخ کرد.»

«من فکر می‌کردم، شما می‌دانید. قرار شد، تلفن بزنند و به شما بگویند. پس چیزی نگفته‌اند؟»

باصدایی که به زحمت از گلویش بیرون می‌آمد، پرسید:

«آخر چی شده؟ به من بگویید.»

«رفتند ونکور. همه شان باهم. صالح و اخترخانم و بچّه‌ها. بلیط شما هم گویا پیش فرزانه است.»

دنباله حرف‌های فرهاد را نفهمید. ازهوش هم نرفت. بغض هم گلویش رانفشرد. فقط حیرت کرد. گویی سنگ شده بود. یعنی ممکن بود؟

فرهاد به آشپزخانه رفته بود. صدای ظرف وظروف می‌آمد. لابد می‌خواست برایش چای بیاورد. سینی چای را جلویش گرفته بود. مریم نمی‌دید. یا می‌دید ونمی‌دانست چه کند. فرهاد چای را جلوی او گذاشت و نشست. لبخندی به پوزش بر لب داشت. انگار می‌گفت:

«من دراین میانه هیچ گناهی ندارم. سعی کردم مجابشان کنم که این کار را نکنند. امّا نفهمیدم، چطور شد؟»

به خود آمد. از خود تعّجب کرد که اشک وبغضی در او نبود. چنان رودست خورده بود، که برایش خنده‌دار بود. جرعه‌ای چای نوشید و بی‌آن که حتی فرهاد را که چشم از او برنمی‌داشت، به درستی ببیند، با خود در بگومگو بود. بعد اورا دید وپرسید:

«به نظر شما من باید چه کار کنم؟»

«شما؟»

«آره من. من دراین میان چه‌کاره‌ام؟ مادرم یانه؟»

«مگر شک داشتید؟»

«من یاد گرفته‌ام، یعنی یادم داده‌اند که همیشه خـودم را محکـوم کنـم. چرا این‌جوری‌ام؟»

«به نظر من شما محکوم نیستید. شما را محکوم کرده‌اند. شما مرا یـاد قهرمان داستان «محاکمه» کافکا می‌اندازید. نه این که فکر کنید، قصدم توهین به شماست. حتماً این کتاب را خوانده‌اید. شما کـه می‌دانـم اهـل مطالعه و نوشتن هستید. حتماً باید خوانده باشید. خوانده‌اید؟»

«چرا من باید او باشم؟»

«در واقع همه ما همان آقای «کا» هسـتیم. روزی چشـم بـاز می‌کنیـم که دو مامور ناشناس برای بردنمان آمده‌اند.»

مریم به میان حرفش دوید. حیران بود. گیج بود. گویی اتاق و فرهاد و اثاثیه در مه گم وپیدا می‌شدند. گفت:

«ماموران من غریبه نیستند. آشنایند.»

فرهاد خنده‌ای کرد. انگار که حرف نامربوطی شنیده باشد، گفت:

«آشنا؟ آشنا را باید معنی کـرد. بسیاری از آشـناها از بیگانـه‌ها بیگانـه ترند.»

مریم گفت: «راست می‌گویید.»

تعّجب کرد که فرهاد چگونه با فرزانه زندگی می‌کند. اگر فرزانه در را باز نمی‌کرد وبا بچّه‌ها به درون نمی‌آمد، آن را از او پرسیده بـود. انگـار سدی که سابق براین بین خود و فرهـاد می‌دیـد، از بیـن رفتـه بـود. مـرد همیشه خود را از او کنار می‌کشید. تصویری کـه فرزانـه ازاو داده بـود، هم مریم را شیفته می‌کرد، هم ازاو می‌رماند. بیم آن داشـت کـه پیـش او زبان باز کند و او به پوچی افکارش و بر بیهودگی حرف‌هـایش بخنـدد.

پیش از این مرد، رفتاری سرد داشت. انگار اطراف خود را نمی‌دید. فرزانه از افتادگی‌اش و از آگاهی‌اش می‌گفت. مریم همان افتادگی پیش از حدش را نشان از دانشش می‌دانست و خود را هم ردیف او نمی‌دید. در او حسرتی ناگفته بود که کاش صالح هم شبیه او بود. فکر می‌کرد، زندگی در کنار چنین مردی، در هرشرایطی باارزش است.

فرزانه به تردید با مریم سلام و روبوسی کرد. نمی‌دانست ازقضیه آرزو خبردارشده است یانه. مریم به دیدار او خود را باز یافت. ابهام و مه‌ی که اطراف اورا گرفته بود، از بین رفت و خود را در خانه فرزانه یافت. فرزانه روی راحتی یله داد. فرهاد به شعله گفت که برایش چای بیاورد.

مریم مثل میهمان ناخوانده‌ای گوشه راحتی کز کرد. در این فکر بود که بلند شود وبرود. بعد فکر کرد چند دقیقه‌ای بماند. شاید زود رفتنش به فرزانه بربخورد.

فرزانه پرسید: «کجاها هستی؟ این چند روز چند بار به شلتر زنگ زدیم، پیدایت نکردیم. آرزو وسعید و اختر می‌خواستند ازت خداحافظی کنند.»

مریم اندیشید، چرا صالح را از قلم انداخت. لابد نمی‌خواسته ازش خداحافظی کند.

و چون همچنان گیج به فرزانه نگاه می‌کرد، دوباره پرسید:

«کجا بودی؟»

«خانه دوستم.»

«نمی‌شد تلفنی بزنی وخبر بدهی.»

«فکر نمی‌کردم، لازم باشد.»

«ولی لازم بود.»

«که ازم خداحافظی کنند.»

«هم بدان دلیل و هم به دلیل دیگر.»

«که چی؟»

فرزانه رو به فرهاد گفت: «تو بگو.»

شراره که کنار فرزانه نشسته بود، گفت:

«برای عروسی بابا و فرزانه جون.»

بوسه‌ای بر گونه فرزانه زد. فرزانه دست دور بدن دخترک حلقه کرد وبر موهایش بوسه زد. خندید و گفت:

«از دست دادی. می‌خواستم شاهد ازدواجم باشی.»

مریم بلند شدو فرزانه و بچّه‌ها را بوسید و بهشان تبریک گفت وچون خواست بنشیند، فرهاد گفت:

«پس من چی؟»

مریم اورا هم بوسید و گفت: «اگرمی‌دانستم برایتان گل می‌آوردم.»

فرزانه گفت: «خودت اگر بودی، از گلت بیشتر خوشحال‌مان می‌کرد. ولی تو ما را داخل آدم نمی‌دانی.»

خبر ازدواج فرهاد و فرزانه، سفر آرزو وسعید را کم‌رنگ کرد. فکر کرد، لابد برای تعطیلات ماه مارس رفته‌اند وبعد برمی‌گردند. به ذهنش هم خطورنمی‌کرد که ممکن است برای همیشه رفته باشند. فرزانه هم تعّجب کرد که مریم بی اشک و آه خبر را شنید و به روی خود نیاورد. قبل ازآن که مریم بیاید، به فرهاد گفت که حوصله گریه وزاری اورا ندارد. خستگی را بهانه کرد و ازخانه بیرون رفت. فرهاد را گذاشت که خبر را به مریم بدهد. وقتی که وارد شدو مریم را درحال گفتگو با فرهاد دید، فکرکرد، هنوز خبر ندارد. از ازدواجش گفت تاحرف از سفر بچّه‌ها به میان نیاید.

مریم ساکت بود. گیج بود و نمی‌دانست از چه بگوید. بیش ازهمه فرهاد حرف می‌زد. چشم مریم به دستش افتاد و حلقه ازدواج را بر آن دید. تعّجب کرد که چرا زودتر ندید بوده است. در این فکر بود که چه

چیز باعث شد که فرزانه تن به ازدواج داد. بارها به او گفته بود که دیگر هیچ وقت طوق ازدواج به گردن نمی‌اندازد. او که نمی‌خواست بچّه‌ها را بپذیرد، یک باره نقش مادری و یا نامادری را پذیرفته بود.

ساعت به هشت شب نزدیک می‌شد. باید به شلتر برمی‌گشت. یک شنبه شب، خیابان‌ها خلوت بودند، اتوبوس و مترو کمتر بود. راه خانه فرزانه تا شلتر نیز دور بود. پس به قصد رفتن بلند شد که فرزانه و فرهاد اورا به شام دعوت کردند. فرزانه گفت که شام عروسی‌اش را به او بدهکار است. مریم پذیرفت. با آن که با فرزانه دیگر آن صمیمیت پیشین را نداشت، امّا با آنان ماند. فکر برگشت به شلتر و دیدن جای خالی آرزو، فکر آن که همه اورا ترک کرده‌اند، دلش را فشرد. در آن لحظه نمی‌خواست به این احساس میدان دهد. می‌خواست در میان جمع باشد. دو روزی که با فهیمه گذرانده بود، اورا به بودن در میان هم زبانان خود عادت داده بود. با فرزانه و فرهاد و بچّه‌ها راحت بود. حتی لازم نداشت زیاد حرف بزند. همین که آنان حرف می‌زدند و او می‌شنید، برایش کافی بود.

شام را در رستوران خوردند. مریم ساکت بود. فرهاد حرف می‌زد. طرف خطابش بیشتر مریم بود و می‌خواست که او نیز در گفتگوها شرکت کند. دست روی دست فرزانه گذاشت که در کنارش نشسته بود. مشروبش را اوّل به سلامتی فرزانه و موفقیتش در درس و به سلامتی فریدون و بیژنش، به سلامتی بچّه‌های خود، و آخر سر به سلامتی مریم و بچّه‌هایش و نوشته‌هایش که هیچ وقت نخوانده بود، نوشید. مریم فکر کرد که مرد دارد بنده نوازی می‌کند. حرف‌ها ورفتارش هم به دلش می‌نشست و هم اورا می‌آزرد. جایگاه پایین‌تری نسبت به فرزانه پیدا کرده بود. فقط از راه دلسوزی دست محبت سرش می‌کشیدند. او هم به این محبت نیاز داشت، هم از آن در رنج بود. حال دلش می‌خواست

تنها می‌بود. محبت فرزانه و فرهاد به دلش نمی‌نشست. کم کمک خود را از آنان دور می‌دید. می‌خواست که ازهمه دور باشد. جایی که متعلق به خودش باشد. جایی که تنهایی خودش را داشته باشد. گرچه در شلتر، در میان آن همه آدم باز تنها بود. امّا ازسرو صدا رنج می‌برد. از گریه‌های بی‌امان بچّه‌ها که گاه تمام روز وساعاتی از شب به گوش می‌رسید. از صدای موسیقی‌های جورواجور که از اتاق‌ها به گوش می‌رسید. از حضور آدم‌های شلتر که هم اورا هم می‌شناختند وهم نمی‌شناختند. از حضور مددکارها که باید به سلام واحوالپرسی‌شان با خنده‌ای برلب جواب دهد وبگوید که مشکلی ندارد، و اگر مشکلی دارد، باید با آنان در میان بگذارد. لابد باید رفتن آرزو را هم خبر می‌داد. اگر در انتظار خانه‌ای نبود که باید همین روزها به او می‌دادند، نبود، شاید دیگر قدم به شلتر نمی‌گذاشت. سلیما به اوگفته بود که روزهای آخر از روزهای اوّل سخت‌تر است و تحمل آدم تمام می‌شود.

فرزانه فرهاد وبجه‌ها را دم در ساختمان پیاده کرد و گفت که مریم را به شلتر می‌رساند. درطول راه به او گفت که اختر صالح وبچّه‌ها را به ونکور برده که همانجا نگاهشان دارد. از ثروت بی‌حساب غلامحسین گفت که گویا در ونکور چند ملک تجاری خریده. قرار است که صالح هم همانجا مشغول شود. دفتر معاملات املاکش را به همانجا منتقل کند.

در این مدّت فرزانه هیچ وقت به وضوح مریم را به برگشت تشویق نکرده بود. می‌خواست که علت جدایی را بداند. حال اورا به خاطر این جدایی سرزنش می‌کرد. به او حالی کرد که بهترین فرصت زندگی‌اش را ازدست داده است. آشکارا به مریم گفت که زندگی دوسه ماهه‌اش در شلتر باید به او تفهیم کرده باشد، که اگر بخواهد، قدرت عمل دارد ومی‌تواند رفتارش را عوض کند. خانواده‌اش را داشته باشد. نگذارد

کسی هم به او زور بگوید. آخر سر پندش داد که به ونکور برود. حال که بلیط مجانی در اختیارش گذاشته‌اند، هم فال است و هم تماشا. بعلاوه برای جدایی همیشه وقت هست.

مریم گفته‌های فرزانه راشنید و گفت که نمی‌تواندباور کند که صالح برای همیشه رفته باشد.

«چرا باور نمی‌کنی؟»

«آخر اینجا که ایران نیست، بتواند بچّه‌ها را از من بگیرد.»

«اگر بچّه‌ها بخواهند با پدرشان زندگی کنند، چی؟»

«یعنی تو فکر می‌کنی، بچّه‌ها بخواهند؟»

«چرا که نه. من دیدم چطور پی دلشان بالا می‌رفت وهرچه می‌خواستند برایشان می‌خرید. در همه جای دنیا هرکه پولش بیشتر زورش بیشتر، و برد با اوست. مطمئن باش دادگاه هم بروی وشکایت کنی، کاری از پیش نمی‌بری.»

«پس می‌گویی چکار کنم؟»

«من که گفتم. بهتر است به ونکور بروی. حداقل فایده‌اش این است که ونکور را دیده‌ای.»

«ولی من به این فایده‌ها فکر نمی‌کنم.»

«پس باخته‌ای. رک وپوست کنده به‌ات بگویم که باخته‌ای.»

به در شلتر رسیده بودند. وقتی خداحافظی می‌کردند، گفت:

«راستی دوباره به‌ات تبریک می‌گویم. خوشحالم که فرهاد را ترک نکردی. جدایی آن‌قدرها آسان نیست. ولی به‌ام نگفتی، چطور شد که این تصمیم را گرفتی؟»

«لازم بود. به خاطر بچّه‌ها. وقتی تصمیم گرفتم، باش بمانم، فکر کردم بهتر است عقد اسلامی کنیم. تابستان خیال دارم به ایران بروم و شاید بتوانم بچّه‌ها را بگیرم.»

«فکر می کنی بتوانی. شرایط ایران را که می‌دانی. با اینجافرق دارد.»

«آره می‌دانم. امّا فرهاد یک دوست وکیل دارد. شنیدم که رضا هم خیال داردبیاید این طرف‌ها. شاید بشود بااش معامله‌ای کرد.»

«چه جور معامله‌ای؟»

«که اوّل بچّه‌ها بیایند و بعد او. وقتی هم بچّه‌ها آمدند، خوب دیگر معلوم است. فقط می‌تواند ببیندشان.»

مریم گفت: «ازت خوشم می‌آید.»

فرزانه خندید و گفت: «چرا؟ چون خیلی پدرسوخته‌ام؟»

«نه. منظورم این نیست. منظورم این است که هرچه می‌خواهی به دست می‌آوری.»

«تو هم می‌توانی.»

مریم در دل اندیشید، می‌توانم؟

از هم خداحافظی کردند. به اتاق خود رفت. در به روی خود بست. روی تخت افتاد. پیش از آن که غصه‌دار باشد، خشمگین بود. حرف‌های فرزانه مثل زهر مار تلخ بودند. آنچه از غلامحسین وثروت بی‌حسابش گفت، اورا نفریفت. فکر این که صالح وبچّه‌ها هم نان خور او شوند، برایش قابل تحمل نبود. اگر گاه تردید به دلش راه می‌یافت و به برگشت فکر می‌کرد، حال همان اندک تردید نیز از میان رفته بود. خوشحال شد، که از زندگی با صالح کنار کشیده بود. پشت میزش نشست و صفحات زیادی را سیاه کرد. خسته وراضی از پشت میز بلند شد. به یاد آورد که باید کف اتاق نشیمن را جارو بزنند. به طبقه پایین رفت.

ساندرا فیلم ویدیویی گرفته بود، که آخر شب نگاه کنند. بیشتر زنان بچّه‌ها را که خواباندند، به طبقه پایین برگشتند. مریم هم پس از شستن کف زیرزمین به اتاق نشیمن آمد و به تماشای فیلم نشست. فیلم سرگذشت دو زن جوان بود که برای سفری یکی دوروزه خانه را ترک می‌کنند. گرفتار ماجراهایی می‌شوند که پلیس تعقیبشان می‌کند. راه فرار پیش می‌گیرند. عاقبت با اتومبیل خود به دره‌ای پرواز می‌کنند. با آن که فیلم آخر خوشی نداشت، به دل مریم نشست. شهامت دوزن شگفت‌انگیز بود. وقتی به اتاق خود برگشت، ساعت از دوازده گذشته بود. در این فاصله به رفتن صالح و بچّه‌ها کمتر فکرکرد. خود را با بودن در میان زنان، با تماشای فیلم، با فال‌گیری سوزان و شوخی‌های ساندرا مشغول کرد. مددکار نیمه وقت بود و گاهگاهی به شلتر می‌آمد. و به جای آن که در دفتر بنشیند، شب را در میان زنان و در اتاق نشیمن سر می‌کرد. درد در دل مریم رنگ باخت. یا خود آن را پس زد. دو روزی که با فهیمه گذراند. امشب که با فرزانه وفرهاد و بچّه‌ها بود. خبر ازدواج فرهاد و فرزانه، غم رفتن بچّه‌ها و دردی که از حرف‌های چندروز پیش اختر در او بود، کم‌رنگ کرد. زندگی شادی‌های خود را هم داشت. رفتن بچّه‌ها با صالح واختر، آن گونه که فرزانه انتظار داشت، اشک و آه مریم را به همراه نداشت. باور نمی‌کرد که برای همیشه رفته باشند. مگر می‌شد؟ پس خانه وزندگی‌اش را چه می‌کند؟ بچّه‌ها در اینجا به مدرسه می‌رفتند. به نظر عاقلانه نمی‌رسید که صالح ریشه کن رفته باشد. صالح را می‌شناخت. می‌دانست که بی‌گدار به آب نمی‌زند. کارکردن برای غلامحسین و نان خور او شدن، نیز بعید به نظر

می‌رسید. نظر صالح را نسبت به غلامحسین می‌دانست. آن موقع که بقال محل بود، صالح همیشه اورا بی‌سواد و کم عقل می‌خواند. از مکه که برگشته بود و از مشاهدات خود گزافه‌گویی می‌کرد، صالح گفت، انگار از سفر مریخ برگشته است. بعد که حجره بازار را باز کرد و شرکت وادارات وصادرات فرش وقماش دایر کرد، خانه چند ملیونی خرید، بازهم همان غلامحسین خان بود. فقط در حضورش احترامش می‌گذاشت. در پشت سر همچنان بد وبیراه نثارش می‌کرد. وقتی شنید با سه بچّه و یک شهید راه اسلام، به قول خودش، در غیاب اختر زنی به خانه آورده که می‌توانسته جای دخترش باشد، هرچه فحش در چنته داشت، بار او کرد. به نظر مریم بعید بود صالح حقوق بگیر غلامحسین شود. گاه از ثروت بی‌حسابی که در مدّت کوتاهی به دست آورده بود، دچار شگفتی می‌شد. ناخواسته تحسینش می‌کرد. مریم اگر می‌شنید، می‌گفت: «معلوم می‌شود ترا هم شیفته کرده است.»

«ترا چی؟»

«من؟ ثروت به چه دردم می‌خورد؟»

«خلایق آنچه لایق. تو معنی داشتن را نمی‌فهمی.»

مریم می‌خواند:

غلام همت آنم که زیر چرخ کبود
زهرچه رنگ تعلّق پذیرد آزاد است

«دلت به همین شر و ورها خوش باشد. گربه دستش به گوشت نمی‌رسد، می‌گوید، پیف.»

در جواب توهین صالح، شعر پشت شعر می‌خواند، تا اورا بیشتر عصبانی کند. والا او نیز بدش نمی‌آمد اندوخته‌ای داشت. و در خارج از کشور غم نان نداشت. مجبور نبود به هرکاری تن در دهد. سال‌های

زندگی در این دیار همواره بـرای او همـراه تـرس از فقـر و نـداری بـود. سـایه آن را برسـر خـود می‌دیـد. مجبـور بـود در مقـابل بسـیاری از خواسته‌های بچّه‌ها بایستد وجواب نـه بدهـد. کـابوس فقـر وحتـی کنـار خیابان ماندن رهایش نمی‌کـرد. اندیشـه‌ای کـه در ایـران حتـی از ذهنـش نمی‌گذشت. از وقتی از خانه بیرون آمده بود، این وحشت بیشتر دردلش بود. جرأت نمی‌کرد از آن با کسی حرف بزند. از زنان شلتر شنیده بود، مقرری که دولت به زنان تنها می‌دهد، کافی بـرای یـک زنـدگـی حداقـل نیست. کار در بیمارستان را هم دوست نداشت، به پیشنهاد اورسولا در مدرسه نزدیک شلتر هفته‌ای دوشب داوطلبانه کار می‌کرد، شـاید بعدهـا استخدامش کنند.

ساعت از نیمه‌شب گذشته بود وخواب به چشمش نمی‌آمد. اندیشـه در باره فردا رهایش نمی‌کرد. گاه به سرش می‌زد که بچّه‌هارا هم بـه صـالح بدهد. احساس رهایی که از این اندیشه به سراغش می‌آمد، فکـر را در او تقویت می‌کرد. آنچه با فهیمه در میـان گذاشتـه بـود، جـان گرفتـه بـود. آنچه را خیال می‌کرد، خیال است، اینک حس می‌کـرد. مثـل آدمـی کـه قدم در باغ پرگلی گذاشته باشد، شیفته اطراف خود بود، گویی زنـدگـی را دوباره می‌دید وتجربه می‌کرد. همـه پدیده‌هـای حیـات برایـش تـازه و جذاب بودند. سال‌ها بود که سایه مردی را بر سر خود داشت. حتی قبل از ازدواج نیز رها نبود. ناموس خانواده بودن واطاعت بی‌چـون و چـرا از پدر و مادر، اورا در بند می‌کشید. تحـت تسـلط شـوهر و سـایه اورا در همه لحظات زندگی بر سر خود داشـتن، اورا آدمـی بسـته، مردم‌گریـز و جبـون کـرده بـود. شـــهامت اورا از او گرفتـه بودنـد. می‌ترسـید، بـه تجربه‌های تازه دست بزند. می‌ترسید، زبان باز کند، چیزی بگویـد کـه شوهر را خوش نیاید و فضای خانه تیره شود. در تمام این سال‌ها آهسـته بیا، آهسته برو رفتار کرده بود که مرداب آرام زندگیشـان آشـفته نشـود.

حال رها بود. رهایی مثل حسی زنده، مثل طوفان در شروع وقوع اورا به هیجان می‌آورد. سرشار از شعف وشیفتگی به خود می گفت: «یعنی ممکن است؟»

سال‌ها سایه مردی را بر سر خود داشتن، با او زیر یک سقف زیستن، با او اندیشیدن، با او هویت یافتن، با او خوابیدن وتن به خواسته او دادن، با او از خود تهی شدن. همیشه وهمه جا با او بودن، به او جواب دادن، به او بازخواست پس دادن. همیشه با خود در بگومگو بودن و جواب آماده داشتن. سایه اورا حتی در غیاب او برسر خود حس کردن. با او از خود بیگانه شدن و فقط ارزش‌های اورا ارج نهادن.

حال رها شده بود. رهایی کم‌کمک می‌آمد. روزها و هفته‌های اوّل سایه با او بود و رهایش نمی‌کرد. حال که بچّه‌ها هم رفته بودند، این رهایی را حس می کرد.

با رویاهای خوشی به خواب رفت. صبح به صدای ضربه‌هایی که از پشت پنجره می‌آمد، بیدار شد. نیم خیز شد وپرده را کنار زد. ساختمان متروکه را خراب می‌کردند. باران ریزی می‌بارید و هوا تیره و تار بود. پرده را انداخت و دوباره دراز کشید. اتاق در نیمه تاریکی بود. به ساعت کنار تختش نگاه کرد. نزدیک ده صبح بود. دلش نمی‌خواست از تخت بیرون بیاید. خوابی که دیده بود، درنظرش جان گرفت. خواب بود یا رویا؟ انگار همه چیزرا در بیداری دیده یود. با فرهاد حرف زده بود. مثل رویایی که در بیداری بر او می‌گذشت. همچنان که در تخت دراز کشیده بود، آن را از نظر گذراند.

می گریخت. به یاد نداشت، از چه می گریخت. از سرزمین‌های عجیب و غریبی گذشت. سرزمین‌های خالی. و هربار سایه‌ای می‌دید. به گمان آن که صالح است، خود را پشت درختی ویا پناه دیواری پنهان می کرد. به رودخانه‌ای رسید که پرآب بود. گذشتن از آن آسان نبود. کنار

رودخانه نشست. سایه به او نزدیک شد. پشت درخت تنومندی پنهان شد. خواست از درخت بالا رود. نتوانست. به درخت التماس کرد که اورا پناه دهد. صدایی از درخت شنید که به او می‌گفت، نترس. من ترا مثل خود خواهم کرد. تو سبز خواهی شد. به دست‌هایت نگاه کن. جوانه زده‌اند. به زودی تمام تنت پوشیده از برگ خواهد شد و هیچ کس ترا نخواهد شناخت.

به دست‌های خود نگاه کرد. جوانه‌های بسیاری بر آنها پیدا بود. اگر پاهایش در زمین ریشه می‌کردند، تا ابد باید همان‌جا می‌ماند. از این اندیشه احساس امنیت کرد. بالاخره جایی برای ماندن یافته بود. سایه به او نزدیک می‌شد. فکر کرد، اورا نخواهد شناخت و از کنارش خواهد گذشت. فرهاد بود. اورا شناخت. از خودش در خشم شد. چرا گریخته بود؟ چرا درخت شده بود؟ کنارش نشست. دستش را گرفت و با تعّجب گفت:

«چرا سبز شدی؟»

«از ترس.»

«همه عمرت ترسیدی. آنقدر ترسیدی، تا مرحله انسانی‌ات را پشت سر گذاشتی، حتی حیوان هم نشدی. گیاه شدی.»

«خوشحالم که سبز شدم. دلم می‌خواهد ریشه کنم و همین‌جا بمانم. نگاه کن، چقدر زیباست. حیف که تو دیگر نمی‌توانی اینجا بمانی. والا می‌توانستی در پناه من زندگی کنی. همیشه دلم می‌خواست درخت باشم. درخت زیباترین پدیده طبیعت است.»

«ولی ایستاست.»

«ایستایی‌اش هم زیباست.»

«پس تو چرا نمی‌مانی؟ چرا همیشه می‌گریزی؟»

«من از آدمها می‌گریزم.»

«آدم‌ها؟»

قهقهه بلند فرهاد اورا به خود آورد. «آدم‌ها!»

«تو از آدم‌ها نمی‌گریزی. تو از خودت می‌گریزی.»

«من ازترس می‌گریزم.»

«ترس را می‌توانی در خود بکشی. تو ده دوازده سال از فرزانه بزرگتری، ولی او پر از تجربه است. او شهامت عمل دارد وتو نداری. تو نمی‌خواهی یاد بگیری. وقتی من ترا دیدم، عاشقت شدم. همان روزهای اوّل آشنایی با فرزانه. می‌دانستم یک روز از صالح جدا می‌شوی. قبلا هم به‌ات گفتم که با او ازدواج نکن. می‌دانستم بالاخره کار شما به جدایی می‌کشد. ولی تو همیشه دیر تصمیم می‌گیری. حالا هم که جدا شدی، بازاز او می‌ترسی. تو خوشت می‌آید اختبارت را به دست دیگری بدهی. حالا هم اختیارت را دادی دست این درخت وبرای همیشه در اینجا میخکوب شده‌ای. تو از خودت می‌ترسی وفرار می‌کنی. تو حتی عشق مرا ندیدی. نه آن سال‌ها که جوان بودی و نه این سال‌ها. من همیشه دوستت داشتم. ولی تو ندیدی. آدمی که در حال گریختن است، دور وبر خودرا نمی‌بیند. تو همیشه گریخته‌ای. فقط هم از خودت می‌گریزی، نه از کس دیگر.»

فرهاد سر روی سینه او گذاشت و گریست. مریم دست برسرش کشید. دست‌ها پر ازجوانه‌های سبز بودند.

فرهاد گفت: «برای اوّلین بار در عمرم دارم گریه می‌کنم. نمی‌دانی چقدرنیاز داشتم سر روی سینه کسی که دوست دارم و بگذارم و گریه کنم. فکر می‌کنی فقط تو هستی که نقش بازی می‌کنی. من هم عمری نقش بازی کردم. همه عمر باید با زنی زندگی کنم که دوستش ندارم. نه آن اوّلی را، نه این یکی را. یکی هر را از بر تشخیص نمی‌داد. این

یکی هم زیادی از خود راضی است. پس کجا می‌شود یک انسان پیدا کرد. یکی که ترا دوست بدارد.»

مریم خواست بگوید، من ترا دوست دارم، نگفت. انگار باز می‌ترسید، به گوش صالح برسد. فرهاد فکر اورا خواند و گفت:

«بازهم می‌ترسی. آخر از چه می‌ترسی؟ مرا که کنار خود داری. نمی‌بینی از فرزانه هم جدا شدم. دوستش نداشتم. خودت که می‌دانی. به خاطر بچّه‌ها بااش ازدواج کردم. ولی نتوانستم ادامه دهم. بچّه‌ها را هم به او دادم. آمده‌ام که پیش تو باشم. فکر صالح را از سر به درکن.»

اورا در آغوش کشید و بوسید. احساس خوشی به او دست داده بود. چیزی که هرگز در آغوش صالح احساس نکرده بود. گویی جسمش وزن ندارد و بر آب شناور است. صدای صالح را شنید. خود را از فرهاد جدا کرد.

«فرار کن. آره فرار کن. تو نمی‌توانی حتی سایه اورا ببینی. معطل چه هستی؟»

«پس تو؟ تو با من نمی‌آیی؟»

«من نه. می‌دانی که با فرزانه ازدواج کردم. بچّه‌هایم را نمی‌توانم رها کنم.»

«ولی تو گفتی آنان را به فرزانه دادی.»

«آره، ولی مسئولیتشان را دارم. باید خرج زندگیشان را تأمین کنم.»

«پس گفتی که مرا دوست داری.»

«آره، مثل تو. تو هم مرا دوست داری. ولی...»

«پس من چه کار کنم؟»

«فرار کن. تو خوب بلدی فرار کنی. همیشه فرار کرده‌ای.»

«چطور؟ من که شنا بلد نیستم.»

«خودت را به آب بزن. تو درخت شده‌ای. ببین چقدر شاخه از دست و پایت سبز شده است. تو غرق نخواهی شد. آب ترا به اقیانوس می‌برد.»

«بیا باهم به اقیانوس برویم.»

«باشد. با تو می‌آیم، چون دوستت دارم. می‌خواهـم بدانی که چقدر دوستت دارم.»

خود را به آب زد. مثل درختی سبز و جـوان بر آب بـود و آب اورا با خود برد.

به ساحل رودخانه نگاه کرد خواست صدا بزند، فرهاد. صدا از گلویش بیرون نیامد.

هیچ اثری از فرهـاد نبـود. مثـل سـایه در آفتـاب محوشـده بـود. بغض درگلویش گره خورد. چشم باز کرد. صـدای چکش‌هـایی کـه بر سقف خانه خرابه زده می‌شد، اورا بیـدار کـرد. تا مدّت‌ها در بستر مـاند و با خواب و رویای خود خوش بود. بعـد کـه از بستر بیرون آمـد، پـرده را کنار زد. به تماشای کارگرانی که زیر باران ریز ماه مارس خانه خرابه را درهم می‌کوبیدند، نگاه کرد. خواب و رویا کم کمک در ذهنش رنگ باخت. میز تحریر گوشه اتاق اورا به خود خواند.

۱۶

چمدان‌هایش را می‌بست که دو ضربه به در خورد و ماریان سر را به درون آورد و پرسید، می‌تواند به درون آید. وارد شد و روی تخت نشست. چشم به مریم دوخت. خبر رفتنش را به ونکور شنیده بود. آمده بود که از خود او بپرسد و یقین کند. مریم مثل آدمی گناهکار نگاهش کرد.

«راست است که داری برمی‌گردی پیش شوهرت.»

«در واقع پیش بچّه‌هایم برمی‌گردم.»

«ازت معذرت خواسته؟»

دست از کار کشید. کنار ماریان نشست. انگار در خواب بود. از وقتی اختر از ونکور تلفن زد و گفت که بچّه‌ها برایش بی‌تابی می‌کنند. از صالح گفت که حرف تو از دهانش نمی‌افتد. هر دار و درختی می‌بیند، یاد تو می‌کند. با آرزو و سعید حرف زد. هردو به او التماس می‌کردند که به ونکور برود. دل مریم از این خانه و از جدایی کنده شد. فرزانه تشویقش کرد که برود واگر نخواست برگردد. حال که بلیط مجانی دارد. دوری از بچّه‌ها واین که ممکن بود، برای همیشه آنجا بمانند، رنجش می‌داد. می‌خواست برود و از نزدیک با صالح و بچّه‌ها حرف بزند و تکلیف خود را بداند. به خود گفت، می‌روم همانجا می‌مانم که بتوانم ببینمشان.

مانده بود که جواب ماریان را چه بدهد. صالح از او معذرت نخواسته بود. گفته بود، نمی‌تواند فکر اورا از سر به در کند. همین گفته را به ماریان تحویل داد. ماریان گفت:

«خوب مایک هم مرا دوست دارد. خودش می گوید عاشق من است. ولی من زیر بار نمی‌روم. به‌ات که گفتم، این دفعه تا ازم معذرت نخواهد، برنمی گردم. تو یادم دادی که روی حرف خود بایستم.»

سرخ شد. نگاه از چشم ماریان گرفت و گفت:

«وضع من با تو فرق می کند. من...»

«تو چی؟»

«من به خاطر بچّه‌هایم برمی گردم. عشق صالح برایم اهمیت ندارد. باور نمی کنم دوستم داشته باشد. شاید فقط به من احتیاج دارد. بچّه‌ها هم به من نیاز دارند. بدون آنها... خودت باید بفهمی. تو خودت هم بچّه داری. خوشا به حالت که بچّه‌ات کوچک است. در اختیار توست. امّا بچّه‌های من... باید در کنارشان باشم. احساس مسئولیت راحتم نمی گذارد.»

«مگر بچّه‌ها خودشان نخواستند که با پدرشان باشند.»

«من از کجا بدانم. دیشب آرزو توی تلفن گریه می کرد. از من می‌خواست که به نزدشان بروم. سعید هم همین‌طور. خودت را بگذار جای من.»

«نمی‌دانم چه بگویم. تصمیم گرفتن آسان نیست. روزهای اوّلی که به اینجا آمده بودم، فکر برگشت رهایم نمی کرد. خودم را همه‌اش در خانه خودم می‌دیدم. در اینجا مثل میهمان غریبه‌ای بودم. هرلحظه به سرم می‌زد که به خانه‌ام برگردم. امّا حال، یعنی از وقتی تصمیم گرفتم آنقدر بمانم تا ازم معذرت بخواهد، تا تکلیفم را باش روشن کنم، دیگر نمی‌توانم تصمیم بگیرم. ازخانه و کاشانه خود دورشده‌ام. منتظرم او ازم معذرت بخواهد و خواهش کند که برگردم. اوهم دیگر لب تر نمی کند. حتماً اوهم به زندگی بدون من عادت کرده. مطمئنا تو هم همین شرایط را داشتی.»

«آره، من هم درست مثل تو بودم. روزهای اوّل بین رفتن و ماندن مردد بودم. یعنی دائم به خودم نق می‌زدم که برگرد. داری اشتباه می‌کنی. مخصوصاً که آرزو هم اذیّتم می‌کرد. فکر سعید، فکر شام و نهارشان، خانه از هم گسیخته‌شان، رهایم نمی‌کرد. احساس مسئولیت، مثل نیش سوزن دائم به تنم فرو می‌رفت. روزهای اوّل واقعا سخت بود.»

«و تو آن روزها را پشت سرگذاشتی. حالا بی‌آن که ازت معذرت خواسته باشد...»

«گفتم که من به خاطر بچّه‌ها برمی‌گردم. اگر بچّه‌ها را با خود داشتم.»

«بچّه‌ها را می‌توانی با وکیل بگیری.»

«نمی‌خواهم و نمی‌توانم خودم را درگیر وکیل و دادگاه بکنم.»

«ولی برای جدایی باید به دادگاه بروی.»

«هنوز فکر آنجاها را نکردم.»

«پس تو هم مثل فدیا...»

«هرکس دلایل خود را دارد. کاش اصلا ازدواجی وجود نداشت. تعهد و وابستگی وجود نداشت. کاش...»

«نه، این حرف را نزن. آن وقت زندگی آدم‌ها با اسب والاغ چه فرقی می‌کرد؟»

«ولی این تعهدات دست وپای آدم را می‌بندد.»

«همه زیبایی و لطف زندگی به این تعهدات و پابستن‌هاست. اگر بدانی چقدر دلم برای شوهرم تنگ شده. گاهی فکر می‌کنم برای همیشه از دستش داده‌ام.»

اشک در چشمانش نشست ولب فروبست.

مریم گفت: «این فکرها را نکن. اوهم ترا دوست دارد. بی‌شک دوستت دارد. دوباره باهم زندگی خواهید کرد. وقتی دونفر در مقابل هم نایستند و دشمن هم نشوند، بالاخره کدورت‌ها از بین می‌رود. خودت در اینجا شاهد بودی که خیلی زن‌ها دوباره به خانه‌شان برگشتند.»

«مثل تو.»

در دل گفت: «مثل من.» و به فکر فرو رفت. راستی به کجا می‌رفت. خانه اختر؟ اختر مگر همان کسی نبود که با آن حرف‌ها اورا خرد کرد. هنوز زخم آن گفته‌ها را با خود داشت. امّا دیگر دیر شده بود. به همه‌شان گفته بود که می‌رود. به فرزانه وفرهاد گفته بود می‌رود. به شلتر گفته بود، می‌رود. مگر می‌شد دوباره از تصمیم خود برگردد. مردم در باره او چه فکر می‌کردند. دیوانه به حسابش نمی‌آوردند. مردم؟ حال می‌دید همه عمر به خاطر مردم زیسته است. این مردمی که وقتی او در رنج بود، بی‌اعتنا ازکنارش می‌گذشتند. او حتی جرأت نداشت که از درون خود با آنان حرف بزند. اگر می‌گفت، آن را به گونه‌ای دیگر تفسیر می‌کردند و سر هر کوی و برزن داد می‌زدند. در تمام این سال‌ها از همین مردم و واکنش‌هایشان یاد گرفته بود که ساکت بماند. درد را در خود نگه دارد. زخم را هرقدر عمیق ودردناک باشد، در خودنهان کند. وقتی از آن حرف بزند که از زق زق افتاده باشد. طوری بگوید که انگار در باره کس دیگری حرف می‌زند. این مردم اورا خفه کرده بودند. و او باید به خاطر حرف مردم به ساز مردم برقصد.

خواست ازهمین چیزها با ماریان حرف بزند، نزد. اوهم لابد حرف‌های اورا طور دیگری تفسیر می‌کرد. اصلا چه باید می‌گفت؟ که اجبار اورا وادار رفتن می‌کند. که خود نمی‌داند به کجا می‌رود، که شرایط اورا به دنبال خود می‌کشد، که اختر خانم با ثروت بی‌حسابش

برایش بلیط گرفته و آن سه نفر را هم با خود برده است. که او هیچ قدرتی از خود ندارد. که همه عمر مثل اسب عصاری فقط به دورخودش چرخیده و افسارش به دست دیگری بوده است. که حتی آن زمان که تصمیم به ازدواج گرفته، بازهم مثل امروز دچار تردید و دودلی بوده. نه از روی عشق و علاقه که از روی اجبار ازدواج کرده. که حرف مردم وادارش کرده. مردم؟ مردم مگر چه کسانی بودند؟ همین ماریان نبود که حالادرکنارش نشسته بود و سرزنشش می‌کرد که چرا تا دیروز اورا تشویق می‌کرد، بماند تا شوهرش از او معذرت بخواهد و امروز خودش بی‌آن که شوهر ازش معذرت بخواهد، مثل الاغ چموش به دنبالش می‌رود. مردم مگر فرزانه و فرهاد نبودند که صد من ادّعا داشتند. وقتی شنیدند، تصمیم به رفتن گرفته، شهامتش را تبریک گفتند. چه شهامتی؟ خود که شهامتی در خود سراغ نداشت. شاید آن روزهای اوّلی که از خانه بیرون آمده بود و در درون خود در جنک بود، ذره‌ای شهامت داشت که توانست بماند. و آن شرایط را تحمل کند. امّا امروز دیگر شهامتی در او نبود. اورسولا به او گفت، سعی کن خودت را عوض کنی. او نه فقط چنان قدرتی در خود نمی‌دید، بلکه آن مریمی که در این مدّت عوض شده بود و از خود توانایی‌هایی بروز داده بود، رنگ باخته بود. شده بود همان زن خاموش و مطیع و فرمانبردار همیشگی. می‌رفت تا دوباره مثل مستخدمی وفادار، به بچّه‌ها و شوهر سرویس بدهد. در مقابل پرگویی و افاده‌های اختر خانم سکوت کند. حرف‌های صدمن یک غازش را بشنود و تأیید کند.

گرچه به ظاهر شاد بود و نمی‌خواست تصویر خویش را پیشاپیش در آینه خیال خود ببیند. امّا این افکار مثل مهی که در کوهستانی خوابیده باشند، با او بودند. می‌دانست به زودی همه وجود اورا در بر می‌گیرند. دوباره روشنی افکار خود را از دست می‌دهد. دوباره باید در لاک

سکوت و خفت خود فرو رود. امّا در این لحظه جز به رفتن به چیز دیگری نمی‌اندیشید. انگار که جادو شده بود. همه‌اش به حرف‌های این و آن می‌اندیشید، به التماس سعید و آرزو، به زبان بازی اختر، به لحن پر از مهربانی صالح، به تشویق فرزانه و فرهاد. فرزانه گفت، فرهاد ترا می‌ستاید. تلفن زد که خبر را به فرزانه بدهد، فرهاد گوشی را برداشت و گفت که فرزانه در خانه نیست. از تصمیمش گفت. فرهاد لختی ماند و بعد گفت، فکر بدی هم نیست. «خوش بود گر محک تجربه آید به میان.» گفت که فرزانه حتماً خوشحال خواهد شد.

فرزانه خوشحالی‌اش را به آشکارا نشان داد و گفت:

«راستش را بخواهی، جدایی همیشه قلب مرا می‌خراشد. تجربه‌ای که خودم داشتم هیچ وقت فراموش نمی‌کنم. بخصوص اگر قرار باشد، بچّه‌ها را هم از آدم بگیرند.»

سر پند و اندرزش باز شد که این دفعه باید بدانی چه می‌کنی و کجای کار هستی. دست بالا بگیری و اله بکنی و بله بکنی. مریم گوش کرد و هیچ نگفت. مگر از خمیر بود که هر لحظه خود را به شکلی در بیاورد. آنچه در سرشت او بود، در طول چهل و چهار سال زندگی با او عجین شده بود. چگونه می‌توانست خود را عوض کند. فرزانه خصلت وجودی آدم را با پیراهن و کفش آدمی عوضی گرفته بود. بارها مریم در مقابل پندهای بی‌پایانش به او گفته بود، نمی‌توانم. باور کن دلم می‌خواهد مثل تو باشم. ولی نمی‌توانم. دست خودم نیست. فرزانه به تحقیر خندیده بود و گفته بود، چه حرف‌ها! نمی‌توانی؟ چطور نمی‌توانی؟ نمی‌توانی وقتی صالح به تو توهین می‌کند، توهم جوابش را بدهی؟

«اگرهم بتوانم، دلم نمی‌خواهد این کار را بکنم.»

«چرا؟»

«آن وقت حس می‌کنم زندگیم به یک گنداب تبدیل می‌شود.»

قهقهه فرزانه بلند می‌شد.

«گفتم که، زیادی نازک نارنجی هستی. آسه بیا، آسه برو که گربه شاخت نزنه. عزیز من زندگی واقعی این حرف‌ها سرش نمی‌شود.»

هیچ نمی‌گفت. لب فرومی‌بست. زندگی واقعی، یعنی زندگی در لجن. نه. او نمی‌توانست. بودند خانواده‌های بسیاری که بی‌آن که به هم توهین کنند و یکدیگر را به لجن بکشند، زندگی می‌کردند. فرزانه یا ندیده بود، یا نمی‌خواست ببیند. هرچه را که جلوی آدم بگذارند که نباید خورد. دوباره شده بود، همان آدم. اختر خانم آشی پخته بود و جلویش گذاشته بود و همه تشویقش می‌کردند که باید بخورد.

از آنچه در درونش می‌گذشت، چیزی به ماریان نگفت. بلندشد، اتاق را جمع و جور کرد. ساعت به یازده نزدیک می‌شد. ماریان گفت:

«تو امشب شام نمی‌خوری؟»

باهم به طبقه پایین رفتند.

. . . . .

زن یکه خورده از جای برخاست. مثل کسی که بی اجازه وارد حریم دیگری شده باشد، گفت:

«می‌بخشید. گویا اتاق‌های دیگر همه پر بودند، مرا به اینجا فرستادند. به من گفتند، شما فردا از اینجا می‌روید.»

فارسی حرف می‌زد. مریم پایین اتاق ایستاده بود. از هم اکنون خود را نسبت به آنجا بیگانه احساس می‌کرد. دوبسته گوشه اتاق بود. زن نگاه مریم را به بسته‌ها دید و گفت:

«مال من هستند. هنوز بازشان نکردم. فردا این کار را خواهم کرد.»

بهت زده چشم به زن دوخت. گویی تصویر خود را در آینه می‌دید. روی تخت نشست. زن نیز پشت میز تحریر نشست. لبخندی به لب داشت. گفت:

«لابد تعّجب می‌کنید که در این سن و سال هم زنان از خانه بیرون می‌روند.»

«نه، تعّجب نمی‌کنم. در این شلتر زنان مسن هم زیاد دیده‌ام. در هرسنی اختلاف و عدم تفاهم هست.»

«و بعضی‌ها با آن می‌سازند و بعضی‌ها نه. شما شنیده‌ام که فردا نزد خانواده‌تان بر می‌گردید. پس از سه ماه.»

سکوت کرد. مریم نیز هیچ نگفت. گیج بود. چشم از زن بر نمی‌داشت. یک نوع آشنایی با او حس می‌کرد. به نظرش می‌آمد، زن را در زمانی دیگر و مکانی دیگر دیده است که به روشنی نمی‌توانست به یاد بیاورد کی و کجا؟ پرسید:

«شما در این شهر زندگی می‌کنید؟»

زن به علامت تأیید سری تکان داد.

«عجیب است که شما را ندیده‌ام و یا دیده‌ام و یادم نیست. به نظرم خیلی آشنا می‌آیید. شاید هم دیده‌ام. به برنامه‌های ایرانی می‌آیید؟»

«گاهی.»

مریم لبخندی زد وگفت: «حتماً شما را در آنجاها دیده‌ام. من گاهی به این برنامه‌ها می‌روم. بخصوص اگر در باره شعر وادبیات باشد. من به همه آن برنامه‌ها می‌رفتم.»

«می‌رفتید؟ مگر دیگر نمی‌روید؟»

مثل کسی که بخواهد از کار ناصوابی حرف بزند، گفت:

«ازوقتی به اینجا آمده‌ام منظورم شلتر است، کمتر رفته‌ام. یعنی نرفته‌ام.»

«چرا؟»

همدردی و صمیمیتی در پرسش زن بود که به دل مریم نشست.

«نمی‌دانم.»

«لابد نمی‌خواستید توی مردم آفتابی شوید. شاید هم از پرس و جوی مردم فرار می‌کردید.»

لبخندی زد و همچنان که چشم به زن دوخته بود، یادش آمد که نه خودش را معرفی کرده و نه نام زن را پرسیده است. گفت:

«راستی فراموش کردم خودم را معرفی کنم. من مریم هستم.»

زن گفت: «من هم طاهره هستم.»

«طاهره؟ نام دیگر من هم طاهره است. ولی مریم را بیشتر دوست دارم.»

زن گفت: «طاهره نام زیاد قشنگی نیست. ولی من بدان عادت کرده‌ام.»

«بچّه‌هم دارید؟»

«یک پسر و یک دختر.»

مریم اندیشید، لابد سعید و آرزو.

زن ادامه داد: «نیما و پریا.»

«عجیب است. همان نام‌هایی که من می‌خواستم روی بچّه‌هایم بگذارم. می‌دانید، من عاشق شعر و ادبیّاتم. دلم می‌خواست اسم پسرم را نیما بگذارم. شوهر و مادرشوهرم مخالفت کردند. پسرم روز عید فطر به دنیا آمد. عید سعید فطر، اسم او را سعید گذاشتند. من مدّتی نیما صدایش می‌زدم. بعد که دخترم به دنیا آمد، خواستم اسم او را پریا بگذارم، بازهم دیگران مخالفت کردند. شوهرم گفت، پریا معنی ندارد.»

«و شما؟»

«من عاشق شعر هستم. شعر پریا را خیلی دوست دارم. وقتی بچّه‌ها کوچک بودند، آن را برایشان می‌خواندم. دیده بودم که بعضی‌ها این نام را روی بچّه‌هایشان می‌گذارند.»

و ادامه داد: «شما چی؟ شما هم به ادبیّات علاقه دارید؟»

«خیلی زیاد.»

«خودتان هم چیزی می‌نویسید؟»

«باید می‌نوشتم. چطور بگویم، همیشه خواسته‌ام که بنویسم و نشده است. حالا که از خانه بیرون آمدم، خیال دارم این کار را بکنم.»

حسرت دل مریم را پر کرد. زن گفت:

«لابد تعّجب می‌کنید. توی این سن وسال شروع کردن کار ساده‌ای نیست.»

حرف را نیمه تمام گذاشت. در چهره‌اش آثار غمی آشکار نشست. زن پس از سکوتی نه چندان طولانی گفت:

«وشما هم به همین منظور خانه را ترک کردید ونتوانستید. دارید برمی‌گردید.»

چشم به زن دوخت. هنوز این فکر با او بود که شاید اورا دیده است.

گفت: «آسان نیست. ترک زندگی گذشته و بچّه‌ها راحتم نمی‌گذارند.»

«برای من هم همین طور بود. ولی دیگر نتوانستم. می‌دانم دیر است. هرکس بشنود، فکر می کند، دیوانه شده‌ام. می‌دانید من به ظاهر مشکل چندانی با شوهرم نداشتم. همه فکر می‌کردند من زن خوشبختی هستم. بچّه‌ها هم بزرگ شده‌اند ورفته‌اند پی زندگی خودشان. ولی من خوشبخت نبودم.»

«چرا؟»

«به همان دلیلی که شما خوشبخت نبودید.»

«من با شوهرم توافق فکری نداشتم.»

«وعشق؟»

«نمی توانم از آن چیزی بگویم. بهتر است از عشق حرفی نزنیم. من فقط عاشق بچّه‌هایم هستم.»

«وآن عشق دیگر چی؟»

«منظورتان چیست؟»

«شعر و ادبیات، نوشتن.»

«گاه فکر می کنم فقط یک پناهگاه است. بدان رو می‌برم، چون هیچ شادی دیگری در زندگی ندارم.»

«ولابد می‌دانید که بزرگترین شادی زندگی است. اگر راضی‌تان می کند، اگر چنان عشقی در دل دارید...»

«پس بچّه‌هایم را چه کار کنم؟ و مردم؟ همه مرا سرزنش می کنند. حتی نزدیک‌ترین دوستم. حتی آدم‌هایی که خیال می کردم، غیر از دیگران هستند.»

«به آدم‌ها چه کار دارید؟ آدم‌ها مگر به نقطه‌نظرهای شما اهمیت می‌دهند؟ به دیگران اجازه ندهید برایتان تصمیم بگیرند.»

مریم شیفته حرف‌های زن، اندک اندک حس می کرد تصمیم به رفتن در دلش رنگ می‌بازد.

زن گفت: «وقتی عشق در دل انسان بمیرد، زندگی مفهوم خود را از دست می‌دهد. نگذارید عشق در دلتان رنگ ببازد. عشق به بچّه‌ها...»

به تردید پرسید: «ارزش ندارد؟»

«نمی‌خواهم آن را بگویم. عشق به بچّه‌ها می‌تواند همیشه وجود داشته باشد.»

«ولی دارند ازدستم می‌روند. می‌خواهد در ونکور نگاهشان دارد.»

«این کار را نمی کند. خیالتان راحت باشد.»

«شما از کجا می‌دانید؟»

«شما خودتان هم می‌دانید.»

سکوت کرد. و پس از لختی گفت: «خودتان بهتر می‌دانید. شوهرتان را خوب می‌شناسید.»

بی‌اراده گفت: «اگر می‌دانستید، زندگی با او چقدر سخت است.»

زن به همدردی گفت: «می‌دانم.»

«چطور؟»

«خودم هم با جنان آدمی زندگی کردم و عمرم را تباه کردم. نمی‌خواهم بگویم آدم شروری است. فقط با من سر سازگاری ندارد. من هم همین‌طور. ما فقط زندگی‌هامان را تباه کردیم. عشق را در دل من کشت. من آدم ضعیفی بودم. ماندم. زیادی تحمل کردم.»

«وحالا پشیمان هستید؟»

«پشیمان؟ پشیمان هستم که چرا زودتر این کار را نکردم. سال‌ها پیش. وقتی که به سن و سال شما بودم. شما هنوز جوانید.»

«برای چه کاری جوان هستم؟»

«برای آن که رها باشید. زندگی کنید و به دنبال آن‌چه می‌خواهید بروید.»

شادی آرام آرام دل مریم را پر کرد. باز در این فکر شد که زن که بود و از کجا آمده بود. پرسید:

«راستی شما در این شهر زندگی می‌کنید؟»

زن سررا به علامت تأیید تکان داد و گفت: «قبلا هم پرسیدید.»

مریم جرأت نکرد نشانی‌خانه‌اش را بپرسد، گفت:

«می‌دانید، فکر می‌کنم اگر برگردم...»

«می‌دانم. اگر برگردید، دیگر نمی‌خواهید آدم سابق باشید، ولی بدانید که خیال خامی بیش نیست. آدم به راحتی نمی‌تواند خودش را تغییردهد، مگر آن که شرایط زندگیش را عوض کند و شما می‌توانید؟»

مریم درمانده گفت: «نمی‌دانم.»

«نمی‌توانید. شما چنان خصلتی ندارید.»

«شما از کجا می‌دانید؟»

«می‌شناسمتان.»

«پس چه کار کنم؟»

«به دلتان مراجعه کنید. زندگی یک فرصت کوتاه بیش نیست.»

مریم به یاد اوّلین روزی افتاد که به شلتر آمده بود و در دنباله حرف زن، چنان که گویی فقط با خود حرف می‌زند، گفت: «و من همیشه فرصت‌ها را از دست داده‌ام. بیش از نیمی از زندگی ام را باخته‌ام. نمی‌دانم چندسال دیگر زنده خواهم بود. اگر برگردم، فکر نمی‌کنید که بقیه را هم باخته ام.»

زن گفت: «به خودتان مربوط است. فقط به دل خود مراجعه کنید.»

«پس بچّه‌هایم؟»

زن هیچ نگفت. مریم در تردید باقی ماند. مدّتی به سکوت گذشت. زن گفت:

«بهتر است بخوابیم. شما فردا...»

مریم وسط حرفش دوید: «به نظر شما من باید چه کار کنم؟ فردا...» حرف را نیمه تمام گذاشت. اینک تصمیم در دلـش رنگ باختـه بـود. فردا به نظرش بسیار دور می‌آمد. زن به ساعتش نگاه کرد و گفت:

«فردا از راه رسیده است. ساعت سه بعد از نیمه شب است. یکی دوساعت دیگر به صبح نمانده است.»

زن بلندشد. در چهره‌اش آثار خستگی بود. گفت:

«دیروقت است، باید خوابید.»

مریم آینه دستی را از روی اشکاف لباس برداشت. خودش را در آن نگریست. به دنبال شباهت‌های خود و زن بود. روی تخت دراز کشید. همچنان که خود را در آینه می‌نگریست، به خواب رفت.

نه در اتاق نشیمن کسی بود و نـه در آشپزخانه. از راهـرو گذشت. در دفتر هم بسته بود. به اتاق خود رفت. پالتو از تن کند. دلش می‌خواسـت با کسی حـرف بزنـد و از شادیش بگویـد. از آپارتمانی کـه به او داده بودند. با دیوارهای سفید، اشکاف‌های قهـوه‌ای و آفتـاب کـه از پنجره بزرگ به درون تابیده بود. پشـت سـر مـردی کـه در را بـاز کرد، وارد آپارتمان شد. همان آفتاب که اتاق را پر کرده بود و آسـمان آبـی پشـت پنجره کافی بود که دیگر چندان نگاهی به خانه نیاندازد. مرد یـک یـک اشکاف‌ها را باز کرد. دستشویی و انبار را به او نشان داد. کلیدچراغ‌هـا را زد که همگی حبابی سفید داشتند و نورشان در پرتو آفتابی که اتاق را پر می‌کرد، جلوه‌ای نداشت. او فقط پشت سر هـم می‌گفت، متشکّرم. باورش نمی‌شـد که خانه‌ی اوباشد. وقتی در دفتر، کلید را به او داد وتوضیح داد کـه کـدام یـک کلید در ساختمان و کـدام یـک کلید در آپارتمان است، گویـی ثروتـی بی‌حسـاب در مشتش گذاشتند. اتوبوس گرفت و به شلتر برگشت. می‌خواست از خانه‌اش با ماریان، با اورسـولا که آن روز صبح خبر را به او داده بود، حرف بزند. وسط اتـاق ایستاده بود. شادی مثل نیرویی در او سرفوران داشت. رادیو را‌باز کـرد. مـردی به صدای خسته‌ای می‌خواند. آهنگ تمام شد. پشت آن موسیقی تندی از آمریکای لاتین پخش شد. ناگهان شروع به رقصیدن کرد. رقص، همـان رقص ایرانی بود که سال‌های سال بلد بود و هیچ وقت بدان تازگی نداده بود. دست وپایش را با حرکتی یکنواخت تکان می‌داد. اتاق با کف‌پوش روشن و دیوارهای سفید و آفتابی که آن را فرش کرده بود و آن پنجره که پشت آن درخت‌های لخـت و خیابـان خلـوت و خانه‌های مقابل را

نشان می‌داد، در نظرش نقش بست. با خود تکرار می‌کرد. «اتاقی برای خود.»۱

موسیقی تند تمام شد. پس از گفتاری کوتاه که گویا آگهی تجارتی بود، دوباره آهنگی دگر در فضای اتاق پخش شد. این بار زنی می‌خواند. صدایی به غم نشسته داشت. او نه توجّهی به صدای غمگین زن داشت و نه موسیقی. می‌رقصید و با خود در گفتگو بود. ضربه‌هایی به در خورده بود که نشنیده بود. وقتی ماریان در را باز کرد و سر را به درون آورد، همچنان می‌رقصید. ماریان لختی نگاهش کرد و هیچ نگفت. مریم اورا دید. به رویش لبخند زد و به رقص خود که هیچ هم‌آهنگی با موسیقی نداشت، ادامه داد. ماریان اینک در آستانه در ایستاده بود. چشم به او دوخته بود. به خود آمد. خنده بلندی سرداد و گفت: «بیا تو.»

نشست. قلبش تند به سینه‌اش می‌زد. خوشحالی راه حرف بر او بسته بود. ماریان نیز خاموش بود. این شبهه در او بوجود آمده بود که دوباره فکر برگشت به سرش زده است.

آهنگ تمام شد. پس از گفتاری کوتاه دوباره موسیقی تندی از آمریکای لاتین در فضا طنین افکند. مریم بی‌اختیار بلندشد. شروع به رقصیدن کرد. این بار تندتر می‌رقصید. چشم به ماریان داشت. بعد نشست. دست روی قلب خود گذاشت. به صدای بلند خندید. ماریان شگفت زده چشم به او دوخته بود.

«چی شده؟ حال خود نیستی.»

«خوشحالم.»

---

۱ نام کتابی از ویرجینیا ولف.

ماریان را در آغوش کشید و بوسید.

«از این جا می‌روم.»

«کجا؟»

«به خانه خودم.»

به ماریان خیره شد. تعجّب کرد که در چهره ماریان هیچ اثری از شادی ندید.

«فهمیدی چه گفتم. همین امروز می‌توانم از اینجا بروم.»

«برای همین می‌رقصیدی؟»

«آره، اگر بدانی چقدر خوشحالم.»

«ولی رقصت با آهنگ جور نبود.»

«من با آهنگ دل خودم می‌رقصیدم.»

ماریان چهره‌ای عبوس و به هم رفته داشت. فکر کرد شاید حسودیش می‌شود.

«به توهم به زودی خانه می‌دهند. نگران نباش.»

«من که نگران خانه نیستم.»

در کلامش غم نشسته بود. فکر کرد، شاید به خاطر اوست که آنجا را ترک می‌کرد. مگر همین چند روز پیش به او نگفته بود که به او به چشم مادرش نگاه می‌کند. لابد پس ازرفتن او جای خالی مادرش را بیشتر حس خواهد کرد.

گفت: «خانه‌ام زیاد ازاینجا دور نیست. می‌توانی به دیدنم بیایی و یا من به اینجا بیایم.»

ماریان سر روی شانه او گذاشت و هق هق گریست. اشک در دیدگان مریم نیز لپر زد. اورا به خود فشرد و گفت:

«خواهش می‌کنم گریه نکن. من فراموشت نمی‌کنم.»

خود را از آغوش مریم بیرون کشید و گفت:

«به خاطر تو که گریه نمی‌کنم.»

«پس چی؟»

اشک را از دیده سترد. آب بینی را گرفت و پس از مکثی کوتاه، چنان که گویی برای گفتن به نیرویی تازه نیاز دارد، گفت:

«مایک.»

دل مریم ریخت. نکند شوهرش خودکشی کرده باشد. کلام در دهانش یخ بست. خواست فریاد بزند، چی شده؟ نتوانست. ماریان بغض رافرو داد و گفت:

«مایک دوست دختر گرفته.»

نفس راحتی کشید و گفت: «این که چیز مهمی نیست.»

خواست بگوید، توهم دوست پسر بگیر که نگفت.

«چیز مهمی نیست؟ به نظر تو مهم نیست؟ چطور؟»

با چشمانی گشاد به مریم چشم دوخت. مریم جا خورد. مهم نبود؟ شاید برای او مهم نبود. مگر بارها به فرزانه نگفته بود، کاش صالح زن دیگری بگیرد و اورا راحت بگذارد. اشک وچهره به هم رفته ماریان را می‌دید. نمی‌توانست حال اورا درک کند.

«بگو چه کارکنم؟ اگر می‌دانستی چقدر دوستش دارم. بدون او زندگی‌ام هیچ است.»

اشکش همچنان جاری بود. بلند شد از جعبه دستمال کاغذی روی اشکاف چند دستمال با هم بیرون کشید و آب بینی را گرفت و دوباره روی تخت کنار مریم نشست.

«مطمئنی که دوست دختر گرفته؟»

«آره امروز صبح که بچّه را برده بودم با دوست دخترش آمده بود.»

«از کجا مطمئنی که دوست دخترش بود؟»

«پس چه می‌تواند باشد؟»

«یک دوست معمولی.»

«مطمئنم که دوست دخترش بود. از رابطه‌شان، از حرف‌زدنشان، از برخوردش با من. دیدی چه راحت مرا از زندگی‌اش جدا کرد و من...»

دوباره هق هق گریست و در میان گریه گفت:

«و من عاشقش بودم. هنوز عاشقش هستم.»

شادی مریم رنگ باخت. خانه با آن پنجره بزرگ و آن آفتاب در ذهنش بود. ولی بدان فکر نمی‌کرد. وقتی به چهره خیس از اشک ماریان نگاه کرد، دلش گرفت. یاد حرف‌هایش افتاد که گفته بود، تو به‌ام یاد دادی که مقاومت کنم.

آن روز در نگاهش شادی و غرور بود. کاش می‌توانست با آن حرف‌ها و یاد آن روز تسلی‌اش دهد. نتوانست. هیچ کلامی به زبانش نیامد. آدم پند و اندرز دادن نبود. شاید هرکس دیگری جای او بود، بهش می‌گفت، خوب توهم دوست پسر بگیر، تو هم خوش باش. دنیا که به آخر نرسیده. او نمی توانست چنان چیزهایی بگوید. باید اورا به حال خود می‌گذاشت. از آن گونه آدم‌ها نبود که برای هر دردی نسخه‌ای آماده دارند. سکوت کرده بود.

«چه کار کنم؟ دوستش دارم.»

مریم اورا در آغوش کشید. برای مدّتی همچنان بی‌حرف ماندند. ماریان خود را از او جدا کردو گفت:

«من باختم. این وسط من باختم.»

«تو هنوز جوانی.»

«ولی عشق در دلم مرد.»

«دوباره عاشق خواهی شد.»

«دوباره؟»

چشم به مریم دوخت. گویی می‌گفت:

«دوباره‌ای وجود ندارد. زندگی من همین جابه پایان رسید. عشق دردلم مرد.»

گفت: «دوباره؟ همان حرف‌هایی که همه تکرار می‌کنند. دوباره. آره همه همین را می‌گویند. جوانم ودوباره عاشق خواهم شد. ولی چه کسی مطمئن است. خودم که باورم نمی‌شود. اگر هم دوباره عاشق بشوم که هیچ پیدا نیست کی؟ داغ این عشق را نمی‌توانم از دل بیرون کنم. نه، نمی‌توانم. واو...»

سکوت کرد. دیگر نمی‌گریست. تلخ بود.

«و او چطور توانست؟ چطور آن همه حرف‌ها را فراموش کرد. او هم عاشق من بود. قسم خورده بودیم که هیچ کس دیگری را دوست نداشته باشیم. با خون خود قسم خورده بودیم. چطور توانست قسمش را از یاد ببرد؟»

و بعد گویی چیزی را به یاد آورده باشد، گفت:

«شایدنباید این همه مدّت اینجا می‌ماندم. بیش از یک ماه است. شاید زیادی طولش دادم. ها؟ نظر تو چیست؟»

مریم بی جواب چشم به او دوخت. چه باید می‌گفت؟ نظر او چه ارزشی داشت؟ او که شوهر ماریان را نمی‌شناخت. آنقدر از او نام برده بود که حال دیگر مایک آشنای مریم نیز بود. ولی هرچه بود، تصویری بود که ماریان از او کشیده بود. مریم اورا ندیده بود.

گفت:«من چه بگویم. تو لابد برای ماندنت دلیل داشتی.»

«آری دلیل داشتم. نمی‌خواست معذرت بخواهد. اگر من کوتاه می‌آمدم، دوباره همان زندگی تکرار می‌شد. من از آن زندگی خسته شده بودم. نمی‌خواستم به خاطر عشقی که وجودم را به آتش می‌کشید، خودم را حقیر کنم. همین وبس. من انتظار زیادی نداشتم. او نخواست معذرت بخواهد و مرا رها کرد.»

منتظر بود که ماریان دوباره گریه سردهد. هیچ نمی‌گفت. نمی‌توانست حال ماریان را بفهمد. عشق را آن گونه که ماریان توصیف می‌کرد، تجربه نکرده بود. سال‌های سال بی عشق، فقط از روی وظیفه‌ای که به او تحمیل شده بود، با مردی زیسته بود. نمی توانست تصور کند وقتی در منگنه عشق گرفتاری و می‌خواهی هویت خود را هم داشته باشی، چگونه باید عمل کنی. ماریان که چهره خاموش و پر ازابهام اورا دید گفت:

«چرا هیچ نمی‌گویی؟»

به آهستگی گفت: «چه بگویم؟»

«راست می‌گویی. چیزی نمی‌توانی بگویی. تو مثل بقیه نیستی. در واقع چیزی هم نداری که بگویی. این دردی است که من به تنهایی باید تحمل کنم. فقط به‌ام بگو، چرا آدم‌ها نمی توانند در کنار هم به دوستی و عشق زندگی کنند؟»

«اگر می‌دانستم، حالا اینجا نبودم.»

«توخوشبختی. وقتی وارد اتاقت شدم و دیدم داری می‌رقصی، خوشبختی را در چهره‌ات دیدم. تو خوشبختی که هیچ عشقی در دل نداری.»

دل مریم گرفت.

«تو از کجا می‌دانی که من عشقی در دل ندارم.»

«داری بدجنس؟ پس عشقی دیگر در دل داری؟ چرا زودتر نگفتی؟»

با لبخندی جواب داد:

«من عاشق درخت و باران و ستاره و آسمان و آفتاب هستم.»

«تو دیوانه‌ای. دیوانه خوشبخت. خوشبختی که عاشق نیستی.»

به نظر مریم آمد که در کلام ماریان کینه‌ای نهفته است. ناگفته پی برد که ماریان اورا در این جدایی مقصر می‌داند. ماریان رفت.

پس دیوانه بود. عاشق نبود امّا دیوانه بود. همچنان روی تخت نشسته بود. شادی داشتن خانه در دلش رنگ باخته بود. چیز سردی جای آن را گرفته بود. زندگی خالی ازعشق. به میز تحریر کوچک نگاه کرد که در این چندماه ساعات طولانی پشت آن سر کرده بود. کاغذهایی برآن پراکنده بود. عشق مثل جویباری آرام در او جاری شد. شادی قلبش را پر کرد. میز تحریر مثل کودکی که در انتظار عشق و محبت بود، به او چشم دوخته بود. پشت آن نشست. غمش رنگ باخت.

تمام بعد از ظهر را در اتاقش ماند. دفتر نوشته‌هایش را ورق زد. خواند. شعرهای پراکنده، داستان‌ها که بعضی به دلش می‌نشست. طرح‌های کوتاهی که در باره آدم‌های شلتر نوشته بود. مددکارها، ساکنان، زنانی که فقط یکی دو روز می‌ماندند ومی‌رفتند. فدیا، اورسولا، شریفا، رعنا، هلن، ژانت، و آن دیگران. بعضی‌ها را بیشتر شناخته بود و بعضی‌ها را کمتر. امّا همه آنان را انگار از پشت پرده‌ای از مه می‌دید. گم و ناپیدا. گویی همه‌شان روی صحنه تاتر ظاهر شده بودند. فقط نقشی از آنان دیده بود. گذشته‌شان بر او پوشیده بود. هرکدام از سرزمینی و از فرهنگی دیگر بودند. زبانی دگر داشتند. زبان مشترکشان انگلیسی بود که خیلی‌ها نمی‌توانستند به درستی حرف بزنند. او نیز به درستی نمی‌فهمید. حتی آنان که انگلیسی حرف زدنشان اشکالی نداشت، فهم زبانشان برای اوسخت بود. همیشه حس می‌کرد، قسمت‌هایی از گفته‌های طرف را نفهمیده است. ابهام و مهی که اورا فراگرفته بود، مانع از آن می‌شد تا بتواند طرف را هرچند در یک خانه زندگی می‌کردند، به خوبی بشناسد و بتواند به او نزدیک شود. رابطه‌ای صمیمی با او برقرار کند و اورا با آنچه پشت سر گذاشته پیوند دهد. آدم‌ها همان نقش بازیگران روی صحنه را داشتند. همان بودند که نشان می‌دادند. پشت سر اگر چیزی داشتند، براو پوشیده بود. گذشته خود را

برای کسی بازگو نمی‌کرد. می‌دانست که طرف تصویر مبهمی از آن خواهد گرفت. آدم‌ها چند صباحی بودند. او تکه پاره حرف‌هایشان را می‌شنید. تا وقتی بودند، حضورشان را حس می‌کرد. گاه حضوری مزاحم و آزاردهنده بود. زنانی که بچّه کوچک داشتند. داد و فریاد بچّه‌ها تمام ساعات روز و گاه ساعاتی ازشب بلند بود. او از سروصدا رنج می‌برد. نیاز به سکون و آرامش داشت که در این خانه نمی‌یافت. به اتاق خود پناه می‌برد. پشت میزش می‌نشست و می‌نوشت. حال که نوشته‌ها را ورق می‌زد و می‌خواند، می‌دید که تصویری پاره پاره، مغشوش و نیمه تمام از شلتر در ورق‌هایش به ثبت رسانده. تصویری که شاید سال‌ها با او بماند. امّا رنگ پریده و محو خواهد بود. از لابلای صفحات فدیا را به یاد می‌آورد. آن روزهایی که تازه به شلتر آمده بود. فدیا دلداری‌اش می‌داد. برایش حرف زد وبعدها که صمیمتی بینشان برقرار شد.

«همیشه دوست هم خواهیم بود.»

فدیا کجا بود؟ گفته بود برای تعطیلات ماه مارس و ماه عسل دوم به جامائیکا می‌رود. لابد هنوز برنگشته بود. مریم خود را از او هم دور می‌دید. آن روزها، به وجودش نیاز داشت. در کنارش احساس آرامش می‌کرد. مثل کسی که بخواهد ازپل خطرناکی بگذرد، دست به دامان فدیا گرفته بود. او با لحنی خواهرانه و طنزآمیز، به رویش لبخند می‌زد. دلداریش می‌داد که سخت نگیر، می‌گذرد. فدیا جایی در قلبش باز کرده بود. شاید دیگر هیچ وقت اورا نمی‌دید. امّا همیشه با اوبود. مثل یک نقطه روشن در زندگی او و در خاطره او باقی می‌ماند.

خوشحال بود که آن روزها را پشت سر گذاشته است. خوشحال بود که ایستاده بود و حال می‌توانست به خانه خود برود. با یادآوردن آپارتمان پر از آفتاب دلش پر ازشادی شد.

از جای بلند شد. به یاد ماریان افتاد. به طبقه پایین رفت و سراغ اورا گرفت. گفتند در اتاق خودش است. به دیدنش رفت. ماریان روی تخت دمر افتاده بود. کنار او روی تخت نشست و دست بر شانه‌اش گذاشت. چشم باز کرد. گریسته بود. صورتش ورم کرده و چشمانش سرخ بود. به مهربانی با او حرف زد. گفت که بهتر است باهم بیرون روند و قدم بزنند. ماریان نشست. چهره زیبا و جوانش درهم شکسته می‌نمود. اشک گونه‌اش را شست. سر روی شانه مریم گذاشت و در سکوت گریست و به التماس پرسید:

«دوستش دارم. چه کار کنم؟»

به اصرار مریم صورت شست و پالتو پوشید. از خانه بیرون رفتند. عصر دل‌انگیزی بود. بهار از راه می‌رسید. مریم به یاد آورد که فردا عصر سال شمسی به پایان می‌رسد و نوروز می‌شود. فرزانه اورا برای سال تحویل دعوت کرده بود. او جواب درستی نداد. اسباب کشی را بهانه کرد و گفت، اگر کارم زود تمام شد، شاید آمدم.

به پیشنهاد مریم به جای آن که به طرف خیابان اصلی بروند، که در دوطرف آن مغازه بود و ترافیک در آن سنگین بود؛ در خیابان فرعی راه رفتند. دو طرف خیابان درختان تنومند و خانه‌های قدیمی یک طبقه و دو طبقه منظره زیبایی بدان می‌داد. مریم اندیشید این خیابان در تابستان وقتی که درختان برگ بازمی‌کنند باید زیبایی خیال‌انگیزی داشته باشد.

زیر بازوی ماریان را گرفت. قدم زنان در پیاده رو خلوت پیش می‌رفتند. دلش می‌خواست می‌توانست با ماریان حرف بزند. بگوید که این همه غصه‌دار نباشد. خودش شاد بود و می‌خواست که این شادی را به ماریان نیز انتقال دهد. شادی‌اش تنها از داشتن خانه نبود. شادی نوظهوری بود. شادی رهایی بود. شادی استقلال بود. انگار پس از سال‌ها روی پای خود ایستاده بود. جهان را با چشمان خویش می‌دید.

حتی به دوری سعید و آرزو فکر نمی‌کرد. نمی‌خواست فکر کند که بچّه‌ها ممکن است برای همیشه از او دور باشند. اینک خود را می‌دید وپی به توانایی‌های خود برده بود. می‌دانست که اگر بخواهد، می‌تواند بچّه‌ها را هم بگیرد. راهی که در جلوی روی خود گسترده می‌دید، به شادی و خوشبختی می‌انجامید. همین احساس به او نیرو می‌داد. دلش می‌خواست برقصد و آواز بخواند. آسمان را ابرهای تکه پاره فرش کرده بود. گاه ابر سیاهی دیدرس نگاهش را می‌پوشاند. ماریان ساکت بود. از گوشه چشم نگاهش کرد. دید که اشک را از دیده پاک می‌کند. دلش بر او سوخت. احساسی از حمایت به او داشت. اینک خود را مثل فدیا می‌دید که روزهای اوّل تکیه‌گاه امنی برای او بود. به او نیرو و توانایی داد که بایستد وشلتر را تحمل کند.

گفت: «گریه نکن. درست می‌شود.»

ماریان نگاهش کرد. انگار او نیز آنچه را که اتفاق افتاده بود، باور نداشت. گفت:

«چطور؟ به‌ام بگو چطور درست می‌شود. مایک از دستم رفت. من نمی‌توانم به پایش بیافتم و ازش خواهش کنم. من چنان آدمی نیستم. هیچ وقت این کار را نکردم، حالا هم نمی‌توانم. امّا دوستش دارم. کاش می‌توانستم عشقش را از دل بیرون کنم.»

«لازم نیست به پایش بیافتی. باش حرف بزن.»

«حرف بزنم؟ از چه؟»

«از عشقت. ازعشق مشترکتان.»

در دورها برق، آسمان را شکافت. صدای رعد ناگهان مثل بمبی ترکید. ماریان به او نگاه کرد و خندید.

«عشق مشترکمان! آره عشق مشترکمان. من آن را باید برای خودم نگاه دارم. نباید بگذارم از دستم برود.»

قهقهه خنده را سرداد. مریم نمی‌دانست از سر قهر و غضب می‌خندد ویا شادی. باران شروع به باریدن کرد. ماریان رو به مریم کرد و گفت: «آره، باش حرف می‌زنم. باید برش گردانم. عشقم را دوباره از آن خود خواهم کرد. فردا که برای برگرداندن راد می‌روم، باش حرف می‌زنم. تو راست می‌گویی، از عشق مشترکمان ...»

دوباره رعد غرید. ماریان خندید و باران تندتر بارید. به محوطه درخت‌زاری رسیدند. امّا درختان بی‌برگ آنان را از باران محافظت نمی‌کردند. ماریان شیفته شادی خود دست مریم را گرفت. با هم می‌چرخیدند. سر را به آسمان گرفته بودند و قطرات باران بر چهره‌هایشان می‌بارید. ماریان آوازی را به صدای بلند می‌خواند و مریم فقط کلماتی مثل رودخانه و عشق و زندگی و طوفان در ذهنش نقش می‌بست. خود نیز شعر صدای پای سهراب سپهری در خاطرش زنده شد و ابیاتی از آن را در دل خواند.

«زیر باران باید رفت.

فکر را، خاطره را، زیر باران باید برد.

با همه مردم شهر زیر باران باید رفت.»

خواست به صدای بلند بخواند که رها کرد.

باران همان گونه که ناگهانی شروع شده بود، ناگهان نیز پایان یافت. آسمان بازشد. رنگ دلپذیر غروب برآن نشسته بود. راه برگشت پیش گرفتند. اندوه ماریان رنگ باخته بود. از آنچه می‌خواست با مایک در میان بگذارد برای مریم می‌گفت. مریم گوش می‌کرد. در همان حال با خیالات خوشی سرگرم بود. ماریان طوری از مایک حرف می‌زد که گویی هم اکنون خود را در خانه خود، در آغوش مایک می‌دید. برای شام فرداشب و برای ساعات خوشی که با مایک خواهد داشت خیالبافی

می‌کرد. مریم به سکوت گوش می‌کرد. او نیز به فردا و سال تحویل و نوروز می‌اندیشید که در خانه خود خواهد بود.

به شلتر برگشتند. ماریان به دفتر رفت. می‌خواست از تصمیم خود با رعنا که مددکار شب بود، حرف بزند. مریم به اتاق خود رفت و به جمع و جور مشغول شد. نزدیک ساعت ده بود که به طبقه پایین آمد. شماره خانه فرزانه را گرفت. فرهاد گوشی را برداشت. از خانه گرفتنش گفت. واین که فردا می‌تواند اسباب کشی کند. بی‌آن که از او کمک بخواهد؛ فرهاد پیشنهاد کمک کرد و گفت که فردا صبح به سر کار نمی‌رود تا اورا در اسباب کشی کمک کند. مریم اصرار کرد که وسایلش از دوچمدان و چند بسته تجاوز نمی‌کند. می‌تواند با تاکسی و یا اتومبیل یکی از مددکارها همه را یک باره با خود ببرد. امّا فرهاد دست بردار نبود. به شوخی می‌گفت، می‌ترسد ظروف کریستال و مبل‌های استیل و سیستم صوتی‌اش لطمه بخورد. او باید حتماً همراهش باشد. سعی می‌کند فرزانه وشعله و شراره را هم بیاورد. همچنان که گوش به حرف‌های فرهاد داشت و نمی‌دانست چه جواب بدهد، صدای فرزانه را شنید که گوشی را گرفت و پس از سلام و احوال‌پرسی خشکی پرسید: «در باره چه حرف می‌زنی که قند در دل فرهادخان آب می‌شود.»

مریم یکه خورده مانده بود که چه جواب دهد. خواست بگوید، اگر خوب گوش می‌کردی، لازم به پرسیدن نبود. فقط گفت: «من نخواستم مزاحم شوم.»

فرزانه گفت: «فردا فرهاد باید بچّه‌ارا به اداره مهاجرت ببرد. من اگر توانستم خودم می‌آیم کمکت کنم. من هم می‌دانی که این روزها موقع امتحانات است. فردا هم امتحان دارم. ولی سعی خودم را می‌کنم. تو که قرار بود به ونکور بروی.»

مریم دوباره گفت که راضی به زحمت هیچ کس نیست و جواب اورا نداد.

«پس چطور شد؟»

«نخواستم بروم. مگر قرار است به همه کس جواب پس بدهم؟»

«نه، قرار نیست. ولی من از کارهای تو سر در نمی‌آورم. بعضی وقت‌ها فکر می‌کنم چیزهایی هست که از من پنهان می‌کنی.»

«چه چیزهایی؟»

«خودت بهتر می‌دانی.»

«نمی‌فهمم از چه حرف می‌زنی.»

«خیلی خوب بعدا خواهی فهمید.» و سرد و خشک ادامه داد:

«کاری نداری؟ من خیلی درس دارم.»

گوشی را گذاشت. مثل کسی که سطل آبی داغ برسرش ریخته باشند، تمام تنش خیس عرق شد. چه شده بود که فرزانه ناگهان با او چنان به سردی و تندی حرف می‌زد.

بی‌آن که به جمع زنان که نشسته بودند و فیلم ویدیویی تماشا می‌کردند، نگاه کند به اتاق خود رفت. روی لبه تخت نشست و به رفتار و کردار خود با فرهاد و فرزانه اندیشید. کاری نکرده بود که مورد توبیخ قرار گیرد.

با فکری پریشان و دلی پر درد به رختخواب رفت. شادی صبح و حرف‌هایی که با ماریان زده بود، مثل دود به آسمان رفته بود و جایش را سردی و ناامیدی گرفته بود. خانه پر از آفتاب با پنجره بزرگش و آسمان آبی پشت پنجره اورا به خود نمی‌خواند.

صبح با ضربه‌هایی که به در اتاقش خورد بیدارشد. رعنا بود. گفت که تلفن دارد. فکرکرد حتماً از ونکور است. لابد اختر بود و باز از او می‌خواست که به آنجا برود. در دل گفت، شایدهم رفتم. بالاخره

هرچه باشند، وصله تنم هستند. بچّه‌هایم، شوهرم. آهی کشید و گفت: «شوهرم.»

در اتاق نشیمن، زنان به تهیه صبحانه و ساندویچ مشغول بودند. مثل همیشه بوی روغن سوخته، بوی نان گرم شده و بوهای دیگر فضای اتاق نشیمن را که با آشپزخانه یکی بود، پر کرده بود. گوشی تلفن را برداشت و از شنیدن صدای فرزانه تعّجب کرد.

«الو، می‌بخشی بیدارت کردم. خوشا به حالت که نه کاری داری و نه مسئولیتی و می‌توانی تا هر ساعتی که بخواهی بخوابی.»

در دل گفت، صبح به این زودی تلفن کرده این چیزها را بگوید. و چون مریم هیچ نگفت، فرزانه ادامه داد:

«می‌دانم از حرف‌های دیشبم دل‌خور شدی. امّا من...» و ماند.

پرسید: «توچی؟»

«واقعّیت این است که... تو که مرا می‌شناسی. آدم دودوزه بازی نیستم. حرفم را رک و صریح به‌ات می‌زنم. راستش حس می‌کنم، حس که نه. یعنی فهمیدم که تو و فرهاد پشت پرده...»

وسط حرفش دوید: «چی گفتی؟ منظورت چیه؟»

«منظورم را خودت بهتر می‌فهمی. تو و فرهاد بی خبر از من همدیگر را می‌بینید و خیال می‌کنید من خرم.»

«من؟ کجا؟ کی؟»

«کجا و کی‌اش را می نمی‌دانم. امّا خبر دارم که برایش پیغام گذاشته بودی.»

«خوب که چی؟»

«چرا خودت را به نفهمی می‌زنی. راستش را بخواهی. من همه‌اش از خودم می‌پرسیدم، چرا مریم از صالح جدا شد. صالح که عیب وایرادی ندارد. تا آن شب که فرهاد ترا رساند. سه ساعت بیشتر با تو بود. کجا

بودید؟ بعد که آمـد خانـه، حـال دیگری داشـت. همـه‌اش از تـو حرف می‌زد. می‌گفت مثل خواهرش دوستت دارد. ولی خـوب مـن می‌فهمـم دوستی خواهری و برادری یعنی چه.»

«فرهاد که با تو ازدواج کرد.»

«آره چون من خواستم. خودش زیاد علاقه‌ای نداشت. یعنی از وقتی تـو از صالح جداشدی. ببین من آدم روراستی هسـتم. همیشـه هـم بـا تـو رو راست بودم. امّا تو... بـالاخره نفهمیـدم چـرا از صـالح جداشـدی. چـرا نرفتی و نکور. حالا می‌فهمم.»

مریم با خشمی فروخورده در گلو گفت:

«امیدوارم اشتباه نکرده باشی.»

«اشتباه نمی‌کنم. مطمئنم.»

«پس خداحافظ.»

بی‌آن که منتظر جواب بماند، گوشی را گذاشت و به اتاق خود رفت. بیش از آن که اشک و غم در او باشد، خشم بود. لحظاتی پشت پنجره اتاق خود ماند. پرده را کنار زد. اینک خانه خرابه را بـا زمیـن یکسـان کرده بودند. در آن دورها بیشه‌زاری بود که تن به آفتاب اواخر زمسـتان داده بود. آسمان رنگ آبی یک دستی داشت. امّا گویی غمی پنهـانی در هوا موج می‌زد. حرف‌های فرزانه مثل ابرهـای پراکنـده در ذهنـش بـالا و پایین می‌رفتند. زندگی جدید، با چهره‌ای ناآشنا بر او نمایان می‌شد. نـه فقط خود را از فرزانه که از فرهاد هـم دور می‌دیـد. آن یگـانگی و صمیمیتی کـه در حرف‌هـا و رفتـارش دیـده بـود، بـه نظرش غیر واقعی می‌آمد.

خسته از ایستادن پشت پنجره پرده را رها کرد. پشت میز تحریـر خـود نشست. و کلمات بر صفحه کاغذ جاری شدند.

اختر درخانه تنها بود. صالح و بچّه‌ها رفته بودند خرید کنند. خبر آمدن مریم و سال تحویل که پس فردا بعد از ظهر بود، دردل همه شور وشوقی پدید آورده بود. تلفن زنگ زد. اختر گوشی را برداشت. مریم در یک مکالمه خشک گفت که سفرش را منتفی کرده است. در جواب اختر که پرسید، آخر چی شد؟ تو که تا دیروز می گفتی می‌آیی، جواب درستی نداد. گفت، چون از تلفن عمومی استفاده می کند و پولش دارد تمام می‌شود، نمی‌تواند زیاد حرف بزند. اختر گفت، برو شلتر، نیم ساعت دیگر خودم به‌ات تلفن می‌زنم. مریم گفت که لزومی ندارد. همین که گفتم، نمی‌توانم بیایم. خداحافظی کرد و تلفن را قطع کرد.

صالح وبچّه‌ها از خرید برگشتند. آرزو همه آن چیزهایی را که سعید و صالح وخود برای مادر خریده بودند، نشان اختر داد. همگی باهم حرف می‌زدند. اختر ساکت بود و مانده بود که خبر را چگونه به صالح بدهد. صالح در جذبه شادی بچّه‌ها و خود توجّهی به سکوت و چهره گرفته اختر نداشت. عاقبت مهین پی به گرفتگی مادر برد و پرسید: «مامان چی شده؟»

اختر جریان تلفن مریم و خبر نیامدنش را بازگو کرد. یخ سکوت بر جمع نشست. آرزو گریه را سر داد. صالح سرش داد زد که خفه شود. مهین اورا به اتاق دیگر برد. کاوه هم سعید را به اتاق خود برد. ساعتی بعدکه همه دور میز شام نشستند، اختر باهمه تلاشی که می کرد، بگوید و بخندد و نگذارد سایه سرد عدم حضور مریم بر جمع بنشیند، بی‌فایده بود. بیش از همه صالح وسعید در فکر بودند. آرزو را مهین سرگرم کرده بود. کودک یا به روی خود نمی‌آورد و یا از یاد برده بود. امّا

صالح در خود فرورفته بود. با آن که گاه در گفتگوها شرکت می‌کرد و جواب‌های اختر و یوسف را مختصر و کوتاه می‌داد، ولی به محض آن که سکوت بر جمع می‌نشست، چهره گرفته‌اش نشان از ناامیدی‌اش بود.

در ساعات آخر شب که بچّه‌ها به بستر رفتند، و یوسف نیز کار فردا را بهانه کرد و به اتاق خود رفت، سرحرف‌های اختر باز شد. از نیامدن مریم نه فقط دل‌چرکین بود که خشم خورده بود. هرچه تلاش کرد، خشم خود را نشان ندهد، نتوانست. در لفافه و آشکار گفت که مریم زیادی روباز کرده وهمه‌اش نتیجه زندگی در این کشور است. او نباید اجازه می‌داد زن به دانشگاه برود. از مهین گفت که مدّتی که اینجا بود. نمی‌توانسته کنترلش کند. از وقتی اورا به ایران برده، دیگر جرأت نمی‌کند دست از پا خطا کند. حال هم تصمیم ندارد اورا در اینجا نگه دارد. دوباره می‌خواهد اورا با خود به ایران برگرداند. صالح از آنچه شنید، تعّجب کرد. در این چند روز از مهین شنیده بود که برگشته تا برای ورود به دانشگاه اقدام کند. در آن لحظه صالح گرفتار درد خود بود. حوصله پرچانگی‌های اختر را هم نداشت. اختر که به تورنتو آمد، اورا امیدوار کرد که مریم را به خانه برمی‌گرداند. از دیدار آن روزش فقط تکه پاره‌هایی را برای او گفت که مریم از کار خود پشیمان شده و دیر یازود به خانه برمی‌گردد. از وقتی مریم خبر داد که به ونکور می‌رود، اختر مثل همه چیزدانی که به کار خود وارد است، چند بار به صالح گفت که کار را باید به کاردان سپرد. خاطره جدایی دوران جوانی را به یادش آورد که آن دفعه نیز او بود که میانجی شد و کار را روبراه کرد. حالا مانده بود که چه بگوید. چون صالح نمی‌دانست بین مریم واختر چه گذشته بود، احساسی از عدم اطمینان وسوء ظن که ریشه در کنه افکارش داشت، اورا می‌فرسود. نه از مریم مطمئن بود و علت واقعی جدایی را نمی‌دانست و نه می‌خواست خود را مقصر بداند.

به اختر نیز اطمینان نداشت. فکر می‌کرد، چیزی هست که دو زن از او مخفی می‌کنند.

قیافه درمانده و گرفته صالح چیزی نبود که بر اختر پوشیده بماند. گرچه در این مدّت به وضوح نگفته بود که از رفتن مریم رنج می‌برد. امّا اختر به خوبی می‌فهمید که مرد عدم حضور مریم را در همه لحظات احساس می‌کند. رفتن مریم را توهینی به خود می‌دانست و نشان از آن بود که او را هیچ به حساب آورده است. پشت پا به زندگی‌ای زده که او خود را سرپرست و نان‌آور آن می‌دانسته است. بر صالح گران می‌آمد که سرکشی مریم را ببیند. مریم عمری به اطاعت و فرمانبرداری در کنار او زیسته بود. گو آن که زن با خاموشی خود و با پناه گرفتن در پشت آن کتاب‌ها، قسمتی از وجود خود را از او دریغ می‌داشت. امّا در ظاهر زنی مطیع، خانه‌دار و علاقمند به بچّه و شوهر بود که تحسین و حسرت خیلی‌ها را برانگیخته بود. حال این زن به خود اجازه داده بود پشت به او کند و برود.

اختر که تحمل سکوت را نداشت، یک ریز حرف می‌زد. توجّه نداشت که صالح گوش می‌کند یا نه. صالح دیگر فهمیده بود که حنای اختر هم پیش مریم رنگ ندارد و خود باید دست به کار شود.

اختر ابتدا صالح را پند داد که حوصله به خرج دهد. چند مدّت دیگر هم صبر کند. دم دنیا دراز است. بالاخره مریم خانم هم از لجاجت دست برمی‌دارد به خاطر بچّه‌ها هم شده برمی‌گردد. پندش داد که در ونکور بماند. از آینده و کار خوبی که خواهد داشت، حرف زد. گفت که اگر تو اینجا بمانی، من مهین را می‌گذارم بماند. چون می‌دانم از تو حساب می‌برد.

صالح وسط حرفش دوید: «که کل اگر طبیب بودی سر خود دوا نمودی. بچّه‌های خود من از من حساب نمی‌برند و تو انتظارداری که مهین از من حساب ببرد.»

اختر این بار کلام را تند تر کرد و گفت: «وقتی خودت این طوری حرف می‌زنی، از دیگران چه انتظار داری. به بچّه که نباید زیادی رو داد. یک کشیده بخوابان بیخ گوشش، آدم می‌شود.»

صالح خنده‌ای از سر تمسخر کرد و گفت: «کجای کاری خواهر. مگر خبر نداری که در اینجا کتک زدن زن و بچّه جرم است. فقط مانده بود که بچّه‌مان هم از دستمان شکایت کند تا سر از زندان در بیاوریم. دراینجا ما باید خفه بشویم. می‌فهمی، خفه.»

اخترتا بناگوش سرخ شد. دیگر به خوبی پی برده بود که همه معیارها و باورهایی که در ایران داشت، از بنیان ترک خورده است. بچّه‌ها که باید مطیع اوامر او باشند، آدم‌هایی بودند که می‌توانستند رو در روی او بایستند.

پرسید: «پس می‌خواهی چه کارکنی؟»

«برمی گردم.»

«که چه کار کنی؟ با دوتا بچّه، خیال کردی آسان است.»

هیچ نگفت. در این فکر بود که برگردد و دوباره خود با مریم حرف بزند. تصمیم داشت این بار خود به تنهایی اورا ببیند. از وقتی مریم خبر داد که به ونکور می‌آید، با رویای آمدن او خوش بود. به خود می‌گفت، این بار قدرش را می‌دانم. حرفی نمی‌زنم، کاری نمی‌کنم که برنجد. هروقت با آرزو تنها بود اورا وامی‌داشت که از زندگی شلتر بگوید. و چون آرزو از ساعات تلخی که گذرانده بودند و از گریه‌های مریم می‌گفت، احساس گناه می‌کرد. به خود قول می‌داد که این بار رفتاری دگر پیش گیرد.

خبر نیامدن مریم، رویاها و خیالات خوش اورا نقش بر آب کرد. می‌خواست که دوباره مریم را ببیند. با او حرف بزند و بگوید هر شرایطی را که او پیشنهاد می‌کند، قبول دارد. آنچه را هم اختر از انبان دانش و پندش سر او خالی می‌کرد، شنید و همانجا از یاد برد.

«اگر دیدی باز لج می‌کند و سر حرف خودش ایستاده، ولش کن. بچّه‌ها را بهش بده. بگذار بزرگ کند. توهم زندگی خودت را داشته باش. زن بگیر. مگر چند سالت است. یعنی از غلامحسین کمتری. پیرمرد از موهای سفید و پسر شهیدش خجالت نکشید. زن بیست ساله به خانه آورد. نمی دانم وقتی میخواست طاهره را عقد کند اصلاً به یاد بهرام بود یا نه. آن ناکام، خودت می دانی که فدای هیچ و پوچ شد. روی جوانی و نفهمی رفت جبهه. پدرش هم بی تقصیر نبود. اونم بدش نمی آمد پسرش را فدای اسلام کند. دو هفته نکشید جسد تکه پاره اش را برایم آوردند. و بعد پدرش .... یاد بگیر.»

صالح گفت: «خودت غلامحسین خان را سرزنش می‌کنی و به من می‌گویی از او یاد بگیرم؟»

«آخر دلم برایت می‌سوزد. من که مثل مریم شوهر خوب دلم را نزده بود. من اینجا به دنبال بدبختی‌هایم آمده بودم. دنبال این بچّه‌ها که دوباره گوشت دم توپ نشوند. آن وقت آقا هوس یار جوان کرده. ولی تو...»

«این حرف‌ها از من هم گذشته. چه کسی می‌آید با یک مرد پنجاه ساله زندگی کند. اگر هم بخواهم زن بگیرم، باید یک پیرزنی مثل خودم پیدا کنم. خوب مگر مریم چه‌اش است.»

«من که نمی‌گویم چیزیش است. خودش گذاشته و رفته.»

صالح با اطمینان گفت: «برش می‌گردانم. این بار خودم باهاش حرف می‌زنم و برش می‌گردانم.»

در طول سفر سعید کنار پنجره نشسته بود، کتاب می‌خواند و توجّهی به اطراف خود نداشت. آرزو بین پدر وسعید نشسته بود. یک ریز حرف می‌زد. از پدر می‌خواست که وقتی به تورنتو رسیدند، مادر را به خانه برگرداند. از فدیا و شوان و جاش گفت که به خانه پدرشان برگشته بودند. از الیزابت گفت که یک بچّه دوساله داشت، و فقط چند روز در شلتر ماند و شوهر اورا به خانه‌اش برگرداند. گفت که بارها از مامان خواسته که برگردند. امّا نگفت که مریم چه جوابش داده.

صالح پرسید: «پس چرا برنگشتید؟»

آرزو جواب درستی نداد. صالح می‌خواست از زندگی شلتر بداند. از زندگی مریم که با چه کسانی رفت وآمد می‌کرده. از یک یک کسانی که آرزو نامشان را به زبان می‌آورد، می‌پرسید. درلفافه می‌خواست بداند زن بوده‌اند یا مرد. وقتی آرزو گفت که هیچ مردی را در شلتر ندیده است، صالح پرسید، در خارج از شلتر چی؟

آرزو جواب درستی نداد. صالح گفت:

«شاید مادرت نخواهد با من زندگی کند. شاید بخواهد شوهر دیگری داشته باشد.»

آرزو به فکر شد. سعید سر از کتابش برداشت. نگاه گیجش را به پدر دوخت. انگار فکری اورا به خود مشغول کرده بود. سرخی محسوسی بر چهره‌اش نشست و گفت:

«نه. این طور نیست. مامان به خاطر رفتار تو از خانه رفته است.»

«رفتار من؟ مگر من چه کارش کردم؟»

سعید جواب نداد. سردرکتاب خـود فروبـرد. بعـد از پنجـره بـه بـیرون نگریست. هواپیما بر بالای ابرها پرواز می‌کرد. صالح به فکر فرو رفـت. «رفتار او؟»

سـکوت بـر جمعشـان نشسـت. صـالح بـه گذشـته‌ها فکـر می‌کـرد. می‌خواست که مریم را از خلال بیست سال آشنایی و زندگـی مشـترک بشناسد. این بار مریم را در چهره دیگری می‌دید. چهره‌ای ناآشنا که در ابهام بود. مشاجرأت و بگومگوهـای خـود را بـا او بـه یـاد مـی‌آورد. از رفتار خود به شرم می‌آمد. به آشکارا خود را سرزنش می‌کـرد. غـرورش رنگ باخته بود. در همه موارد خود را حق به جانب نمی‌دید. احساسـی از گنـاه و ندامـت بـا او بـود کـه بی‌خواسـت او بـر وجدانـش سـنگینی می‌کرد. این احساس حتی برای خودش هم تازگی داشـت و از آن زمـان که بی مریم، همراه بچّه‌ها و اختر به ونکور رفت، با او بود. بـه گذشـته فکر کرد. برخوردهایش را با مریم به یـاد آورد. خـود را می‌دیـد کـه بـر مریم تاخته بود. مریم یـا بـه سـکوت تحمـل کـرده بـود و یـا روی از او برگردانده بود. از خود می‌پرسید، چرا؟ و جوابـی نمی‌یـافت. مریـم مثـل گره‌ای کور در ذهنش بود. می‌خواست دوباره اورا به چنـگ آورد و آن گره را باز کند. آن سوی وجود مریم را بشکافد و بداند در طول بیست سال زندگـی بـا چـه کسـی زیسـته اسـت. گذشـته مثـل یـک افسـوس و حسرت در دلش جا باز کرده بود.

خسته از افکار تیره وتار خود، آه عمیقی کشید. سعید را نگاه کرد کـه ظاهرا کتاب می‌خواند. پسر نیز چون مادر بسته بـود. خـود را بـر او بـاز نمی‌کرد. آرزو نیز ساکت بود. زندگی پیچیده‌تر از آن بـود کـه او فکـر می‌کرد. آدم‌ها...

به خود گفت: «برش می‌گردانم. به هرقیمتی شده بـایداورا برگردانـم و بشناسمش.»

بی‌اختیار گفت: «اگر برنگشت.»

پشیمانی دلش را فشرد. «حتماً باید باش حرف بزنم. باید اورا بشناسم.»

• • • • •

جای خالی مریم در خانه سنگین‌تر از شب اوّل در همه جا به چشم می‌خورد. وقتی در را بازمی‌کرد، ناگهان این احساس به او دست داد که مریم در انتظار آنهاست. مثل همان زمان که بود. خانه از عطر غذایی که بر اجاق بود، پر بود. ظرف میوه روی میز بود. مریم نشسته بود و کتاب می‌خواند. به دیدن آنان، لبخند می‌زد و می‌پرسید: «چرا این قدر دیر کردید؟»

خانه خاموش وخالی بود. به اتاق خود رفت. پالتویش را در اشکاف لباس گذاشت. چشمش به لباس‌های مریم افتاد که هنوز بر جالباسی آویزان بودند. برای لحظه‌ای از ذهنش گذشت که نکند برگشته باشد. به آرزو گفت، تلفن شلتر را بگیرد. می‌خواهد با مادرش حرف بزند.

در تمام مدّتی که آرزو گوشی به دست شماره می‌گرفت و هربار می‌گفت، مشغول است، شادی نوظهوری دل صالح را پر کرده بود. بی‌قرار بود. کتری را سر اجاق گذاشت. چای دم کرد. آشپزخانه را مرتب کرد. اطاق را جمع و جور و گردگیری کرد. با سعید که روی راحتی نشسته بود، تلویزیون نگاه می‌کرد، به مهربانی حرف زد. پسر چمدان مسافرتش را گوشه اتاق گذاشته بود و کاپشنش را روی راحتی انداخته بود. حواسش به تلویزیون بود که سریالی خنده دار نشان می‌داد. بی‌آن که بخندد. آرزو هربار که شماره را می‌گرفت و مشغول بود. اصطلاح انگلیسی shit را به کار می‌برد. سعید برمی‌گشت و اورا نگاه می‌کرد. امّا هیچ نمی‌گفت. آرزو یک بار پدر را صدا زد. صالح در

دستشویی بود. به خیال آن که شماره را گرفته، سراسیمه بیرون آمد و به طرف آرزو دوید. آرزو گوشی را روی تلفن گذاشته بود. چهره درمانده‌ای به خود گرفته بود. گفت که مشغول است. صالح به مهربانی دستی بر سرش کشید. اورا بوسید و گفت که دوباره بگیرد.

پس از یک ساعت موفق شد شماره شلتر را بگیرد. الیزا گوشی را برداشت. آرزو را شناخت. مدّتی با او خوش و بش کرد. بعد به او گفت که مادرش خانه گرفته و چند روز پیش رفته است.

صالح کنار آرزو ایستاده بود. مطلب را دریافت. به اتاق خواب رفت. در را به روی خود بست. روی تخت نشست. بی‌آن که فکر خاصی داشته باشد، انگار به خلاء خیره بود. ناگهان بغضش ترکید. پس از سال‌ها هق هق گریست.

* * * * *

پایان

ژوئن ۱۹۹۲
ژانویه ۱۹۹۷

Mehri Yalfani was born in Hamadan, Iran. After finishing high school, she moved to Tehran to study in the Technical Faculty of Tehran University. She graduated in Electrical Engineering and worked for the government and the Tehran Cement Plant as an engineer for twenty years.

Yalfani began to write short stories in high school. Two of her works were published while in Iran: "Happy Days," a collection of short stories in 1966 and fifteen years later a novel, "Before the Fall."

Yalfani emigrated first to France in 1985 and then to Canada. In exile she pursued writing more seriously. Since then she has published: "Birthday Party," a collection of short stories in 1991; "Someone is Coming," a novel in 1994; and "Shadows," a collection of short stories in 1997. "Parastoo" a collection of English translations of her short stories and poems was published by the Women's Press of Canada in 1995. Many of her short stories have also been published in Persian and English literary journals.

New Persian Literature Series
1- Far From Home / *Dur az Khaneh*

Searching for independence, Maryam, an Iranian woman living in Canada, leaves her home. Though appearing happy, she suffers from an abusive relationship. She takes refuge in a women's shelter. Life in the shelter is not what she expected. There, she is a stranger among other strangers with different languages and cultures. She is far from her children, and uncertain about her future. At the shelter she experiences new difficulties and bitterness. The experiences are those of an immigrant woman who has left her home.
"Far From Home" is a woman's struggle for independence from the traditional Iranian family and its decaying traditions which for generations have denied a woman's ability to progress.
Maryam begins to doubt her original decision and returns to her family. The result is more pain.

Far From Home
Dur az Khaneh

Mehri Yalfani

IBEX PUBLISHERS